COLEÇÃO
TRIBUNAIS
E MPU
Coordenador
HENRIQUE CORREIA

ATUALIDADES

PARA OS CONCURSOS PÚBLICOS

Rodolfo Gracioli

COLEÇÃO
TRIBUNAIS
E MPU
Coordenador
HENRIQUE CORREIA

ATUALIDADES

PARA OS CONCURSOS PÚBLICOS

4ª
edição
revista e
ampliada

2021

EDITORA
JusPODIVM
www.editorajuspodivm.com.br

EDITORA
*Jus*PODIVM
www.editorajuspodivm.com.br

Rua Canuto Saraiva, 131 – Mooca – CEP: 03113-010 – São Paulo – São Paulo
Tel: (11) 3582.5757
• Contato: https://www.editorajuspodivm.com.br/sac

Diagramação: Ana Paula Lopes Corrêa *(aninha_lopescorrea@hotmail.com)*

Capa: Ana Caquetti

T822 Tribunais e MPU: Atualidades – Para Técnico e Analista / Rodolfo Gracioli – 4. ed. rev. ampl. e atual – São Paulo: Editora JusPodivm, 2021.
304 p. (Tribunais e MPU – Técnico e Analista / coordenador Henrique Correia)

Bibliografia.
ISBN 978-85-442-3394-8.

1. Provas de seleção. 2. Concursos. I. Gracioli, Rodolfo. II. Correia, Henrique. III. Título.

CDD 341.435

Dedico este livro a todos que projetam no meu trabalho a esperança de dias melhores para suas vidas. Aos alunos e ex-alunos de todos os cursos pelos quais passei e naqueles que me encontro. É uma honra fazer parte dessa preparação tão árdua e intensa.

AGRADECIMENTOS

Agradeço imensamente à Camila, minha esposa, por toda paciência e dedicação nessa caminhada ao meu lado, zelando por nossas filhas e entendendo minha ausência em momentos pontuais.

Agradeço aos meus pais, Antônio e Adalgisa, e meus irmãos, Jéferson e Sofia, pessoas que me ajudaram a construir toda a moralidade e integridade que hoje me fazem enfrentar todos os desafios.

Não posso deixar de lado meus alunos espalhados por todo o Brasil. Sejam alunos de Filosofia, Sociologia, Atualidades ou Temas de Redação. Cada um de vocês que passa pela minha trajetória me modifica de alguma forma. Essa transformação constante é que me torna um ser humano melhor.

Deixo um abraço fraterno e minha gratidão a todos as minhas diretoras, coordenadoras e professores parceiros do dia a dia. Seria injustiça da minha parte citar nomes, já que convivo semanalmente com seres humanos incríveis nas escolas e cursos por onde passo.

Não posso deixar de agradecer à grande professora Duda Nogueira, autora da Juspodivm, quem me "descobriu" nesse meio e depositou tanta confiança, se tornando uma grande amiga. Digo as mesmas palavras ao grande mestre Henrique Correia, pessoa que admiro profissionalmente, pelo respeito alcançado, fruto de todo seu esforço, mas também como ser humano, dotado de uma bondade incomensurável.

Por fim, deixo meu agradecimento a toda a equipe da Editora Juspodivm que trabalha direta ou indiretamente comigo em todas as obras. É uma honra fazer parte de uma equipe tão comprometida. Amplio meus agradecimentos a todos vocês!

APRESENTAÇÃO DA COLEÇÃO

A coleção *Tribunais e MPU* oferece preparação direcionada para os concursos de Técnico e Analista do TRT, TRE, TRF, TJ, Tribunais Superiores e MPU. Em todos os livros, o candidato encontrará teoria específica para as provas, questões recentes comentadas e questões de concurso com gabarito fundamentado.

A seleção de obras foi feita a partir das reivindicações dos estudantes, que almejavam por material direcionado para o certame, e da análise de inúmeras provas de concursos de diversas bancas. As apostilas específicas mostram-se, na maioria das vezes, insuficientes para o preparo adequado dos candidatos diante do alto grau de exigência das atuais provas, o que ocorre também com as obras clássicas do direito, por abordarem inúmeras matérias não exigidas no concurso.

Nesta coleção, o candidato encontrará desde as cinco matérias básicas exigidas em diversas provas, como Português, Raciocínio Lógico ou Matemática, Informática, Direito Constitucional e Administrativo, até as matérias específicas de outras áreas (Arquivologia e Administração Pública) e todas as matérias dos diferentes ramos do Direito. Portanto, com os livros da série *Tribunais e MPU*, o candidato conseguirá uma preparação direcionada e completa para os concursos de Técnico e Analista do TRT, TRE, TRF, TJ, Tribunais Superiores e MPU.

Além da linguagem clara, estão presentes em todos os livros quadrinhos de resumo, esquemas e gráficos, possibilitando ao leitor a memorização mais rápida da matéria. Temos certeza de que esta coleção irá ajudá-lo a alcançar o tão sonhado cargo público de Técnico ou Analista dos Tribunais e MPU.

Henrique Correia

Site: www.henriquecorreia.com.br

Twitter: @profcorreia

Instagram: Prof_correia

Periscope: @henrique_correia

APRESENTAÇÃO DA OBRA

O cenário contemporâneo demonstra **extremo dinamismo com relação aos fatos noticiados.** O bombardeio de informações produz a sensação de incapacidade em entender os principais acontecimentos. A abordagem dos diferentes veículos de comunicação acaba por ampliar a sensação de vazio de informações, já que o volume noticiado aumenta a cada dia. A todo instante notamos o **ambiente geopolítico se modificando,** as **relações econômicas** se estreitando ou distanciando, as **polêmicas ambientais** tomando conta de debates, **aspectos culturais sendo decisivos,** o **ambiente político definindo o rumo** de um país e tantas outras facetas da vida coletiva em pauta.

Além disso, é preciso lidar com o excesso de desinformação. Na era da "infodemia" (termo que passou a fazer parte do Vocabulário Ortográfico de Língua Portuguesa em 2021), alcançar o entendimento dos fatos de modo descritivo e checar informações são situações que almejam esforços. Lidar com a ansiedade de não conseguir acompanhar tudo que se passa, em tempo real, agrava todo esse cenário de preparação para uma prova objetiva de atualidades.

O fato é que essa infinidade de fatos e acontecimentos gera uma sensação de frustação pela dificuldade em acompanhar, entender e, principalmente, aplicar uma visão racional para os tais aspectos relevantes da vida. Sendo assim, é importante destacar o **caráter descritivo da informação entendendo os acontecimentos dentro de seu potencial explicativo.** Em seguida, alguns destes fatos absorvem a potencialidade de um viés ou apreciação ideológica (caso do ambiente político), da formulação crítica a partir de uma linha reflexiva autônoma e desprendida de influências que fragmenta.

No contexto de uma sociedade que se mune de "manchetes" e acaba por conhecer a informação dentro da sua superficialidade, o **domínio dos fatos a partir de uma perspectiva mais ampla auxilia a visão holística sobre os desdobramentos dos principais temas em alta.** Isso não quer dizer que é preciso um aprofundamento técnico sobre cada assunto para que o indivíduo seja capaz de compreender a realidade ao seu redor. Pelo contrário, existe um compromisso com o **domínio, pesquisa e aplicação conceitual dos fatos.**

Por isso, o estudo da disciplina de atualidades (para provas objetivas ou a fim de se preparar para uma prova de redação) exige versatilidade, retomada de conceitos, contextualização histórica, capacidade de utilização de exemplos, entendimento do ambiente geográfico em questão, base argumentativa, entendimento de terminologias específicas, dentre outros aspectos.

É preciso entender o perfil de prova, os temas prioritários e "temas secundários", é preciso ainda alavancar os diferentes níveis dos itens, entendendo o comportamento da banca examinadora ao selecionar cada discussão. Essa caracterização do item (questão) é bastante oportuna para compreensão dos temas: alguns acontecimentos demandam mais esforços pela elevada complexidade, enquanto outros são mais fáceis de sistematização.

Muitas vezes, o domínio de um fato narrado pelos principais noticiários do país tem como **pré-requisito o entendimento de conceitos referentes ao tema**, ou então de uma apropriação geográfica. Por exemplo: ao se analisar um atentando terrorista decorrente em alguma área do globo, é importante compreender as orientações religiosas em questão, o campo de atuação, objetivos, causas e consequências. Ao falar sobre resultados do Produto Interno Bruto (PIB), é preciso buscar a compreensão da dinâmica econômica, reflexos das políticas voltadas para a área, da perspectiva global, das variáveis que influenciam. É a partir de uma visão conjuntural que os troncos temáticos se tornam mais palpáveis.

Nesse sentido que assumi, de maneira didática e objetiva, a **apresentação dos fatos relevantes dos últimos tempos**, estabelecendo uma relação de causalidade quando possível e maximizando a visão do leitor. Não existe a intenção de esgotar as possibilidades temáticas, visto que seria algo irracional dado o volume de informações na contemporaneidade. Entretanto, o compromisso é de **apresentar fatos importantes que mobilizaram** debates nos últimos tempos, inserindo o leitor nas temáticas em alta. Além disso, o aprofundamento teórico é um compromisso parcial, visto que grande parte das provas de atualidades exigem o domínio restrito da informação. Além do mais, um material de atualidades que ousasse cercear todas as possibilidades temáticas se distanciaria da perspectiva saudável de contato com as notícias.

Um dos pontos centrais da obra é a reunião dos principais recortes dos grandes portais de notícia, estabelecendo a devida amarração dos fatos (quando esses demonstram ter alto teor de complexidade). Dessa forma, com o grande contingente informacional, esse filtro promove uma otimização dos seus estudos. Para realizar uma prova objetiva de atualidades não é preciso ser especialista, perito em alguma área do conhecimento. A exigência é a flexibilidade de temas, capacidade de ampliar a visão para várias áreas do conhecimento e, principalmente, capacidade de retomadas constantes (ainda mais quando o tema sugere).

Debruce sobre os apontamentos destacados. Faça seus esquemas, utilize sua metodologia na análise dos fatos. Quando o tema sugerir uma visão pessoal, construa imediatamente a partir da condução dos argumentos elucidados. Esteja munido de informações para enfrentar os desafios atuais impressos em uma prova.

Bons estudos!

Prof. Rodolfo Gracioli

SUMÁRIO

CAPÍTULO I

COMO ESTUDAR ATUALIDADES?

Um dos maiores desafios para qualquer candidato que enfrentará uma prova de atualidades é chegar aos **prováveis assuntos que serão cobrados.** De fato, grande parte dos editais oferece uma leitura amplificada dos troncos temáticos (saúde, economia, política, tecnologia, sociedade, cultura, meio ambiente, educação, transporte, segurança, etc.), o que acaba por tornar abrangentes ao extremo os acontecimentos de destaque. Dessa forma, estudar de maneira direcionada tende a otimizar o aproveitamento dos temas e a assimilação dos fatos. Para cada fato, é possível notar uma possibilidade de item. Exemplo:

- Ao se falar do resultado do PIB, busca-se entender sua relevância para a compreensão da dinâmica econômica global. Tem-se como exemplo o **ranking das principais economias** elaborado pela Austin Rating. Com os dados de 2020 (retração do PIB brasileiro de 4,1%), o Brasil **deixou de ser a 9ª economia e caiu para 12ª posição** (sendo superado por Canadá, Coréia do Sul e Rússia - esse seria um interessante item de prova). Entretanto, com o resultado parcial de 2021 (alta de 1,2%), o Brasil apresentou nova queda: **13ª maior economia** (sendo superado pela Austrália - outra ótima abordagem para fins de questão). Vale lembrar que as bancas tendem a cobrar situações pioneiras, extremas, de liderança, etc. Nesse caso, saber que os Estados Unidos da América ocupam a liderança e a China está na 2ª posição é essencial. Ao identificar esse tema, nota-se a possibilidade de um item detalhado: **PIB nominal em trilhões de dólares** (considerando o resultado divulgado em junho de 2021 pela agência de classificação de risco Austin Rating - EUA: 22,7; China: 16,4; Japão: 5,4; Alemanha: 4,3; Reino Unido: 3,1 - as cinco primeiras nações no ranking). No caso brasileiro, o valor é de 1,5 trilhão de dólares.

Sendo assim, é relevante para o estudo de atualidades o entendimento das principais discussões a nível nacional e/ou internacional. Provas de cunho estadual e federal tendem a oferecer questões sobre fatos realmente relevantes para o contexto geopolítico ou de impacto nacional. Para as provas municipais, é preciso estar atento às peculiaridades de acontecimentos menos expressivos, o que a gente consideraria mais "local". Exemplo: uma prova do Tribunal de Justiça de São Paulo pode se ocupar de uma decisão / discussão local: legislação aprovada; projetos polêmicos; fatos econômicos; etc. Exemplificando na perspectiva contemporânea, no caso de São Paulo, alguns recortes poderiam ser alvo de questão:

- Afastamento de Fernando Cury após denúncia de importunação sexual contra a deputada Isa Penna (o fato que gerou tal situação aconteceu no final de 2020, mas os desdobramentos avançaram por 2021).
- Aprovação da criação de novas regiões metropolitanas (São José do Rio Preto e Piracicaba).
- Reviravolta com decisão do STJ sobre o massacre do Carandiru.

Nesse todo, o livro reúne os recortes da imprensa, se voltando para a questão dos fatos noticiados e, principalmente, para os temas mais complexos, oferecendo uma sistematização mais clara. Para a prova, qualquer visão pessoal, partidária, doutrinária ou dogmática fincada em aspectos meramente ideológicos, por exemplo, é pouco importante. Uma prova objetiva de atualidades se preocupa com a descrição dos fatos, com o ceticismo da informação e o teor neutro dos acontecimentos. Da questão mais simples até a questão mais complexa, a primazia está no entendimento do fato narrado (não aplicação de análise crítico-reflexiva).

Por isso, o estudo da disciplina de atualidades deve ser constante e, para isso, é possível seguir algumas dicas importantes para o melhor rendimento dos estudos em meio ao atual fluxo de informações, que deixa os indivíduos anestesiados para a compreensão do que deve ser aproveitado e o que pode ser descartado. Ressalta-se ainda o peso que os acontecimentos atuais têm alcançado nos **temas de redação** (para saber mais sobre o assunto consulte a obra "Temas de Redação para Tribunais") ou ainda para questões de interpretação de Língua Portuguesa.

DICAS PRÁTICAS:

- Nos dias de hoje, existe uma grande preocupação sobre o conteúdo consumido e, principalmente sua qualidade. É importante que a absorção dos fatos aconteça por pelo menos três diferentes veículos de comunicação (jornal impresso, televisivo, portal de notícias etc.). Com edital aberto, um trabalho mais direcionado pode auxiliar bastante, otimizando a preparação.
- Atualmente, a internet funciona como uma ferramenta para essa leitura direcionada. É possível assistir a telejornais no momento oportuno, consultar textos publicados, reportagens veiculadas etc. Ainda assim, para isso é preciso estabelecer um bom filtro – tudo depende do tempo destinado dentro do cronograma de estudo.
- Na programação televisiva, os jornais atendem a públicos diferenciados. Por isso, o linguajar e o teor informativo tendem a se transformar conforme o

horário (se possível, consulte um ou dois jornais distintos, alternando ainda a emissora).

- Não esqueça de selecionar um caderno de anotações para deixar disponível 24 horas por dia. Assim, ao encontrar um fato que julgue relevante, topicalize-o de forma que possa retomá-lo em outro momento. Não se esqueça que é natural, com o passar do tempo, esquecer alguns acontecimentos. Por isso o processo de revisão pode contribuir bastante.
- Lembre-se que para uma prova de atualidades não é preciso o desenho complexo da geopolítica de um acontecimento. A banca examinadora se ocupará de um fato em alta, comentado e debatido pela imprensa. Em alguns casos, o domínio teórico é de extrema valia, mas não é necessário esgotar um tema e ocultar outros durante a preparação para uma prova.

Visto isso, vamos para as dicas de veículos para estudar atualidades:

- Um dos jornais televisivos que cumpre um papel ímpar na preparação de um candidato (ou mesmo na preparação de qualquer ser humano para entender o que acontece ao seu redor) é o "Jornal da Cultura", na TV Cultura. A 2ª edição, que vai ao ar de segunda à sexta-feira, dispõe de comentaristas (professores, especialistas de diferentes áreas – Direito, Medicina, Economia, Política, Arte etc.), que se ocupam de um olhar mais aprofundado sobre o que se noticia. Dessa forma, o espectador tem a possibilidade de reconhecer causas, consequências, exemplos, dados, argumentos sobre aquele assunto. Trata-se de um modelo jornalístico que descreve o fato e garante uma leitura diferenciada (isso não retira a questão pessoal na visão dos convidados). Um rápido mapeamento das bancas examinadoras e cruzamento de informações com o jornal permite perceber a efetividade e o custo-benefício.
- Um ponto importante que é preciso compreender é que cada dia mais fica difícil acompanhar o expressivo quantitativo de notícia. Essa variação de canais de comunicação, com diferentes enfoques e visão por parte dos produtores de conteúdo tende a criar um eixo problematizador para as principais discussão. Exemplo: o candidato não pode se privar de um âmbito do conhecimento, exemplo saúde. Para isso, ele pode ler sobre vacina em diferentes portais (alguns defendendo, enquanto outros criticam determinada ação).
- Com relação a outras fontes de pesquisa para a preparação, é importante buscar inicialmente uma fonte segura, fidedigna. A internet está tomada por conteúdo mal-intencionado que tende a prejudicar aquele que pretende se manter atualizado. É comum a propagação de boatos, por isso estar conectado com os principais portais de notícia é a melhor saída.

▶ SUGESTÕES DE PORTAIS DE NOTÍCIAS

UOL *www.uol.com.br*	globo.com *www.globo.com*
R7 *www.r7.com*	BBC *www.bbc.com/portuguese*
G1 *www.g1.com.br*	EXAME.COM *exame.abril.com.br*
ESTADÃO *www.estadao.com.br*	ÉPOCA *epoca.globo.com*
FOLHA DE S.PAULO *www.folha.uol.com.br*	ZH *zh.clicrbs.com.br/rs*
terra *www.terra.com.br*	*www.nacoesunidas.org*
NEXO *www.nexojornal.com.br*	CORREIO BRAZILIENSE *www.correiobraziliense.com.br/*

Lembre-se da importância de estabelecer um planejamento de estudos, sabendo que algumas datas de seu cronograma não serão cumpridas. O estudo de atualidades tende a ser mais bem aproveitado se afunilado para um ou dois dias da semana, com a investigação do que de mais relevante aconteceu, ou ainda ao longo de todo o processo, com uma carga reduzida e dissipada. Não recomendo estudar atualidades esporadicamente ou deixar para revisões de caráter mensal. Você arriscará o bom desempenho na prova. Ademais, é possível pontilhar essa preparação entendendo o que é um tema relevante o que seria "descartável", sabendo o que merece atenção enquanto desdobramento e o que "se encerra" em determinado ponto.

É isso que faz o estudo da disciplina de atualidades exigir uma construção processual. Certamente, essa é a disciplina mais peculiar que podemos encontrar por aí, começando pelo fato de que você tende a estudar o que "ainda não caiu", buscando "prever os acontecimentos". Contudo, é o domínio dos principais acontecimentos que garantirá um bom desempenho na prova objetiva de atualidades ou ainda na produção de texto. Estou à disposição para auxiliá-los nessa jornada!

Bons estudos!

CAPÍTULO II
TERRORISMO NO MUNDO

1. TERRORISMO ENQUANTO PREOCUPAÇÃO MUNDIAL

Há alguns anos a ascensão de organizações terroristas pelo globo tem espalhado o medo. Um perigo em potencial, o terrorismo tem exigido articulação da diplomacia internacional, o que muitas vezes esbarra em rivalidades históricas, ideológicas, políticas ou religiosas. Entretanto, já há algum tempo, o terrorismo passou a ser elemento prioritário nas discussões que envolvem as principais nações do globo, mesmo que a queda de representatividade das organizações criminosas tenha sido um fenômeno assistido nos últimos anos (o que não extinguiu as concepções terroristas, já que as ideias estão espalhadas, inclusive pelo ambiente virtual - destaque para a deep/dark web).

Além disso, estudar as organizações terroristas é se voltar para questões econômicas, sociais, territoriais e culturais. A atuação destas frentes que assustam o globo envolve leituras extremistas e radicalizadas de escritos sagrados, o que acaba por confundir religião com prática terrorista, extrapolando outra problemática para o mundo contemporâneo: o preconceito com relação aos indivíduos que pertencem ao mundo islâmico, mas que nada tem a ver com as facções terroristas. Vale destacar, nessa dimensão, a ampliação da representatividade de partidos políticos com medidas considerada xenófobas e que, em suas respectivas justificativas, apontam o medo pelo terrorismo como algo marcante (talvez esse seja um efeito da escalada do ódio, dos questionamentos democráticos, da fragmentação dos direitos humanos, da fragilização dos laços entre as nações).

Não existe uma definição a nível internacional sobre o que seja considerado terrorismo. Ainda assim, após os ataques em 11 de setembro de 2001, nos Estados Unidos da América, grande parte dos países passaram a discutir legislações específicas para tipificar o crime de terrorismo. O ataque às torres gêmeas do World Trade Center, em Nova Iorque, resultou na morte de quase 3 mil pessoas e "apresentou" ao mundo o tamanho dessa problemática. Naquele instante da história, o olhar se voltava para os responsáveis pelo ataque - grupo terrorista Al Qaeda, liderados por Osama Bin Laden. Atualmente, outros fatos chamam a atenção:

- Em agosto de 2021, o **Boko Haram** (grupo que atua de modo intenso na Nigéria), libertou uma garota sequestrada há 7 anos. A garota havia sido sequestrada em 2014. Na época, foram 270 meninas, entre 12 e 17 anos, que oram sequestradas – o fato desencadeou uma ampla campanha de mobilização com a hashtag *#BringBackOurGirls*. Desde então, cerca de 100 meninas foram libertadas ou conseguiram fugir do grupo. Das que não conseguiram, algumas foram apontadas como mulheres-bomba em ataques, mas acredita-se que grande parte delas se tornaram escravas sexuais. O grupo terrorista começou a raptar estudantes porque considera a educação como um "pecado", mas também porque percebeu que era uma forma de conseguir dinheiro para financiar suas ações, já que eles entram em contato para pedir resgates financeiros (Uol, agosto de 2021).

O grupo militante Estado Islâmico da Província da África Ocidental (Iswap, na sigla em inglês) disse, em gravações de áudio obtidas pelas agências de notícias AFP e Reuters em junho de 2021, que **Abubakar Shekau, líder da facção islâmica nigeriana Boko Haram, cometeu suicídio** durante um combate entre membros dos dois grupos. Uma pessoa que se identifica como o líder do Iswap, Abu Musab al-Barnawi, afirma na gravação que Shekau morreu em 18 de maio após detonar um explosivo enquanto era perseguido pelos rivais.

A Organização das Nações Unidas já vem alertando sobre a violenta atuação do Boko Haram. O conflito desencadeado há 12 anos pela violência do grupo jihadista Boko Haram no nordeste da Nigéria causou a morte de cerca de 324.000 crianças menores de cinco anos, a maioria delas por doenças ou desnutrição, segundo um relatório do Programa das Nações Unidas para o Desenvolvimento (PNUD). Até o final de 2020, o conflito causou cerca de 350 mil mortes, das quais 314 mil aconteceram por causas indiretas, segundo o PNUD. A insegurança levou à diminuição da produção agrícola e do comércio, reduzindo o acesso a alimentos e ameaçando as muitas famílias que dependem da agricultura para obter renda. Centenas de milhares de nigerianos também foram deslocados de suas casas, muitas vezes significando a perda de meios de subsistência, bens e sistemas de apoio essenciais. O Boko Haram foi criado em 2002 na cidade de Maiduguri, capital de Borno, pelo líder espiritual Mohammed Yusuf para denunciar o abandono do norte do país pelas autoridades. Naquela época, o grupo realizava ataques contra a polícia nigeriana, mas, desde que Yusuf foi morto por agentes em 2009, o Boko Haram se tornou mais radical. Desde então, o nordeste da Nigéria vive um estado de violência provocado pelo grupo jihadista, que pretende impor um estado islâmico no país, de maioria muçulmana no norte e predominantemente cristão no sul (EFE, junho de 2021)

Na tradução, Boko Haram significa "educação ocidental é um pecado". O grupo tem se notabilizado por sequestros e pelo uso excessivo da violência. De dezembro de 2020 até agosto de 2021, cerca de mil estudantes haviam sido sequestrados. Um estudo da consultoria nigeriana SBM Intelligence analisou o pagamento de resgates entre junho de 2011 e março de 2020 e apontou que, no período pesquisado, os sequestros geraram ao menos US$ 18,34 milhões (R$ 95,5 milhões). Em 2020, mesmo em meio à pandemia, foram ao menos 413 sequestros, segundo o Monitor de

Segurança da Nigéria, levantamento elaborado pelo *think tank* americano *Council on Foreign Relations*. (Folha de S. Paulo, agosto de 2021).

Um paralelo com relação ao contexto nigeriano que apareceu nos noticiários recentemente: o governo do país mais populoso da África anunciou em 4 de junho de 2021 que estava suspendendo o Twitter por "tempo indeterminado", acusando especificamente a rede social de ter uma "missão suspeita" contra o governo e de manter mensagens na plataforma incitando a violência do chefe de um grupo separatista no sudeste da Nigéria. O governo impôs como pré-condição para a retirada da proibição da rede social que a empresa Twitter fosse registrada no país. A suspensão do Twitter, bem como a ordem dada pelo governo aos meios de comunicação audiovisual para apagarem a sua conta num gesto "patriótico", causaram grande impacto num país onde esta rede social é um importante instrumento de protesto.

▸ QUESTÃO SOBRE O TEMA:

Ainda que não exista uma definição universal sobre o terrorismo, como definir tal prática de modo geral?

Resposta: Entende-se o terrorismo por uso **sistemático da violência para intimidar um governo ou uma população,** de modo a alcançar um **objetivo político, ideológico ou religioso.** Ou seja, o ato terrorista não visa a atingir somente suas vítimas diretas, mas disseminar o medo, o terror, na sociedade a que elas pertencem. O grande problema das ações terroristas reside no seu ponto arbitrário e indiscriminado do uso da força.

No atual estágio da sociedade, forças como Boko Haram, Estado Islâmico, Al Qaeda do Iêmen e Al Shabab demonstram o tamanho da selvageria e barbárie ao decepar reféns, usar crianças e mulheres como escudo humano ou estuprá-las de maneira repetida. Neste sentido, o entendimento do conceito de terrorismo passa pelo distanciamento de uma preocupação com a sociedade civil, já que a força indiscriminada acaba por atingir o contexto como um todo, ferindo e violando direitos humanos. Muitos dos próprios terroristas justificam tais práticas a partir de uma leitura religiosa extremista. Estes consideram-se **guerrilheiros, rebeldes, revolucionários, separatistas,** enfim, qualquer outra palavra que amenize a dimensão de violência utilizada a partir de suas práticas.

▸ IMPORTANTE!

A expressão "terror" teve seu **primeiro uso no âmbito da política durante a ditadura** de Robespierre e Saint-Just, na **Revolução Francesa.** Trata-se de uma referência histórica importante para alocação geográfica, visto que muitos tendem a polarizar as práticas terroristas para uma ou outra ideologia. O que a historiografia demonstra é que tanto organizações de direita como de esquerda, revolucionários e nacionalistas, religiosos e governos constituídos utilizaram de tais práticas para impor a força. No momento pós-revolução **Russa (1917),** no **fascismo italiano ou nazismo alemão** e na própria **ditadura militar brasileira** (especialmente entre os anos de 1968 e 1977), práticas similares ao terrorismo foram instrumentos "legitimados" para manutenção do poder.

DICA!

- Um dos destaques importantes para o entendimento da disseminação das ideias terroristas pelo globo se dá a partir da constatação de um **ambiente tecnológico que conecta espaços geográficos que até então eram distantes.** Os mecanismos virtuais são utilizados de maneira ampla pelas organizações terroristas, o que promove uma **propagação dos ideais extremistas e amplificam o discurso de ódio** e perseguição. O Estado Islâmico chegou a destacar que estaria desenvolvendo uma rede social própria que impediria o monitoramento por parte de serviços de segurança que atuam na dimensão virtual. Dentre as estratégias, os terroristas utilizam ainda hashtags e revista digital. Em 2017, o próprio Facebook, em parceria com o Twitter, o Youtube e a Microsoft anunciaram que criariam um grupo específico para tratar a temática.

- No ano de 2021, a Lei Antiterrorismo do Brasil completou 5 anos. O fato acaba se tornando relevante, apesar de o país não ter um histórico de ataques terroristas (vale lembrar que a legislação ganhou força em 2016, por conta da realização de evento esportivo de alcance internacional, as Olimpíadas do Rio de Janeiro).
- Outro episódio que chamou bastante a atenção em 2021 foi o ataque a **estátua do bandeirante Borba Gato,** em São Paulo. Nos últimos anos, uma série de ataques à monumentos e estátuas de personagens ligados ao passado escravocrata tem chamado a atenção: seria uma forma de reparar a história e "apagar a memória" ou seriam atos que deslegitimam os caminhos coerentes de um protesto, resultando em vandalismo? A temática que é bastante polêmica despertou a "caracterização" de terrorismo por alguns setores da sociedade, enquanto outros falavam em "exemplo".
- Outro exemplo de acontecimento bastante oportuno para uma prova de atualidades diz respeito ao cenário de Colômbia e Venezuela. Atualmente, os países vivenciam uma relação bastante desgastada na figura de seus respectivos presidentes (Iván Duque e Nicolás Maduro, respectivamente). Assim sendo, no final de julho de 2021, o **presidente da Colômbia pediu aos Estados Unidos para declararem a Venezuela como um país "promotor do terrorismo".** A Colômbia tem acusado o país comandado por Maduro de oferecer refúgio para rebeldes dissidentes das FARC e guerrilheiros do ELN (Exército de Libertação Nacional). Entretanto, um fato específico chamou a atenção: uma suposta tentativa de ataque ao helicóptero do presidente da Colômbia (ninguém ficou ferido). O helicóptero foi ataco com tiros de fuzil ao sobrevoar uma região do leste colombiano, área marcada por conflitos. No curso das investigações, 10 pessoas chegaram a ser presas – seriam rebeldes da ex-guerrilha que rejeitam o acordo de paz firmado com o governo que transformou a FARC em partido político (inicialmente identificado por Força Alternativa Revolucionária do Comum, mantendo a sigla, mas depois transformado em "Comunes" – nome dado em janeiro de 2021).

2. ESTADO ISLÂMICO: MÁQUINA DE FAZER VÍTIMAS

A lista de ataques da organização conhecida por Estado Islâmico cresce a cada dia. Seja na Europa ou no próprio Oriente Médio, o Estado Islâmico tornou-se tema batido nos noticiários internacionais. Inclusive, se voltarmos alguns anos, a própria Agência Brasileira de Inteligência (Abin) chegou a emitir parecer sobre o Brasil enquanto provável alvo do grupo **jihadista sunita** (fato amplificado durante eventos esportivos, mas sempre em pauta por se tratar de um país historicamente com raízes religiosas distintas da leitura do grupo radical islâmico).

O grupo de orientação sunita passou a utilizar o terrorismo a partir de outra perspectiva: a **violência sem fronteiras e o recrutamento de jovens via plataformas virtuais**, o que ampliou a área de alcance e despertou nas autoridades do mundo todo a necessidade de discutir medidas cabíveis para combater tais práticas. Por algum tempo, o grupo terrorista se aproveitou de toda a instabilidade do cenário da Síria para recrutar pessoas. Tal fato pode ser exemplificado pela deterioração de direitos da população Síria, país que vivencia um cenário de Guerra Civil há dez anos, com mais de 500 mil mortes segundo o Observatório Sírio para Direitos Humanos. Interessante pensar que a morte de Osama bin Laden, numa impressionante operação militar americana em solo paquistanês, em maio de 2011, espalhou uma sensação de alívio nos países que vinham sofrendo ataques organizados pela al-Qaeda – entretanto, poucos imaginavam que o terrorismo continuaria seno pauta das relações internacionais, principalmente pela escalada do Estado Islâmico. Apesar da disseminação dos ideais pelo ambiente virtual, o grupo terrorista viu seu poderio enfraquecer nos últimos anos (vários fatores colaboram, com destaque para a coalizão internacional).

▶ QUESTÃO SOBRE O TEMA:

A França tem sido alvo de organizações terroristas. Quais motivos?

Resposta: Uma das explicações diz respeito à atuação das forças militares francesas na coalizão liderada pelos Estados Unidos para combater o Estado Islâmico (a França integra os combates desde 2014). Os muçulmanos representam entre **7% e 10% da população total da França.** Esse número de muçulmanos no país se deve à política flexível de imigração, o que não resultou na absorção no mundo do trabalho, por exemplo. Além disso, alguns franceses islâmicos (mais de 700) foram treinados pelo Estado Islâmico na Síria. Outro ponto relevante diz respeito à **dimensão cultural de Paris,** cosmopolita e libertária, não é aceita pelos terroristas. A ideia de "liberdade", por exemplo, um dos pontos cruciais da Revolução Francesa é mal-vista pelos radicais do Estado Islâmico. Em 2021, o assassinato de um padre na França revigorou o debate sobre o terrorismo (o próprio papa Francisco chegou a lamentar publicamente o episódio). Segundo as investigações iniciais, o solicitante de refúgio ruandês Emmanuel Abayisenga seria o responsável pelo ato (ele mesmo chegou a se entregar à polícia). Segundo as investigações iniciais, o ataque teria motivações terroristas.

▶ IMPORTANTE!

- O Estado Islâmico chegou a definir Paris, capital da França, como **"capital da prostituição e do vício"**.
- O Estado Islâmico **proibiu** o uso de camisetas de time de futebol. Segundo o estabelecido, quem ousar se vestir com a camiseta de algum clube **pode receber até 80 chibatadas.**
- **Ao longo de 2017, grupos pró-Estado Islâmico chegaram a realizar montagens envolvendo jogadores de futebol – Neymar, Lionel Messi e Cristiano Ronaldo – os ameaçando e sugerindo ações durante a realização da Copa do Mundo de Futebol.**

Nos últimos anos, nota-se um enfraquecimento do potencial de alcance do Estado islâmico – vários são os fatores que explicitam tal situação. Ainda assim, o terrorismo continua sendo uma problemática invisível, já que o monitoramento de pessoas envolvidas com ideais radicais é um grande desafio para as autoridades competentes espalhadas pelo mundo.

> Em seu auge, entre 2015 e 2016, o chamado Estado Islâmico controlava cerca de um terço do território sírio, especialmente o nordeste, e grandes faixas de terra e importantes cidades no Iraque. Com seu domínio sobre Falluja, estabeleceu-se a apenas uma hora de Bagdá. Em maio de 2015, ainda em expansão, a organização tomou a estratégica cidade de Palmira, no centro da Síria e onde ficam algumas das mais importantes ruínas da Antiguidade do país, datadas de cerca de 2 mil anos atrás. Defensor da destruição de toda e qualquer referência cultural ou religiosa considerada herege, o EI já havia destruído monumentos próximos a Mosul e artefatos assírios e sumérios mantidos no museu da cidade. Em Palmira, sua ideologia destrutiva foi novamente colocada em prática, com boa parte das ruínas implodidas pelo grupo. Em março de 2017, porém, forças do regime de Assad, com a ajuda de aviões russos, expulsaram o EI de Palmira pela segunda vez - agora, de forma definitiva. No Iraque, aos poucos o governo iraquiano foi recuperando as cidades controladas pelo EI. Em outubro de 2016, iniciava um monumental esforço para recuperar o controle de Mosul. Com 30 mil soldados próprios, 4 mil combatentes da milícia curda (conhecida como peshmerga) e bombardeios aéreos dos Estados Unidos, o Iraque foi aos poucos tomando partes da cidade. Nove meses depois, em 10 de julho de 2017, o primeiro-ministro iraquiano, Haider al-Abadi, declarou vitória na guerra contra o EI em Mosul.
>
> Em outubro de 2017, foi a vez de Raqqa, na Síria, considerada a capital do Estado Islâmico. Após uma batalha de quatro meses, as Forças Democráticas Sírias, lideradas pelos curdos e apoiadas pelos Estados Unidos, expulsaram o EI da cidade. O chamado Estado Islâmico, que já perdera seu largo território, que lhe permitirá financiar sua máquina de guerra e terror, ficava agora sem capital.
>
> Em março de 2019, perdeu também sua última base, a cidade de Al-Baghuz Fawqani, ou simplesmente Baghuz. Localizada no extremo leste da Síria, ao lado da fronteira com o Iraque e na beira do rio Eufrates, a retomada de Baghuz marcou o fim do suposto califado de Abu Bakr al-Baghdadi.

Baghdadi, porém, continuava vivo e solto, em algum lugar na região. Mas não por muito tempo. Em 26 de outubro de 2019, uma operação das forças especiais americanas, utilizando oito helicópteros, atacou uma construção onde ele estava. O líder do EI chegou a tentar fugir, mas em seguida se matou detonando o colete de explosivos que vestia. Ao anunciar o sucesso da operação, o então presidente americano, Donald Trump, disse: "Ele morreu como um cachorro, ele morreu como um covarde".

Poucos depois, o grupo jihadista confirmou a morte de Baghdadi e anunciou seu substituto, como noticiou a BBC News: "Uma divisão do EI anunciou no serviço de mensagens Telegram que Abu Ibrahim al-Hashemi al-Qurashi é o novo líder e 'califa'". Sem territórios de onde extrair impostos e recursos naturais e enfraquecido com a perda de seu mítico líder, o chamado Estado Islâmico deixou de representar a ameaça regional que assustou o mundo em 2014. A partir de 2019, os ataques internacionais do EI também diminuíram em quantidade e frequência, em mais um sinal de seu enfraquecimento após perder suas bases na Síria e no Iraque.

No entanto, o grupo continuava ativo, realizando atentados no Oriente Médio, inspirando grupos armados no norte da África e influenciando células independentes ao redor do mundo. No primeiro aniversário da eliminação de Baghdadi, em 26 de outubro de 2020, o então secretário de Estado americano, Michael Pompeo, divulgou um comunicado, em que afirmava que os Estados Unidos continuavam vigilantes. "O Isis continua sendo uma ameaça significativa, e é vital que nós mantenhamos pressão contínua nos resquícios do Isis na Síria e no Iraque e fortaleçamos nossos esforços coletivos para derrotar as filiais e redes do Isis pelo mundo." Ainda não era o fim do extremismo islamista.

(Trecho retirado de "21 Histórias que Marcaram as Primeiras Décadas do Século 21", da BBC News Brasil".

RAIO X DO ESTADO ISLÂMICO

- Áreas diretas de atuação: **Síria e Iraque (Oriente Médio)** – países que se tornaram terreno fértil para expansão do grupo por conta de vivenciarem conflitos internos. Para compreensão simbólica, basta lembrar do país comandado por Bashar al Assad (reeleito para o 4º mandato em 2021 e no poder desde 2000), que vive um cenário de Guerra Civil há dez anos.
- Existe uma crítica por especialistas com relação à denominação do grupo. Para uma parcela de pesquisadores da área, chamá-los de Estado Islâmico implica na legitimação da organização enquanto força política, com poderes de um Estado. Isil, Isis ou **Daesh** (acrônimo árabe para Estado Islâmico) são denominações empregadas como referência ao grupo.
- Estado Islâmico chegou a ser considerada a organização **terrorista mais poderosa e bem-sucedida da história. Trata-se de um braço da Al Qaeda,** tendo sua ascensão diretamente associada à política de "Guerra ao Terror" implementada pelo então presidente George W. Bush (2001-2009). Vale lembrar ainda que em 2021, o governo Joe Biden deu início as retiradas das tropas

estadunidenses no Afeganistão (o que gerou novo movimento de ação do Talibã na localidade).

- ✓ O grupo terrorista ganhou destaque por conta da violência desmedida de desproporcional aplicada contra os seus reféns. Dentre as atrocidades cometidas pelo grupo estão: **enforcamentos, decapitações e crucificações coletivas.**

- ✓ A ideia inicial de formulação de um califado transcende o âmbito religioso: o grupo pretendia **reordenar a geografia do Oriente Médio, se livrando de costumes ocidentais.** Assim, ao dominar as áreas, o grupo terrorista se apropriava de bancos, supermercados, bases militares, hidrelétrica, **campos de petróleo,** dentre outros espaços. **O grande destaque se dá com relação às jazidas petrolíferas,** onde o grupo encontra caminho para o financiamento de suas práticas. Na Turquia, o **petróleo "ilegal" era vendido a preços** mais baixos que o do mercado, o que garantia uma renda que fica **entre 1 e 3 milhões de dólares por dia. Além disso, cabe lembrar a destruição de patrimônios culturais por parte do Estado Islâmico (a própria Unesco – entidade da ONU que lida com a Ciência, Cultura e Educação - chegou a identificar tal situação por diversas vezes).**

- ✓ Além da venda do petróleo, o grupo sobrevivia de **doações (de saudistas, principalmente), recompensas por estrangeiros sequestrados, tráficos de objetos arqueológicos (quando estes não são simplesmente destruídos), exploração de recursos minerais, cobrança de taxas e impostos da população sucumbida.**

- ✓ Outro grupo que deflagra extrema violência e prega o ódio (com atuação direta na Nigéria), **o Boko Haram, declarou lealdade ao Estado Islâmico, em 2015.**

- ✓ Em setembro de 2014, os EUA passaram a liderar uma coalizão para combater o Estado Islâmico. Desde então, as forças da coalização auxiliaram na recuperação de cidades que haviam sido tomadas pelo grupo terrorista, resultando no processo de enfraquecimento da organização (o que não pode ser confundido com fim do terrorismo).

- ✓ Outro ponto bastante importante para as provas de atualidades é a questão da reinvindicação da autoria de ataques. Geralmente, logo que desponta algum tipo de ataque terrorista, várias organizações assumem a autoria (seria uma forma de marcar o poderio frente à comunidade internacional). Recentemente, os ataques terroristas têm alcançado "menor impacto", ou seja, são eventos isolados que decorrem de indivíduos que não necessariamente estiveram pela Síria ou Iraque (no caso, áreas de influência do Estado Islâmico). São os chamados "lobos solitários". Tal aspecto tem mobilizado legislações pelo mundo: em julho de 2021, a Áustria aprovou uma polêmica lei para monitorar pessoas ligadas ao terrorismo (em 2020, um ataque no país mobilizou a discussão).

A lei inclui a instauração de vigilância eletrônica para os detidos que ficaram livres da prisão, e a criação de uma infração penal específica para punir crimes motivados "por extremismo religioso". Também será colocado em prática um registro dos imames, e as mesquitas terão que comunicar ao governo quem as financia. Após o atentado, que causou quatro mortes na capital austríaca, o governo foi duramente criticado por suas falhas em vigiar o terrorista, que havia sido condenado em 2018 por tentar viajar para a Síria a fim de lutar com o grupo jihadista Estado Islâmico (IstoÉ, julho de 2021).

▸ **IMPORTANTE!**

É uma grande **negligência analisar a ascensão do terrorismo** (principalmente do Estado Islâmico), **sem desenhar como plano de fundo a Guerra Civil da Síria.** O conflito provoca amplo deslocamento de pessoas, o que faz da Síria o país com o maior número de refugiados (segundo dados divulgados em junho de 2021 pelo Alto Comissariado da ONU para Refugiados - Acnur, são 6,7 milhões (grande parte se deslocando para a Turquia (que é o país no mundo que mais recebe refugiados segundo o Acnur).

Lembrem-se da importância das organizações / entidades ligadas a ONU. No caso, uma questão de atualidades pode trazer o contexto sírio de refugiados e perguntar qual a entidade da ONU que lida com o tema (assim como já visualizamos questões que falavam sobre o Mapa da Fome da ONU, mas se voltavam para a entidade responsável por tal ação, no caso, a FAO - entidade que lida com a alimentação e agricultura.

De modo geral, a população síria se vê nas mãos de uma **luta fracionada:**

Governo Sírio e Aliados	Grupos rebeldes	Curdos
Âmbito interno: Desde 1970 a família Assad comanda o país em um regime de partido único. Ainda que cristãos e xiitas não apoiem o ditador, acabam preferindo sua posição à dos extremistas no comando. **Âmbito externo:** Conta com o apoio do Irã e do grupo libanês Hezbollah - eixo xiita - além disso, a Rússia de Vladimir Putin é uma das grandes forças no ambiente externo.	Grupos sunitas (não extremistas) que lutam contra o regime de Bashar al-Assad são a maioria. O maior, em questão, é o **Exército Livre da Síria (ELS)**. Países Europeus e EUA, além de Turquia e Arábia Saudita são apoiadores do ELS. Por conta do envolvimento de Irã e Arábia Saudita, além do temor pelo terrorismo, existem discrepâncias internas que são confrontadas.	Estes ocupam territórios da Síria, Iraque, Irã, Turquia, Armênia e Azerbaijão e buscam a criação de um Estado próprio - Curdistão.

▶ **QUESTÃO SOBRE O TEMA:**

Quem são xiitas e sunitas? Quais diferenças?

Inicialmente, é preciso distinguir terrorismo de religião islâmica. As frentes radicais representam uma minoria, inclusive criticada por grande parte dos muçulmanos. O preconceito e a opressão com relação aos muçulmanos tornaram-se elemento corriqueiro nessa lógica intolerante que o mundo assiste. Em números, os muçulmanos representam a **segunda maior crença do planeta (1,7 bilhão de seguidores), atrás apenas do cristianismo (2,4 bilhões de fiéis).** Além disso, a taxa de crescimento da religião Islâmica é mais acelerada e, por isso, projeções futuras assinalam uma equiparação numérica dos fiéis. Vale destacar que existem várias divisões do mundo islâmico. Ainda assim, a polarização entre xiitas e sunitas é que delimita uma luta histórica de forças e poderes. De modo geral, os **sunitas são maioria (85%), contra a minoria xiita (15%).** A polarização se deu a partir da **sucessão pelo posto do profeta Maomé,** já que duas diferentes tendências se apontaram após sua partida. Para os xiitas, o sucessor deveria ser da família do profeta – Ali, primo e genro de Maomé, era o líder dessa corrente. Para os sunitas, qualquer muçulmano poderia ser o líder, desde que fosse da tribo de Maomé e aceito pela comunidade.

DICA!

▶ O ano de 2016 marcou a realização das Olimpíadas no Rio de Janeiro. Tal fato apresentou a discussão terrorismo de maneira conjunta, visto que a própria legislação se debruçou sobre o tema por conta da dimensão de uma prática durante tal evento. Em 1972, o grupo terrorista **Setembro Negro matou 11 israelenses** na vila olímpica da cidade de **Munique, na Alemanha**. Os cinco terroristas também morreram no ataque, além de um policial alemão. Vinte e quatro anos depois, na **Olimpíada de Atlanta**, nos EUA, a explosão de uma bomba matou 2 pessoas e deixou 112 feridos. O artefato foi colocado num parque público pelo cidadão americano Eric Robert Rudolph, identificado como um cristão ultraconservador. Em 2018, o que ganhou destaque foi a preparação da Rússia para a realização da Copa do Mundo de Futebol, com serviços estratégicos de segurança e inteligência integrada.

Um dos espaços que tem levantado por vezes discussões sobre o terrorismo é o Conselho de Segurança da ONU. Em 2021, o Brasil foi eleito para um novo mandato como membro não-permanente para o biênio 2022/2023. O Conselho é formado por 15 países – sendo 10 membros não permanentes, sem o poder de veto, e 5 membros permanentes (EUA, Reino Unido, França, China e Rússia), com poder de veto. As decisões precisam ser unânimes entre os membros permanentes, o que obstaculiza algumas temáticas.

Definição de terrorismo a partir da Lei Antiterrorismo do Brasil (Lei 13.260/2016), promulgada em março de 2016, que, em seu artigo 2º, parágrafo 1º, delimita que são atos de terrorismo:

> III - usar ou ameaçar usar, transportar, guardar, portar ou trazer consigo explosivos, gases tóxicos, venenos, conteúdos biológicos, químicos, nucleares ou outros meios capazes de causar danos ou promover destruição em massa;
>
> IV - sabotar o funcionamento ou apoderar-se, com violência, grave ameaça a pessoa ou servindo-se de mecanismos cibernéticos, do controle total ou parcial, ainda que de modo temporário, de meio de comunicação ou de transporte, de portos, aeroportos, estações ferroviárias ou rodoviárias, hospitais, casas de saúde, escolas, estádios esportivos, instalações públicas ou locais onde funcionem serviços públicos essenciais, instalações de geração ou transmissão de energia, instalações militares, instalações de exploração, refino e processamento de petróleo e gás e instituições bancárias e sua rede de atendimento;
>
> V - atentar contra a vida ou a integridade física de pessoa.

De certa forma, cabe ressaltar que o terrorismo se tornou um **tema de caráter global.** As preocupações dos governos se unem às **aflições da sociedade civil** e reforçam o combate dentro de um âmbito preventivo, levando em consideração as realidades específicas. O medo constante e o perigo em potencial tornam todos os indivíduos vulneráveis a tais formas de violência. Por isso, além da evolução das leis para combater aqueles que se munem de visões extremistas para justificar a guerra, é preciso que a sociedade alimente um espírito de tolerância.

> Uma discussão de destaque que envolve a questão do mundo islâmico e por vezes adentra ao campo da segurança pública é o uso do véu islâmico. Em julho de 2021, uma decisão do Tribunal de Justiça da União Europeia ganhou os noticiários. As empresas privadas da União Europeia (UE) que proibirem os funcionários de cobrir a cabeça com lenços enquanto trabalham não estarão desrespeitando a liberdade religiosa, desde que o façam com o objetivo de sustentar uma política de neutralidade. A corte analisou dois casos semelhantes encaminhados por tribunais alemães, que pediam uma diretiva mais precisa do bloco sobre o tema. Neles, uma cuidadora de crianças com deficiência em Hamburgo e uma caixa de farmácia em Mueller foram proibidas por seus empregadores de usar o hijab, véu islâmico que cobre o cabelo. Elas não o usavam quando foram contratadas, mas aderiram anos depois. O tribunal teve de decidir se a proibição caracterizava desrespeito à liberdade religiosa e discriminação no ambiente de trabalho ou, então, se era uma prática aceitável para promover a liberdade de gestão das empresas privadas —e decidiu pela segunda opção. A decisão retoma julgamento semelhante ao que o Tribunal de Justiça realizou em 2017, quando tornou pública a primeira diretiva na questão do uso de véus islâmicos no trabalho. Naquele ano, a corte determinou que a proibição do véu não configura discriminação, desde que o veto seja generalizado para outros símbolos religiosos —como crucifixos e quipás (tipo de boina usada por judeus). Fez, porém, uma ressalva: a decisão de proibir o uso não pode ser resultado de exigências de consumidores. (Folha de S. Paulo, julho de 2021).

- Organizações terroristas de destaque econômico: Uma das maiores problemáticas dos últimos tempos diz respeito ao ordenamento geopolítico internacional e a atuação de organizações terroristas. Estas, por sua vez, possuem estruturas hierárquicas e sistemáticas tão bem articuladas como qualquer empresa altamente qualificada. Conseguem financiamento por meio de atividades ilícitas, recrutam jovens de diferentes localidades geográficas e aterrorizam o medo com a disseminação do ódio e da violência. A tabela a seguir aborda levantamentos de dados sobre o "provável" patrimônio de algumas destas. Diante o emaranhado de ações oriundas de grupos terroristas e as diferentes concepções acerca da prática delituosa, o primeiro passo para o entendimento completo desta teia de relações é a localização geográfica de atuação de cada uma das organizações. Para isso, atenção ao quadro abaixo que sistematiza as principais articulações do momento.

- Um dos maiores desafios para combater o terrorismo é enfrentar o potencial cibernético. O recrutamento de jovens acontece por meio de redes sociais, o que potencializa o alcance do grupo e ramifica a eventualidade de ações descentralizadas. Grupos de hackers já chegaram a declarar guerra aos integrantes do Estado Islâmico, promovendo ataques aos seus perfis. Entretanto, é difícil de mensurar o real alcance desse grupo. Podemos destacar o efeito global do terrorismo. Certamente esses dados são projeções e mudam constantemente.
- Outro ponto de destaque é a forma como estes grupos terroristas se financiam e alcançar uma rentabilidade que garante potencial bélico por longa data. O Estado Islâmico, por exemplo, ao ocupar uma área, toma para si a região e todos os serviços como hidrelétricas, bancos, bases militares, campos de petróleo etc. Entretanto, uma das principais fontes de financiamento do grupo é a venda de petróleo, além da cobrança de resgate e doações.
- O EI atua, diretamente, no Iraque e Síria. Porém, uma das maiores problemáticas envolvendo o EI a nível internacional está relacionada ao recrutamento de estrangeiros para treinamento terrorista. Jovens, de todas as regiões do mundo mantêm relações com o grupo terrorista, e grande parte desses tentam o ingresso na região de atuação do EI para receber treinamento apropriado. O Estado Islâmico obtém milhões de dólares do contrabando de petróleo, do tráfico de antiguidades e dos resgates por sequestros. Recentemente, os ataques dos chamados "lobos solitários" têm repercutido de modo preocupante em diferentes localidades do globo.
- O grupo jihadista sunita também recruta pessoas em todo o mundo, graças a propaganda na internet (o grupo estuda a criação de uma rede social específica, já que as convencionais têm sido rastreadas por serviços de segurança). Um consórcio militar formado por curdos independentistas, árabes muçulmanos, rebeldes sírios, forças iraquianas, iranianas e turcas, com apoio da aviação militar americana, pôs fim, em outubro, ao domínio de três anos do Estado Islâmico sobre a cidade de Raqqa, localizada no centro-norte da Síria. O grupo terrorista tinha em Raqqa a capital de seu "califado" e, de lá, treinava combatentes e planejava atentados terroristas ao redor do mundo. Também em outubro de 2017, o governo sírio expulsou as forças rebeldes

do Estado Islâmico da cidade de Al Qariatain, no deserto sírio (cidade que durante os conflitos se tornou símbolo por unir muçulmanos e cristãos).

Na atualidade, como o tema terrorismo poderia ser cobrado na prova de atualidades?

Um dos destaques para o ano de 2021 é a situação do **Afeganistão**. O governo dos EUA anunciou a retirada das tropas do país (vale lembrar que a presença estadunidense na nação do Oriente Médio se dava no contexto da política de combate ao terrorismo). As projeções do governo Biden dataram em 31 de dezembro de 2021 o desfecho de tal ação (até o fechamento da edição, isso não havia acontecido). Em agosto, o Talibã assumiu o controle da capital promovendo imagens de tensão pelo mundo (pessoas fugindo, excluindo as res sociais e a forte tensão com relação ao retrocesso dos direitos garantidos para mulheres, principalmente). Várias capitais regionais haviam sido tomadas pela organização terrorista, o que ocasionou uma situação de tensão. O tema chegou a ser pautado pela comunidade internacional.

Sobre o Talebã, é importante destacar:

O Talebã, ou "estudantes" na língua pashto, surgiu no início da década de 1990 no norte do Paquistão, após a retirada das tropas da União Soviética do Afeganistão. Acredita-se que o movimento predominantemente pashto tenha aparecido pela primeira vez em seminários religiosos, muitos deles financiados pela Arábia Saudita, pregando uma forma linha-dura de islamismo sunita. As promessas feitas pelo Talebã, nas áreas pashto que ficam entre o Paquistão e o Afeganistão, eram de restaurar a paz e a segurança e impor sua própria versão austera da sharia, ou lei islâmica, quando chegasse ao poder. Do sudoeste do Afeganistão, o Talebã rapidamente expandiu sua influência. Em setembro de 1995, o grupo capturou a província de Herat, na fronteira com o Irã. Exatamente um ano depois, conquistou a capital afegã, Cabul, derrubando o regime do presidente Burhanuddin Rabbani, um dos fundadores dos mujahidin afegãos, grupos rebeldes que resistiram à ocupação soviética. Em 1998, o Talebã controlava quase 90% do Afeganistão. O Paquistão negou repetidamente as alegações de que ajudou a moldar o Talebã, mas há poucas dúvidas de que muitos afegãos que inicialmente aderiram ao movimento foram educados em madrassas (escolas religiosas) no Paquistão. O Paquistão também foi um dos únicos três países, ao lado da Arábia Saudita e dos Emirados Árabes Unidos, a reconhecer o Talebã quando assumiu o poder. Da mesma forma, foi a última nação a romper relações diplomáticas com o grupo. Por um momento, o Talebã ameaçou desestabilizar o Paquistão a partir das áreas que controlava no noroeste. (Folha de S. Paulo, agosto de 2021)

CAPÍTULO III

ECONOMIA

1. QUESTÃO ECONÔMICA

Crise econômica. Certamente essa expressão foi uma das mais noticiadas, comentadas e citadas pelos veículos de comunicação em massa nos últimos tempos. Desvalorização da moeda, perda do grau de investimento, elevação do desemprego, são pontos importantes para a compreensão do momento que o Brasil enfrenta no cenário "pós-pandemia" (lembrando que até o fechamento da edição, o país buscava uma reestruturação econômica). Uma das grandes métricas para tal situação é o resultado do PIB e, consequentemente, as projeções futuras da economia.

Para entender esse tema considerado "tronco" para o cenário atual, em alguns momentos, a **reflexão conjuntural se faz necessária**. Ou seja, é preciso compreender o cenário político brasileiro para entender o desenvolvimento das políticas econômicas. Ainda assim, reflexão pode ficar restrita se não for levado em consideração a realidade de outros países (o efeito comparativo é sempre relevante para o entendimento).

> ▸ **IMPORTANTE!**
>
> O Produto Interno Bruto do Brasil sofreu retração de 4,1% no ano de 2020 (o que fez a economia brasileira deixar o posto de 9ª maior economia no ranking da agência de classificação de risco Austin Rating – na ocasião, ultrapassaram o Brasil: Canadá, Coreia do Sul e Rússia. Apesar do resultado favorável do PIB no 1º trimestre de 2021, o Brasil voltou a perder uma posição no ranking, dessa vez ultrapassado pela Austrália. Vale lembrar que o PIB é um dos grandes termômetros da economia, o que tende a ser observado pela comunidade internacional (no caso do ano de 2021, há uma relevante relação entre a retomada das atividades no contexto de pandemia, o que se apresenta de modo desigual pelo mundo).

Vale lembrar que a questão do PIB é apenas umas das variáveis. Várias outras variáveis podem ser utilizadas para o entendimento da situação econômica global (no caso mais recente, a situação da insegurança alimentar é uma das grandes preocupações).

Batizado de "O Vírus da Fome se Multiplica", o estudo divulgado em julho de 2021 estimou que 155 milhões de pessoas em 55 países vivem em níveis extremos de insegurança alimentar. O levantamento também mostra que a fome se intensificou em países de renda média, como Brasil, Índia e África do Sul, que foram duramente afetados pela pandemia. Com base nos dados da Rede Brasileira de Pesquisa em Soberania e Segurança Alimentar (Rede PENSSAN), a Oxfam diz que 20 milhões de brasileiros passam fome (G1, julho de 2021).

Outras entidades da ONU têm realizado uma série de levantamentos sobre o tema.

Outros pontos importantes que se destacam em provas de atualidades são:

- Resultado da balança comercial (superávit ou déficit).
- Avaliação de agências de classificação de risco.
- Inflação (com destaque para os principais produtos inflacionados).
- Desemprego (importante salientar as justificativas que explicam a alta ou queda do número de desempregados – ter como base os dados oficiais do IBGE – Instituto Brasileiro de Geografia e Estatística.
- Taxa Selic – uma taxa que tem relação direta com a inflação e, além disso, tem apresentado uma flutuação.
- Moeda – importante acompanhar o desempenho da moeda brasileira frente às demais (com destaque para o comparativo com o dólar que é a grande referência).
- Acordos comerciais e o jogo político e estratégico de blocos econômicos (exemplo, o acordo comercial de Mercosul com a União Europeia, que até o fechamento da edição não havia sido ratificado pelos congressos de todos os países envolvidos.
- Resultado das instituições financeiras (as provas têm uma inclinação para os lucros de bancos).
- Resultados de destaque (lucro ou prejuízo de outras instituições do mercado).
- Fusão entre grandes empresas, aquisição e transações comerciais similares.
- Salário-mínimo (valor atual, aumento ou projeções).
- Ranking de competitividade das nações.
- Política econômica (incluindo trocas dentro do Ministério da Economia – um destaque atual seria a recriação do Ministério do Trabalho, por meio de medida provisória, com enfraquecimento da própria pasta da Economia).

2. AGÊNCIAS DE CLASSIFICAÇÃO DE RISCO

Outro fato que colocou o Brasil nos noticiários de economia nos últimos tempos foi o rebaixamento do grau de investimento do país. Atualmente, três grandes agências de classificação de risco são parâmetros para o tema: **Standard and Poor's, Fitch e Moodys.** A partir da nota que essas agências instituem para cada país, o fluxo econômico por meio de investimentos se intensifica ou reduz.

Com isso, acompanhar o movimento das agências de classificação de risco é importante para compreender a questão da conjuntura econômica de um país. Tais variáveis se tornam referências na análise da solidificação de uma economia. Como é um cenário de intenso dinamismo e flexibilidade de valores, é importante manter-se bem-informado.

Ao longo do ano de 2020 e 2021, as agências de classificação de risco emitiram avaliações das nações relacionando as campanhas de vacinação com a retomada das atividades econômicas. Dessa forma, ficou evidente a importância de planos de vacinação eficientes para a economia. Em junho de 2021, por exemplo a agência de classificação de risco Moody's, ao realizar projeção do PIB brasileiro, chegou a destacar o potencial de crescimento maior conforme o avanço da campanha de vacinação.

Para efeito de comparação, durante discussão sobre Reforma Trabalhista (aprovada em 2017) e Reforma Previdenciária (aprovada em 2019), as agências de classificação de risco analisavam o cenário com aspectos técnicos de solidificação econômica. Para 2021 e os anos que seguem, discussões sobre Reforma Tributária e Administrativa ganham força.

Em junho de 2021, a Standard & Poor's (S&P) reafirmou o *rating* do Brasil em "BB-", com perspectiva "estável". Segundo a agência, a perspectiva estável "reflete nossas expectativas para a recuperação econômica em 2021 e uma gradual diminuição do déficit fiscal do país, que pode resultar em um ritmo mais lento de acumulação de dívida nos próximos dois anos, bem como o sólido desempenho externo brasileiro". A agência destaca que a própria corrida eleitoral de 2022 tende a impactar vertiginosamente no risco de investimento (no entendimento da agência, mesmo com a forte rejeição dos candidatos Lula e Bolsonaro, há uma competitividade aguçada e interessante para o mercado).

Em maio de 2021, a Fitch já havia destacado a perspectiva do Brasil. A agência de classificação de risco reafirmou rating BB- do Brasil, com perspectiva negativa. "As pressões sobre os gastos públicos persistem e um apoio fiscal adicional para enfrentar as consequências da pandemia não pode ser descartado. Fragilidades fiscais contínuas, bem como vencimentos de dívidas encurtados, tornam o Brasil vulnerável a choques", afirmou a Fitch.

As agências têm parâmetros específicos de análise. Para fins de comparação, segue:

Moody's – www.moodys.com
Aaa – Mais alta qualidade
Aa1, Aa2, Aa3 – Qualidade muito alta
A1, A2, A3 – Qualidade alta
Baa1, Baa2, Baa3 – Boa qualidade
Ba1, Ba2 – Especulativo
B1, B2, B3 – Altamente especulativo
Caa1, Caa2, Caa3 – Risco substancial
Ca – Risco muito alto
C – Risco excepcionalmente alto

Standard & Poor's (S&P) – www.standardandpoors.com/pt_LA/web/guest/entity-browse
AAA – Mais alta qualidade
AA – Qualidade muito alta
A – Qualidade alta
BBB – Boa qualidade
BB – Especulativo
B – Altamente especulativo
CCC – Risco substancial
CC – Risco muito alto
C – Risco excepcionalmente alto
D – Inadimplente

Fitch Ratings – www.fitchratings.com
AAA – Mais alta qualidade
AA – Qualidade muito alta
A – Qualidade alta
BBB – Boa qualidade
BB – Especulativo
B – Altamente especulativo
CCC – Risco substancial
CC – Risco muito alto
C – Risco excepcionalmente alto

▸ **QUESTÃO SOBRE O TEMA:**

Como o tema pode aparecer na prova?

Pelo atual momento enfrentado pelo Brasil, parece mais proveitoso que a banca explore a relação das agências de classificação de risco com a segurança ou não para investimentos no Brasil. Dessa forma, é importante lembrar que o Brasil apresenta uma retomada econômica, mas o cenário ainda suscita uma série de questionamentos.

Vale destacar que as agências de classificação de risco atuam a nível global. Em agosto de 2021, a Moodys chegou a pontar que a seca no México afetaria o setor de eletricidade, mineração, além da indústria de bebidas. Já a agência de classificação de risco Fitch reafirmou o rating BB- da Turquia (também em agosto de 2021). Segundo a agência de classificação de risco, a nota de crédito do país reflete, do lado negativo, a fraca credibilidade da política monetária, a inflação alta, a liquidez externa baixa, em um contexto de necessidades de financiamento, e riscos geopolíticos. Por outro lado, segundo a Fitch, a Turquia tem déficits e dívidas governamentais baixos.

DICA!

- Vale reforçar que as variáveis econômicas são aquelas com a maior versatilidade, ou seja, é importante acompanhar o movimento em questão. Além disso, chama atenção os debates políticos que acabam por interferir na situação. Exemplo: a questão da Reforma Tributária e da Reforma Administrativa (assim como no passado, já foi destaque a Reforma Trabalhista e a Reforma Previdenciária). Outro exemplo clássico de ampla relevância diz respeito ao Bolsa Família (que por meio de Medida Provisória deu lugar ao "Auxílio Brasil" - em 2021, o governo federal anunciou alterações no pagamento do benefício (reajuste de 50% e um alcance 17 milhões de beneficiados, o que custará entre R$26 bilhões e R$28 bilhões de reais a mais em 2022 (esse valor se somaria ao atual orçamento de R$34 bilhões).

3. DESEMPREGO

Um dos termômetros da economia de um país é a questão do índice de desemprego. O desemprego acaba sendo um reflexo da **condição econômica, da saúde financeira e do propósito do setor empresarial, industrial ou agrícola**. Associado ao cenário de crise econômica, as taxas de desemprego passaram a alarmar a população nos últimos anos.

A pandemia acabou por ampliar a preocupação com relação ao desemprego no Brasil (o que maximizou a relevância da própria temática auxílio-emergencial). Considerando o resultado do ano de 2020, a taxa média de desemprego no país atingiu 13,5%, contra 11,8% em 2019. Os efeitos da pandemia da covid-19 sobre o mercado de trabalho provocaram alta recorde de desemprego em 20 estados. Ficaram de fora da lista Pará, Amapá, Tocantins, Piauí, Pernambuco, Espírito Santo e Santa Catarina. As taxas mais elevadas de desemprego foram registradas no Nordeste e as menores no Sul do país. A Bahia, com 19,8%, teve a maior taxa de desocupação em 2020, seguida de Alagoas (18,6%), Sergipe (18,4%) e Rio de Janeiro (17,4%). Já Santa Catarina (6,1%), Rio Grande do Sul (9,1%) e Paraná (9,4%) tiveram as mais baixas. Lembrando que os dados são do Instituto Brasileiro de Geografia e Estatística.

Em abril de 2021, as projeções da agência de classificação de risco Austin Rating colocavam o Brasil com a 14ª maior taxa de desemprego no curso do ano em questão. Em 2019, o Brasil ficou na 15ª posição. Em 2016, estava na 27ª colocação.

Outro dado divulgado de ampla importância para a compreensão do cenário econômico é o "índice de miséria". Trata-se de um indicador simplificado que mede a satisfação da população com o panorama econômico atual. Ele agrega o percentual de desempregados no país medido pela Pesquisa Nacional por Amostra de Domicílios (Pnad) com o Índice Nacional de Preços ao Consumidor, o INPC, ambos do Instituto Brasileiro de Geografia e Estatística (IBGE). Assim, cria-se uma relação básica entre a queda de renda e aumento do custo de vida. Dentro da metodologia uniformizada pela Pnad em 2012, o mês de maio registra o maior resultado do índice de miséria. Com a taxa de desemprego no Brasil em 14,6% no trimestre encerrado naquele mês, o indicador renovou recorde histórico, chegando a 23,47 pontos (G1, agosto de 2021).

Se considerado o trimestre encerrado em maio de 2021 (dado mais atualizado até o fechamento da edição), o desemprego atingia 14,6% da população, totalizando 14,8 milhões de pessoas – dados do Instituto Brasileiro de Geografia e Estatística. De acordo com o IBGE, esta foi a segunda maior taxa de desemprego da série histórica, iniciada em 2012. A taxa recorde, de 14,7%, foi registrada nos dois trimestres imediatamente anteriores, fechados em março e abril.

A pesquisa também mostrou que:

- Em um ano, aumentou em 2 milhões o número de desempregados no país;
- Número de trabalhadores ocupados no mercado aumentou em 772 mil no mesmo período;
- Trabalho por conta própria foi a única categoria que cresceu no trimestre;
- Em um ano, país ganhou quase 2 milhões de trabalhadores por conta própria;
- País perdeu 1,3 milhão de carteiras assinadas em um ano;
- Já o número de trabalhadores sem carteira aumentou em 586 mil no período;
- Número de empregadores foi reduzido em 311 mil em um ano;
- Informalidade cresce e puxa alta da ocupação, mas segue abaixo do nível pré-pandemia;
- Faltam oportunidades no mercado para 33 milhões de trabalhadores no país;
- Em um ano, aumentou em 2,6 milhões o número de trabalhadores subutilizados;
- Subucopação por insuficiência de horas bateu recorde.

(Fonte: G1, julho de 2021)

Considerando os dados apresentados, cerca de 377 brasileiros perderam o emprego por hora, ao longo do ano de 2020. Relatório divulgado pelo Banco Mundial em julho de 2021 recomendou que o Brasil **promova reformulações no seguro-desemprego** – auxílio pago a trabalhadores que foram demitidos – e dê maior foco a **políticas de inclusão de trabalhadores informais no** mercado de trabalho, principalmente no cenário pós-pandemia. Segundo o Banco Mundial, a crise causada pela pandemia deve afetar empregos e salários no país por nove anos.

DICA!

- Outro país que chama a atenção no cenário econômico é os Estados Unidos da América. A grande potência global se viu afetada pela pandemia. Em junho, segundo fontes oficiais do governo, a taxa de desemprego estava na casa de 5,9%. Apesar de tal situação, os pedidos de auxílio-desemprego caíram com a retomada das atividades econômicas.

- Outra nação muitas vezes lembrada pelas provas de atualidades é a China – o grande dragão asiático. No 2º trimestre de 2021, o PIB do país cresce 7,9%. Nos primeiros três meses do ano, país registrou expansão de 18,3% na comparação anual. Para efeito de comparação, no mesmo período, o PIB dos Estados Unidos cresceu 6,5% (no 1º trimestre a expansão havia sido de 6,1%). Outra nação que tem apresentado recuperação econômica de destaque é a Rússia: o PIB do país cresceu 10,3% no segundo trimestre de 2021, recuperando o nível pré-covid.

- Ainda falando sobre economia, alguns fatos chamam a atenção para as provas de atualidades:

- No início de agosto de 2021, teve início a segunda fase do Open Banking (previsão de uma terceira fase no fim de agosto e uma quarta fase em dezembro de 2021). Trata-se de um sistema integrado de compartilhamento de dados financeiros que surge com a promessa de tornar produtos e serviços bancários mais competitivos. O termo em inglês faz referência a "Sistema Financeiro Aberto", em que os dados de clientes são padronizados e compartilhados para que os produtos e serviços bancários atendam às necessidades do público de forma personalizada. Destaque para o fato que é preciso autorizar o compartilhamento de dados, ou seja, é preciso que tenha o consentimento do cliente.

- Por falar em tecnologia, é importante acompanhar o movimento global das criptomoedas. O mercado que aquece e esfria, tem chamado a atenção de investidores por conta das sucessivas reviravoltas. Entretanto, o mesmo tema aparece na dimensão "segurança pública". Muitos ataques, golpes e a constante vulnerabilidade de sistemas tem criado preocupação: em agosto de 2021, um hacker que roubou por mais de R$3,15 bilhões em criptomoedas devolveu a maior parte dos ativos roubados. Ele teria recebido propostas financeiras para devolver parte dos valores roubados. O hacker anônimo alegou que executou o roubo por diversão e para encorajar a empresa de troca de criptomoedas Poly Networks a melhorar sua segurança.

▶ QUESTÃO SOBRE O TEMA DESEMPREGO:

Para o IBGE (Instituto Brasileiro de Geografia e Estatística) quem é considerado desempregado?

O IBGE considera desempregado quem **não tem trabalho e procurou algum nos 30 dias** anteriores à semana em que os dados foram coletados.

RAIO X DA ECONOMIA

- ✓ O salário-mínimo é sempre uma variável relevante para provas de atualidades. É preciso acompanhar o valor do ano em questão, a diferença de aumento, além das projeções específicas. Em 2021, o valor do salário-mínimo foi de R$1.100. Entretanto, segundo o Dieese (Departamento Intersindical de Estatística e Estudos Socioeconômicos), o salário-mínimo para sustentar uma família de quatro pessoas deveria ter sido de R$ 5.518,79, em julho de 2021. As projeções para o ano de 2022 apontavam, em agosto de 2021, a maior alta dos últimos 6 anos (mas sem ganhos reais para o trabalhador devido ao próprio processo inflacionário).
- ✓ Os últimos reajustes concedidos pelo governo foram de:
    - ✓ 2016: 11,6% (R$ 880)
    - ✓ 2017: 6,48% (R$ 937)
    - ✓ 2018: 1,81% (R$ 954)
    - ✓ 2019: 4,61% (R$ 998)
    - ✓ 2020: 4,7% (R$ 1.045)
    - ✓ 2021: 5,22% (R$ 1.100)
- ✓ Desde 2020, o salário-mínimo é reajustado apenas pela inflação, para não perder poder de compra, como determina a Constituição. De 2007 a 2019, a lei garantia que o piso nacional tivesse aumento real, acima da inflação, sempre que houvesse crescimento econômico, dentro da política de valorização do salário-mínimo das gestões petistas. Essa fórmula de cálculo levava em conta a inflação do ano anterior, medida pelo INPC, mais o resultado do PIB (Produto Interno Bruto) de dois anos antes. Sem essa lei, o governo decidiu apenas repor as perdas (Uol, agosto de 2021).
- ✓ Outro tema bastante lembrado pelas provas de atualidades é a questão da valorização (ou desvalorização) da moeda. O real foi a quarta moeda com maior valorização em 2021, segundo levantamento da agência de classificação

de risco Austin Rating. A moeda do Brasil acumulou no ano ganho de 3,6% em relação ao dólar, considerando o fechamento de junho de 2021, quando a cotação da moeda norte-americana no país fechou abaixo de R$ 5 pela primeira vez em mais de 1 ano (vale lembrar que o valor do dólar acaba sofrendo uma flutuação constante).

▶ **IMPORTANTE!**

Uma das questões clássicas de prova é a situação do lucro de determinadas empresas. No geral, é importante acompanhar o luro dos bancos. Vale lembrar que em 2020, com a pandemia, o próprio lucro dos bancos acabou sendo afetado (mas ainda assim, o resultado foi positivo). A queda do lucro foi de 25%, mas totalizou mais de 60 bilhões de reais. Em 2020, o Itaú Unibanco teve o melhor resultado, com lucro anual de R$ 18,9 bilhões. Em seguida esteve o Bradesco, com R$ 16,5 bilhões. O terceiro lugar ficou com Santander, com ganhos de R$ 13,4 bilhões. Por fim, o Banco do Brasil acumulou R$ 12,6 bilhões em 2020. Em 1996, os bancos registraram prejuízo de R$ 4,8 bilhões. De lá para cá, apenas lucros e sempre na casa dos bilhões. Em valores corrigidos, o lucro de 2020 foi o menor desde 2016 (R$ 58,5 bilhões).

Em 2021, segue a retomada econômica das instituições bancárias. O lucro líquido trimestral dos maiores bancos brasileiros com ações negociadas em Bolsa somou R$ 23,161 bilhões no segundo trimestre. O resultado representa alta de 90% em relação ao mesmo período do ano passado, quando Itaú Unibanco, Bradesco, Banco do Brasil e Santander lucraram R$ 12,164 bilhões. Na comparação com o primeiro trimestre de 2021 (R$ 18,609 bilhões), o ganho aumentou 24,5%.

Itaú Unibanco: R$ 7,56 bilhões

Bradesco: R$ 5,974 bilhões

Banco do Brasil: R$ 5,524 bilhões

Santander: R$ 4,103 bilhões

(Uol , agosto de 2021)

Outro tema importante e que acaba sendo representativo para retratar o panorama econômico da nação é o quantitativo de famílias endividadas. O percentual de famílias que relataram ter dívidas no mês de julho chegou a 71,4%, o maior patamar da série histórica, iniciada em 2010. A alta é de 1,7 ponto percentual na comparação com junho e de 4 pontos em relação a julho de 2020, o maior aumento anual verificado desde dezembro de 2019 (vale lembrar que o fechamento da edição aconteceu em agosto de 2021, ou seja, o valor pode sofrer alteração). A principal dívida das famílias é no cartão de crédito, modalidade assinalada por 82,7% dos endividados, o maior nível da série histórica. Carnês de lojas foram indicados por 18% das famílias, 9,8% têm dívidas com crédito pessoal e 9,7% com financiamento da casa própria (Agência Brasil, agosto de 2021).

Alguns fatos de destaque na área da economia também chamam a atenção. Exemplo: a **Embraer apresentou lucro** líquido ajustado de R$ 212,8 milhões no segundo trimestre de 2021. Foi o primeiro lucro líquido ajustado da companhia em um trimestre desde o primeiro trimestre de 2018. Segundo a Embraer, esse aumento foi impulsionado pelo crescimento significativo em todos os negócios da companhia, entre os quais, a aviação comercial, que subiu 261%, e as receitas da aviação executiva, que cresceram 74% em relação ao mesmo período do ano passado. O Banco Nacional de Desenvolvimento Econômico e Social (BNDES) divulgou em agosto de 2021 o relatório com os resultados financeiros do segundo trimestre de 2021. A instituição registrou um lucro contábil de R$ 5,3 bilhões entre abril e junho. Trata-se de uma queda de 46% na comparação com o trimestre anterior. Por outro lado, supera o mesmo período de 2020, quando houve prejuízo de R$ 580 milhões, em meio aos impactos do início da pandemia de covid-19 (o BNDES anunciou sua adesão formal ao Pacto Global da Organização das Nações Unidas (ONU), que tem o intuito de promover dez princípios nas áreas de meio ambiente, direitos humanos, trabalho e anticorrupção e de engajar as empresas no avanço dos 17 Objetivos do Desenvolvimento Sustentável (ODS). Os relatórios financeiros do banco buscam agora descrever os impactos das medidas adotadas) (Agência Brasil, agosto de 2021).

Outra empresa nos noticiários com destaque nos últimos anos, no caso, nem sempre por aspecto favoráveis, é a Vale. Beneficiada pelos altos preços do minério de ferro, a Vale registrou o segundo trimestre consecutivo de lucro recorde, acumulando no ano (2021) um resultado positivo de R$ 70,6 bilhões. No segundo trimestre, o lucro da empresa chegou a R$ 40,1 bilhões, 31% acima do recorde do trimestre anterior. Com o desempenho do primeiro semestre, a companhia distribuirá até o fim do ano ao menos mais US$ 5,3 bilhões (R$ 27 bilhões pela cotação atual) em dividendos a seus acionistas. Nos dois anos que se seguiram à tragédia de Brumadinho (MG), a Vale já anunciou R$ 34,2 bilhões em dividendos. (Folha de S. Paulo, agosto de 2021).

4. PIB (PRODUTO INTERNO BRUTO), INFLAÇÃO, SELIC E BALANÇA COMERCIAL

- Após resultado desfavorável em 2020 (retração de 4,1%), e tentativa de recuperação em 2021 (alta de 1,2% no 1º trimestre), as projeções do PIB brasileiro ganham destaque. Afinal de contas, no ranking da agência de classificação de risco Austin Rating, o Brasil tem perdido destaque frente às economias globais (perdemos posições).
- O Fundo Monetário Internacional é a referência quando se fala de projeção. Apesar dos enormes estragos da pandemia, a recuperação econômica da América Latina e do Caribe em 2021 será melhor do que o previsto anteriormente, de acordo com as perspectivas publicadas nesta terça-feira pelo Fundo Monetário Internacional (FMI). A economia da região crescerá 5,8% neste ano, segundo sua nova atualização, uma melhora de 1,2 ponto percentual em relação à estimativa de abril. A melhora das previsões para a América Latina e o Caribe se deve principalmente às revisões para cima para Brasil e México, as duas grandes economias da região, assinala o relatório do FMI. O

gigante sul-americano crescerá 5,3% neste ano e 1,9% no próximo, enquanto o país norte-americano crescerá 6,3% em 2021 e 4,2% em 2022.

- Em ranking elaborado pelo Banco Mundial com base em números de 2020, o Brasil é a 8ª economia mundial em paridade de poder de compra. É a mesma posição ocupada pelo país em 2019. Em 2018, era o 7º colocado. O critério da PPC (paridade de poder de compra) reflete o custo de vida nos países. A métrica compara a produtividade econômica e os padrões de vida entre as nações. A moeda base usada pelo Banco Mundial é o dólar. A China está no topo do ranking, seguida de Estados Unidos e Índia. O Brasil aparece à frente de países como França e Reino Unido (Poder 360, agosto de 2021).

- Outro ponto importante para provas de atualidades diz respeito ao resultado da balança comercial. Geralmente, a cobrança se dá em resultados fechados (anuais). Entretanto, pode ser que a banca explore alguma parcial do ano em questão, a depender da representatividade do dado. Em 2020, por exemplo, a balança comercial teve um saldo positivo (superávit). Segundo dados do Ministério da Economia, o superávit (quando as exportações superam as importações) foi de 50,995 bilhões de dólares – valor superior ao resultado de 2019, 48,036 bilhões de dólares e o terceiro maior saldo desde o início da série histórica (1989). Reforçando a possibilidade de uma questão conceitual: o superávit é registrado quando as exportações superam as importações. Quando ocorre o contrário, é registrado déficit comercial. Com relação ao resultado parcial, em 2021, até a primeira semana de agosto, o saldo era de quase 46 bilhões de dólares.

- Outro fator importante para entendermos a desigualdades da realidade brasileira é pensar na atividade agropecuária. Um estudo da Embrapa (Empresa Brasileira de Pesquisa Agropecuária), divulgado em março de 2021, mostrou que o Brasil alimenta cerca de 10% da população do planeta – aproximadamente 800 milhões de pessoas. Os cálculos mostraram ainda que a participação do Brasil na produção mundial de grãos cresceu de 6% em 2011 para 8% em 2020, segundo a Embrapa, com a agropecuária nacional avançando na esteira da forte demanda da China, principal compradora de soja e carnes do Brasil. Outros aspectos de extrema relevância foram apontados pela Embrapa (trecho retirado de reportagem do portal G1, de junho de 2021):

  - O Brasil é o 4º maior produtor de grãos (arroz, cevada, soja, milho e trigo) do mundo, atrás apenas da China, dos Estados Unidos e da Índia, sendo responsável por 7,8% da produção mundial. Em 2020, produziu 239 milhões e exportou 123 milhões de toneladas de grãos.

  - Nos últimos 20 anos, a exportação atingiu mais de 1,1 bilhão de toneladas, o que representou 12,6% do total exportado mundialmente.

- De 2000 a 2020, o País foi o 2º maior produtor e exportador de soja. A partir do ano passado, alcançou o 1º lugar, com 126 milhões de toneladas produzidas e 84 milhões exportadas. O Brasil responde hoje por 50% do comércio mundial de soja. As exportações brasileiras do grão somaram US$ 30 bilhões em 2020, e US$ 346 bilhões nas duas últimas décadas.

- China e Índia continuam sendo os maiores produtores mundiais do arroz. O Brasil ocupa o 9º lugar, mas sua produção é voltada para o mercado interno. Apenas 2% foram exportados em 2020.

- Em 2020, o Brasil ocupou a 3ª posição na produção mundial de milho, com 100 milhões de toneladas (8,2% do total), superado apenas pelos Estados Unidos e pela China.

- Em relação ao feijão, o Brasil é o 4º maior produtor do mundo, mas não está entre os maiores exportadores, a maior parte da produção é destinada ao consumo interno.

- China, Índia e Myanmar foram os maiores produtores de feijão no mundo, responsáveis por mais de 60% de toda a produção em 2020.

- Com relação ao algodão, o estudo demonstrou que apesar de o país ocupar a 5ª posição em produção entre 2000 e 2020, ao se analisar a performance brasileira dos últimos 20 anos, percebe-se um aumento de produção, assim como de exportação do produto. Em 2020, o país foi o quarto maior produtor de algodão e o segundo maior exportador, atrás apenas dos Estados Unidos.

- Em 2020, o rebanho bovino brasileiro foi o maior do mundo, representando 14,3% do rebanho mundial, com 217 milhões de cabeças, seguido pela Índia com 190 milhões de cabeças. Apesar de o país ser o maior produtor de bovinos do mundo, ao adicionarmos a produção de aves e de suínos, o país passa a ocupar a 3ª posição mundial no mercado internacional, com uma produção que corresponde a 9,2%, em 2020, ou 29 milhões de toneladas, atrás da China e dos Estados Unidos. Mas, em quantidade de carnes exportadas (bovina, suína e aves) em 2020, o Brasil passou a ocupar o 2º lugar, com 7,4 milhões de toneladas ou 13,4% do total mundial.

- A carne de frango é considerada importante alimento para o consumo interno e para as exportações. O Brasil possui o 4º maior rebanho de galináceos do mundo, com 5,6% do total em 2020, ou 1,5 bilhão de cabeças. Os três maiores rebanhos estão na China (19,2%), Indonésia (14,7%) e Estados Unidos (7,5%). Os Estados Unidos, apesar de ter o terceiro maior rebanho de galináceos, quando se trata de produção da carne de frango, em 2020, lideraram com 16,7%, seguidos do Brasil com 11,8% (14 milhões de toneladas) e da China com 11,7% da produção mundial. Em 2020, o Brasil se tornou o maior exportador de carne de aves com 4,3 milhões de toneladas (20,9%) e em segundo lugar os Estados Unidos com 18,2% do volume total exportado. Em 2020, as exportações brasileiras de carne de aves renderam US$ 6,6 bilhões.

- Com relação aos suínos, o Brasil, em 2020, alcançou a 3ª posição mundial na produção, com 41 milhões de cabeças, ou seja, 4,4% do total. O destaque é a China com 41,1% do rebanho mundial, seguida dos Estados Unidos (8,4%). Em relação às exportações de carne suína, em 2020, a Alemanha e os Estados Unidos lideraram com participações acima de 15% do total cada um. O Brasil foi o 7º lugar em 2020 e o 8º nas duas últimas décadas, com participação abaixo de 5%.
- Em 2020, o Brasil foi o terceiro maior produtor de frutas do mundo, com 58 milhões de toneladas em frutas produzidas, 5,4% do total mundial. Os maiores produtores foram a China com 28,1%, seguida da Índia com 11,5%, ambos com crescimentos na participação mundial.
- A participação brasileira na produção mundial tem crescido nos últimos anos. O Brasil foi de fato o maior produtor mundial de açúcar, com um terço da produção mundial, seguido da Índia com 17%. O Brasil foi responsável por mais de um quarto (25,5%) das exportações mundiais de café, comercializando 2 milhões de toneladas, seguido do Vietnã com 20,2% e da Colômbia com 10,7%.
- A mesma situação observa-se com o açúcar, o país foi, em 2020, o maior produtor mundial de açúcar, com um terço da produção mundial, seguido da Índia com 17%. E também se consolidou como o maior exportador, com 22 milhões de toneladas no ano passado, o equivalente a 30% da exportação mundial.

A contradição de toda essa excepcional desenvoltura do setor agropecuário diz respeito ao contexto de insegurança alimentar que cresce no Brasil. Após ter deixado o mapa da fome da ONU em 2014 (desenvolvido pela FAO – entidade que lida com Alimentação e Agricultura), o Brasil tem convivido com um cenário de crescente insegurança alimentar. Nos últimos meses de 2020, 19 milhões de brasileiros passaram fome, e mais da metade dos domicílios no país enfrentou algum grau de insegurança alimentar. Os dados são de um estudo nacional realizado pela Rede Brasileira de Pesquisa em Soberania e Segurança Alimentar e Nutricional (Rede Penssan). Em junho de 2021, o agronegócio bateu mais um recorde ao faturar 12,11 bilhões de dólares com a venda de produtos agropecuários para o exterior (Terra, agosto de 2021).

Outro ponto importante (e difícil de acompanhar) é a variação da taxa Selic. Diretamente relacionado com a inflação, a alteração do patamar Selic exige uma constante atualização. Para efeito de sistematização, como há relação com a inflação, no ano de 2020 a inflação fechou em 4,52% (maior valor desde 2016 – 6,29%). Os preços do óleo de soja (103,79%) e do arroz (76,01%) dispararam no acumulado do ano passado. Outros itens importantes na cesta das famílias também tiveram altas expressivas, como o leite longa vida (26,93%), as frutas (25,40%), as carnes (17,97%), a batata-inglesa (67,27%) e o tomate (52,76%).

CAPÍTULO IV

GEOPOLÍTICA EM PAUTA: REINO UNIDO X UNIÃO EUROPEIA

O mês de junho de 2016 apresentou uma **nova página da história do continente europeu** e, consequentemente, do globo - dado o tamanho impacto de tal decisão, no caso, daqueles que fazem parte do Reino Unido. O referendo sobre o desligamento do Reino Unido da União Europeia fez reascender debates "separatistas" e permitiu a tendência de estimular outros países a tal consulta (o que se faz dicotômico, visto que as opiniões são divergentes sobre benefícios e prejuízos de fazer parte da União Europeia). Além disso, o episódio de 2016 - consulta à população - continua sendo destaque por conta de todos os desdobramentos que o tema permite - até o ano de 2021 existem desdobramentos do Brexit. Por exemplo: A Irlanda do Norte, parte integrante do Reino Unido, tem se demonstrado um grande impasse para a questão. Isso se dá pelo fato de a maior parte da população da localidade se demonstrar favorável a continuidade da conexão com a União Europeia.

Em 2016, a opção de **"sair" da União Europeia** venceu com uma **diferença de aproximadamente 1,2 milhão de votos. O "sair" representou cerca de 51,9% do total de votos** (17.410.742 votos a favor da saída).

> ▶ QUESTÃO SOBRE O TEMA:
>
> **O que seria um referendo? E um plebiscito?**
>
> Plebiscito e referendo são consultas ao povo para decidir sobre matéria de relevância para a nação em questões de natureza constitucional, legislativa ou administrativa. A principal distinção entre eles é a de que o plebiscito é convocado previamente à criação do ato legislativo ou administrativo que trate do assunto em pauta, e o referendo é convocado posteriormente, cabendo ao povo ratificar ou rejeitar a proposta (Fragmento retirado do site do Tribunal Superior Eleitoral - Brasil).

Antes do aprofundamento sobre as consequências de tal decisão, é importante reforçar algumas diferenças confundidas de maneira ampla. **Qual a diferença entre Inglaterra, Grã-Bretanha e Reino Unido?**

- **Inglaterra é o país que tem como capital a cidade de Londres,** onde se localizam o Parlamento britânico e o Palácio de Buckingham, residência oficial da rainha Elizabeth II.

- **Grã-Bretanha é o nome da maior ilha britânica,** que abriga a Inglaterra, o País de Gales e a Escócia.

- O Reino Unido compreende os **três países da Grã-Bretanha mais a Irlanda do Norte**. O Reino Unido, cujo nome oficial é Reino Unido da Grã-Bretanha e da Irlanda do Norte, foi criado em 1801, quando a Irlanda foi incorporada ao bloco – em 1922, a República da Irlanda sai da união, deixando apenas a parte norte da ilha no Reino Unido. Em setembro de 2014, os **escoceses rejeitaram a independência do país em um plebiscito histórico.**

- A União Europeia é uma integração política e econômica de 27 países (já contabilizando a saída do Reino Unido). As origens remontam à Comunidade Econômica Europeia (CEE), criada em 1957. O **Reino Unido aderiu à CEE em 1973** e, dois anos depois, após renegociar suas condições, realizou um plebiscito sobre a sua permanência. A integração foi aprovada por 67% dos eleitores naquele momento. Na época, o Reino Unido sofria com o declínio industrial, inflação e greves trabalhistas. O projeto europeu era visto como benéfico para a economia. Mas, em 1985, quando foi criada a área de Schengen, que estabelece uma fronteira comum, o **Reino Unido optou por manter-se à margem** continuando a estabelecer a sua própria política de imigração. Apesar de integrar desde 1993 o mercado único e a livre circulação de bens e pessoas, o Reino Unido não adotou o euro e manteve sua própria moeda, a libra esterlina.

O processo de votação por meio de referendo ficou conhecido como **Brexit**. O termo Brexit é a união das palavras **Britain (Grã-Bretanha) e Exit (saída, em inglês). Alguns pontos são destaque para a compreensão do contexto britânico:**

- O Reino Unido faz parte da **Comunidade Europeia desde 1973,** mas sempre manteve algumas posições, como a de **não aderir ao euro – mantendo como moeda nacional a libra** –, e de não aderir ao Acordo Schengen, tratado de livre circulação de pessoas em territórios europeus.

De certa forma, nota-se um olhar mais restrito daqueles que vivem no Reino Unido com relação a alguns temas que atingem a União Europeia como um todo. Dessa forma, os argumentos sobre a saída ou permanência se dividiram.

Em agosto de 2021, por exemplo, o Reino Unido requereu que a UE aceitasse reescrever o protocolo da Irlanda do Norte sobre o comércio pós-Brexit envolvendo a província, apenas um ano depois dele ter sido acordado. A UE imediatamente rejeitou esse pedido, dizendo que o Reino Unido precisa respeitar suas obrigações internacionais, e pontuou que isso havia sido negociado pelo primeiro-ministro Boris Johnson. O protocolo foi uma parte essencial do acordo do Brexit, apoiado por Johnson, que finalmente selou o divórcio do Reino Unido da UE, quatro anos depois dos eleitores apoiarem-no em um referendo.

1. A FAVOR DA SAÍDA

O discurso dos defensores da saída esteve pautado, principalmente, no argumento econômico. Eles afirmam que, com o Brexit, o **Reino Unido ficará livre para estabelecer relações comerciais com outros países, por exemplo, a China.** Os favoráveis ao Brexit afirmam que a taxação sobre as exportações para países de fora da UE é extremamente alta.

Soma-se a este aspecto o fato de o **Reino Unido não ter que enviar dinheiro para Bruxelas, o equivalente a 440 milhões de euros semanais** –, para contribuir com o Orçamento europeu. O dinheiro poderia ser usado em pesquisa científica e novas indústrias, impulsionando tais setores.

Um aspecto bastante comentado e que causa controvérsia em tal decisão da população do Reino Unido diz respeito à **política de imigração.** Saindo da União Europeia, a região criaria uma política interna para tratar os refugiados. Vale destacar que os países europeus apresentam dificuldade em lidar com o tema dentro de um caráter mais amplo.

Na época, dentre aqueles que se posicionaram de maneira favorável a saída estiveram:

- O partido nacionalista Ukip, que obteve **13% dos votos nas últimas eleições** mas tem representação diminuta no Parlamento devido ao sistema eleitoral britânico.
- O presidente eleito dos EUA, Donald Trump, afirmou que o Reino Unido estaria melhor fora da União Europeia.

2. CONTRA A SAÍDA

Os argumentos contrários à saída também tomaram o norte econômico. Segundo os que defenderam a permanência, o Reino Unido, enquanto membro do bloco, estaria **livre de pagar tarifas de exportação, o que reduziria a burocracia e possibilitaria que 45% das exportações britânicas se direcionassem para dentro da UE.**

Outro ponto é que a participação na UE propicia a **livre circulação de trabalhadores, de dinheiro e de produtos.**

Com relação ao que se sustenta acerca da política migratória, os que defendiam a permanência sustentavam que sair da UE **não garante a redução do número de deslocados chegando ao país, visto que este é um elemento constatado em outros países que não integram o bloco.**

Um dos defensores da permanência do Reino Unido no bloco, o então primeiro-ministro **David Cameron, realizou "campanha" nos momentos que antecederam o referendo, explicitando as causas benéficas para a população.** Com a derrota, David Cameron acabou renunciando ao posto.

O descontentamento com relação à saída veio de diferentes atores geopolíticos. Os partidos Trabalhista, Liberal Democrata, Nacionalista Escocês (SNP), e o galês Plaid Dymru, se posicionaram contra a saída. O então presidente dos EUA, **Barack Obama**, também discursou em defesa da permanência. **França e Alemanha**, assim como organizações multilaterais – como o Fundo Monetário Internacional **(FMI)** – também preferiam que o Reino Unido permanecesse no bloco.

Um aspecto relevante da temática diz respeito ao número de informações falsas que percorreram as redes sociais durante todo o processo do Brexit. Os boatos, com amplo poder de disseminação no ambiente virtual, são apontados por especialistas da área, como agente potencializador do tema.

A empresa Cambridge Analytica (CA), acusada de usar os dados privados de 50 milhões de usuários do Facebook para fins políticos, desempenhou um "papel crucial" no Brexit segundo Christopher Wylie, ex-diretor de pesquisa da CA.

Principais consequências da saída do Reino Unido

Em 2021, o tema ainda se arrasta como um "divórcio" mal resolvido. Bruxelas calculou o valor final que Londres deve: € 47,5 bilhões (R$ 296 bilhões). Já os ingleses, que estimaram a dívida em cerca de € 41,4 bilhões (R$ 258 bilhões), de acordo com seu Escritório de Responsabilidade Orçamentária (OBR, na sigla em inglês), não estão dispostos a aceitar o número da Comissão Europeia como o final.

Juntamente com os direitos dos cidadãos residentes e a questão da Irlanda do Norte, a fatura da separação foi uma das questões mais espinhosas durante as negociações do acordo de retirada. E como as outras duas, ela ressurge com a ameaça de manchar ainda mais as relações entre o Reino Unido e o bloco.

Vale destacar que a própria pandemia "ocultou" a temática que fora uma das mais repetidas em provas de atualidades. Ainda sobre o Brexit, em fevereiro de 2021, a Justiça da Escócia rejeitou pedido de referendo sobre independência sem aprovação de Londres. O primeiro-ministro britânico Boris Johnson disse que uma votação como essa não pode ser repetida muitas vezes em um curto espaço de tempo, e já houve um referendo em 2014. Naquela ocasião, por 55% a 45%, foi decidido que eles iriam permanecer no Reino Unido.

DICA!

- A saída de um país do bloco passa por um processo burocrático que pode se ampliar cronologicamente. No caso do Brexit, a questão não foi diferente – tanto é que em 2021 o tema ainda continua sendo pauta no cenário internacional (lembrando que o Reino Unido é a 5ª maior economia do planeta, segundo dados da agência de classificação de risco Austin Rating).
- **Outro debate revitalizado no ambiente do Reino Unido tem a Escócia no ponto** central. A Escócia, que em 2014 decidiu em um referendo por não se

tornar independente do Reino Unido, com o resultado de 2016, avaliou a **possibilidade de fazer uma nova consulta para poder se reintegrar à União Europeia – em maio de 2021, o tema voltou a ser puta no contexto escocês.**

- **O Reino Unido foi o primeiro país a sair da União Europeia.** Vale destacar que a **Grécia, por conta do agravamento de uma crise econômica, teve sua participação no bloco questionada.** Mesmo assim, o diálogo e as imposições fizeram com que o país permanecesse.
- A geografia mostra resultados dissipados pelo território do Reino Unido. Em **Londres, por exemplo, cerca de 60% dos eleitores preferiram que o Reino Unido continuasse fazendo parte do bloco**; as outras regiões britânicas onde a **maioria votou pela permanência foram a Escócia e a Irlanda do Norte.**

Após o resultado, o ativismo virtual ganhou corpo. Várias foram as articulações por meio de redes sociais a fim de **questionar a legitimidade de tal processo. Petições online sugeriam a discussão sobre um novo referendo** (o que se demonstra inviável a partir da leitura de especialistas).

▶ QUESTÃO SOBRE O TEMA:

Quais respostas de setores econômicos sobre o referendo?

Logo com o resultado do referendo em 2016, o setor automobilístico se posicionou de maneira preocupada com os desdobramentos econômicos. Na época, o **presidente-executivo da Daimler, dona da Mercedes-Benz,** apontou sua preocupação, assim como a marca alemã BMW, que produz carros na Inglaterra pela marca Rolls Royce, que afirmou que nada muda imediatamente na operação local, mas alertou para um período de incertezas. As ações da indiana Tata Motors, dona do grupo britânico JaguarLand Rover, o que mais produz no Reino Unido, caíram cerca de 12% nos momentos que sucederam o resultado. A Opel, braço europeu da General Motors, afirmou que, para a marca Vauxhall, da qual é proprietária e que está baseada no Reino Unido, era importante a permanência na Área Econômica Europeia, para permitir o movimento livre de produtos e de pessoal pela Europa. Outras montadoras também se pronunciaram sobre as incertezas do mercado.

Em 2021, alguns efeitos já eram sentidos por parte da população do Reino Unido:

- Algumas pessoas perceberam que as compras online feitas em lojas da União Europeia ficaram mais caras.
- A eliminação do IVA sobre absorventes higiênicos foi "o primeiro 'dividendo' do Brexit, anunciado pelo chanceler Rishi Sunak em 1º de janeiro, um dia após o fim do período de transição."
- Muitos empresários afirmaram que aconteceu uma ampliação da situação burocrática administrativa.

> ▶ **IMPORTANTE!**
>
> Em agosto de 2021 foi anunciado que, as importações da União Europeia procedentes do Reino Unido caíram 18% em um ano, na primeira metade do ano, após o acordo comercial posterior ao Brexit e sua aplicação em 1º de janeiro, segundo as estatísticas oficiais europeias. Já as exportações anuais da União Europeia para o Reino Unido aumentaram 5,5% no primeiro semestre do ano, segundo o Eurostat. Entre os dez principais sócios comerciais da União Europeia, o Reino Unido (em terceiro lugar) é uma exceção: todos os outros (China, Estados Unidos, Suíça, Rússia, Turquia, Japão, Noruega, Coreia do Sul e Índia) aumentaram suas exportações para a Europa.

Muito se falou sobre o resultado do referendo ser **uma vitória do conservadorismo, ou seja, a vitória da direita.** De certa forma, a associação do tema se dá pelo fato de que vários políticos conservadores lideraram a campanha pelo Brexit. Eles consideram que o Reino Unido deve ser mais seletivo com imigrantes, inclusive os da Europa, e ter uma política econômica que não dependa das decisões da União Europeia.

O processo burocrático que edificou a saída do Reino Unido está explicado pelo artigo 50 do Tratado de Lisboa. Segundo ele, a **saída de um membro do bloco deve ser comunicada com dois anos de antecedência,** com possibilidade de prorrogação. Qualquer decisão a esse respeito deve ser tomada com o **apoio unânime dos 27 Estados que fazem parte do bloco.**

Em março de 2018, União Europeia e Governo "concordaram" na maior parte dos pontos estabelecidos para a transição da retirada organizada do Reino Unido do bloco. O período de transição irá de 29 de março de 2019 – quando o Reino Unido se afasta do bloco – até dezembro de 2020, de acordo com a BBC.

- Em agosto de 2021, os dados econômicos relativos ao cenário do Reino Unido pareciam explicitar um cenário de retomada econômica. O PIB do Reino Unido subiu 4,8% no segundo trimestre de 2021, na comparação com o trimestre anterior, após o alívio das restrições para conter a disseminação da covid-19 no país. O dado ficou em linha com a expectativa dos economistas consultados pelo "The Wall Street Journal".
- Nem só de economia vive a prova de atualidades. Nesse sentido, para entender a relação do Reino Unido em outras áreas, é importante ampliar a visão. Exemplo: em julho de 2021, o governo do Reino Unido deu ordens para que as autoridades da Irlanda do Norte para que até o março de 2022 haja serviços de saúde que providenciam aborto no território. A Irlanda do Norte fica na ilha da Irlanda, mas é parte do Reino Unido. A população é dividida entre católicos (que geralmente são contrários ao Reino Unido) e protestantes (favoráveis ao Reino Unido, chamados de unionistas). A Irlanda do Norte só permitia aborto em casos de risco de vida para a mãe. Era a única região do Reino Unido em que o serviço não era oferecido às mulheres que desejassem realizá-lo. Em 2019, o Parlamento britânico resolver intervir

e votou para legalizar o aborto na Irlanda do Norte. O governo da Irlanda do Norte passou a permitir o procedimento para pacientes com gravidez de até 10 semanas, mas ainda não há leis locais que tornam o aborto acessível para mulheres que estão com gravidez mais avançada (até a 12ª semana ou, em alguns casos, sem limite de tempo). Isso obriga algumas mulheres da Irlanda do Norte a viajar para outras partes do Reino Unido para realizar o procedimento (G1, julho de 2021).

▶ QUESTÃO SOBRE O TEMA:

Existe algum peso "cultural" de tal acontecimento?

Uma das consequências pouco discutidas do resultado do referendo diz respeito ao contexto cultural da região. A ideia de existência da União Europeia, além de todo seu caráter econômico e comercial, tem por objetivo uma integração maior. O projeto de integração tenta consolidar desde o início um caráter de unidade na diversidade, colocando **acima das diferenças particulares a ideia de que existe uma identidade europeia compartilhada** por todos os membros, o que fortaleceria a região como um todo. A partir do resultado do referendo, prevalece a ideia de que as diferenças são mais fortes do que as semelhanças, fortalecendo a visão de que é mais importante ser "britânico" do que ser "europeu".

O fenômeno descrito acima pode ser observado em uma das falas de **Angela Merkel:**

> "O dia de hoje marca um ponto de inflexão para a Europa. É um ponto de inflexão para o processo de unificação da Europa".

Em julho, o Reino Unido recebeu mais de 50 países para um encontro onde foram tratadas questões relativas ao cenário ambiental (o evento aconteceu meses antes da COP-26, em Glasgow, na Escócia). O Acordo de Paris deve ser analisado em reuniões como a de Glasgow. Seu principal objetivo é limitar o aumento da temperatura média a menos de 2ºC, e a 1,5ºC, se possível.

▶ QUESTÃO SOBRE O TEMA:

E o jogo de primeiros-ministros?

A opção pela saída do Reino Unido foi vitoriosa, com 17,4 milhões de votos. Com a saída da UE, tem-se **o pedido de demissão** do então primeiro-ministro britânico David **Cameron** (posteriormente, Theresa May assumiu o posto mas não resistiu muito tempo, em julho de 2019 acabou renunciando e deu o lugar a Boris Johnson, ex-ministro das Relações Exteriores e ex-prefeito de Londres.)

REINO UNIDO NÃO INTEGRA	
Zona do Euro	**Acordo de Schengen**
Criada em 1998	Teve seu início em 1985

REINO UNIDO NÃO INTEGRA	
Zona do Euro	**Acordo de Schengen**
Com relação à Zona do Euro é importante destacar que alguns países pequenos não integram o bloco mas usam o euro como moeda. É o caso de **Andorra, Mônaco e do Vaticano.**	Trata-se de uma área resultante de uma política de abertura de fronteiras (fato polêmico no cenário do deslocamento de pessoas).
Integra um total de 19 países	Garante a livre circulação de pessoas
	Irlanda e Reino Unido não integram o acordo
	Islândia, Noruega e Suíça, que não são Estados-membros da UE, fazem parte do acordo.

CAPÍTULO V

CRISE HUMANITÁRIA DE REFUGIADOS

Um tema que já é atual há alguns anos. A crise humanitária de refugiados **aniquila regiões inteiras e demonstra a dificuldade da diplomacia mundial em apresentar medidas preventivas e combativas** para tal problema. Por isso, os desafios se tornam complexos e a ineficiência das políticas voltadas para essa população demonstra o descaso com o principal elemento afetado, o ser humano.

Para a compreensão da maior crise humanitária de refugiados desde a 2ª Guerra Mundial é preciso analisar o contexto da Guerra Civil da Síria – país arrasado por conflitos desde 2011 (em 2021, completou-se 10 anos da Guerra Civil que deixou mais de 500 mil mortos. Além disso, foi o ano da reeleição do presidente Bashar al Assad para o seu 4º mandato). Os confrontos armados forçaram milhões de pessoas a deixar o país em busca de segurança – fato que coloca os sírios na primeira posição no ranking de refugiados (segundo dados do Acnur – Alto Comissariado da ONU para Refugiados – são 6,7 milhões).

Para compreensão da crise é preciso dominar alguns conceitos básicos com relação ao tema.

▸ **QUESTÃO SOBRE O TEMA:**

Quais as diferenças entre os conceitos?

- **Solicitante de asilo:** pessoa que pediu proteção internacional e aguarda a concessão de status de refugiado.
- **Refugiado:** pessoa que muda de região ou país tentando fugir de guerras, conflitos internos, perseguição (política, religiosa, étnica) e violação de direitos humanos.
- **Migrante econômico:** pessoa que muda de região ou país, por vontade própria, para escapar da pobreza e em busca de melhores condições de vida.
- **Migrante:** qualquer indivíduo que muda de região ou país.

Os conceitos acima descritos são de elevada importância por conta da questão legal dos deslocados. Por exemplo: **apenas os refugiados encontram o respaldo na Convenção das Nações Unidas sobre o Estatuto dos Refugiados, de 1951, e nas diretrizes da União Europeia para obtenção de asilo.** Por outro lado, migrantes econômicos, por exemplo, não têm direito algum de requerer asilo. Alguns países europeus utilizam a justificativa de que os deslocados que recebem são migrantes econômicos e não refugiados, o que é criticado pela própria ONU, como simples manobra para o não acolhimento dos indivíduos.

▶ **IMPORTANTE!**

Informalmente, a ONU tem considerado o conceito de **refugiado climático,** ou seja, indivíduos que deixam suas localidades por conta de fenômenos climáticos extremos (com a maior ocorrência desses fenômenos amplamente avassaladores, é provável que o conceito de refugiado climática ganhe uma formalização em diretrizes internacionais).

RAIO X DO TEMA

Muitos são os fatores que influenciam diretamente no deslocamento de pessoas, principalmente quando o foco são os milhares de refugiados e imigrantes que têm entrado clandestinamente na Europa através da Grécia, Macedônia e Itália, fugindo da Síria, Iraque e Afeganistão. De modo que saem de seus países de origem e vão à busca de outros que possam oferecer melhores condições sociais. Dentre outros fatores da crise migratória na Europa, podemos mencionar:

- Guerras
- Miséria
- Fome
- Atritos socioeconômicos
- Repressão religiosa
- Fenômenos climáticos extremos (um fator que já permite a discussão sobre o refugiado climático por parte da Organização das Nações Unidas).

Vale ressaltar que os países menos favorecidos economicamente, politicamente e socialmente, estão a pagar duplamente o preço pela crise dos refugiados. Um dos fatores que exemplificam a situação está relacionado ao acolhimento de uma grande quantidade de refugiados em seus territórios.

Cabe destacar que as provas de atualidades tendem a cobrar, inclusive, o nome dos organismos que lidam com o tema (entidades, programas, órgãos etc.):

ACNUR – Alto Comissariado da ONU para Refugiados (Agência da ONU para Refugiados)

CONARE (Comitê Nacional para Refugiados)

OIM – Organização Internacional para as Migrações

Dessa maneira, todo mês de junho o Alto Comissariado da ONU para Refugiados (Acnur) lança um relatório abordando a situação no contexto global. Esses dados são valiosos para questões de atualidades, bem como a própria identificação da agência especializada da ONU sobre o tema, no caso a Acnur. Vamos aos dados mais recentes:

- No final de 2020, o mundo tinha 82,4 milhões de pessoas forçadamente deslocadas de seus locais de origem, como resultado de perseguições, conflitos, violência, violação de direitos humanos ou eventos que perturbaram seriamente a ordem pública.
- 1% da população mundial, ou uma a cada 95 pessoas no mundo, estão deslocadas. Em 2010, eram 1 em 159.
- Mais da metade desses 82,4 milhões são de deslocados internamente, ou seja, pessoas que continuam dentro de seus próprios países, mas por algum motivo tiveram que deixar suas casas e fugir ou procurar outras regiões em busca de melhores oportunidades ou para se salvarem.
- Quando se trata de pessoas que deixaram seus países, mais de dois terços (68%) vieram de apenas cinco países (Síria, Venezuela, Afeganistão, Sudão do Sul e Mianmar). A Síria, país em guerra desde 2011, contabiliza 6,7 milhões de refugiados, seguida pela Venezuela com 4 milhões, Afeganistão com 2,6 milhões, Sudão do Sul com 2,2 milhões e Mianmar com 1,1 milhão.
- A maior parte dessas pessoas (73%) acaba em países vizinhos aos seus de origem, e por isso 86% dos refugiados e venezuelanos deslocados estão em países emergentes. Por não chegarem muito longe, novamente a Turquia e a Colômbia acabam sendo as nações com maior população de refugiados - sírios e venezuelanos, respectivamente.
- A Acnur estima que entre 2018 e 2020 um milhão de crianças nasceram como refugiadas (média de 290 a 340 mil por ano), e muitas poderão passar suas vidas inteiras nessa situação.
- Em 2020, 21 mil estavam entre os solicitantes de asilo (2%), comparadas a 25 mil no ano anterior. No entanto, considerando que em 2019 houve 1 milhão de solicitações a mais, acaba se tornando uma quantidade proporcionalmente muito maior. Em 2020, foram feitos 1,1 milhão de novas solicitações de asilo no mundo.
- Cerca de 3,4 milhões de pessoas deslocadas retornaram às suas regiões ou países de origem, incluindo 3,2 milhões internamente e 251 mil refugiados. Este foi o terceiro menor número da década, reforçando uma tendência de queda dos dois anos anteriores.
- Além disso, apenas 34.400 refugiados foram relocados, o que corresponde a um terço do ano anterior (107.800 mil), uma queda de 69%.

- As mudanças climáticas são um fator extra a forçar o deslocamento de pessoas já em situação de vulnerabilidade e agravam também a crise alimentar entre aqueles que já estavam fugindo de conflitos e guerras.

Para ser considerado refugiado, segundo a ONU, o indivíduo precisa declarar que se sente perseguida pelo Estado de sua nacionalidade por razões de **raça, religião, nacionalidade, grupo social ou opiniões políticas**; que se ausentou de seu país em virtude desses termos ou que não consegue a proteção do poder público pelas mesmas razões. Entende-se que existem diversos tipos de refugiados no mundo, alguns por condições de perseguição política, outros pela existência de conflitos armados e guerrilhas.

> No Brasil, a situação dos refugiados é tratada pelo Comitê Nacional para os Refugiados (Conare), que exerce um trabalho de extrema relevância social no contexto do ingresso de venezuelanos no Brasil. O país chegou a ser elogiado pela Acnur devido aos esforços para garantir a proteção de venezuelanos que deixam o país tomado por uma crise política, econômica e social.

DICA!

- Um dos cenários que chama a atenção em 2021 é o Afeganistão. Desde o anúncio da retirada das tropas estadunidenses, o clima de instabilidade tomou conta com o avanço do controle de cidades importantes por parte do Talibã. Nessa esteira de acontecimentos, o número de pessoas que deixam o país tende a aumentar. Em agosto de 2021, o Canadá anunciou que estaria disposto a receber 20 mil refugiados afegãos, dentro de um novo programa de imigração, promovido devido à "crise humanitária crescente na região".

O olhar mais atento para a crise humanitária dos refugiados reforça o mundo dividido em **dois sentimentos divergentes**: de um lado, o acolhimento, um mundo construído a partir da perspectiva humana de preocupação com o coletivo, um **mundo de "pontes"**. Por outro lado, reina a ideia mais individualista de proteção, um **mundo que edifica muros** e se blinda desses deslocados, já que podem ser nocivos para os países.

Além disso, a garantia do ingresso no país não se demonstra o ponto máximo da resolução dessa problemática de cunho internacional. Muitas vezes, os indivíduos que chegam, **sentem o preconceito de perto ou simplesmente não conseguem uma absorção do mercado de trabalho**. O choque cultural tem sido elemento de tensão em alguns países. Esse "estranhamento" da população local e a não relativização produz desgastes sociais e, em alguns casos, gera a perseguição e a violência. Essa marginalização e exclusão social são novos desafios dos países para a integração dos indivíduos, já que as medidas xenofóbicas têm ganhado cada vez mais espaço na pauta política de partidos da direita ultraconservadora.

▶ QUESTÃO SOBRE O TEMA:

Por que grande parte dos refugiados busca a Alemanha como destino final?

O caso alemão chama a atenção por conta do desenvolvimento do país. A maior economia da Europa acaba fomentando o interesse dos refugiados. Para lidar com a situação, o país **aprovou uma lei sem precedentes para integrar os refugiados, estabelecendo direitos e delimitando seus deveres. Dentre as disposições aparecem:**

- As autoridades vão **determinar o local de residência dos demandantes** de asilo reconhecidos para distribuí-los melhor pelo território e evitar os guetos. Em caso de infração, penas e sanções estão previstas.
- A Alemanha **não concederá permissão de residência permanente aos refugiados que não fizerem esforços suficientes** para se integrar - especialmente aprendendo alemão.
- A lei inclui um trecho dedicado ao **emprego dos refugiados,** com o objetivo de facilitar a contratação. Até agora, os demandantes de asilo poderiam ter acesso a um posto de trabalho apenas se **não existisse um candidato alemão, ou cidadão comunitário,** para a mesma vaga. Essa restrição ficará suspensa durante três anos.
- Os refugiados que buscarem uma **formação terão visto de residência pelo tempo que durar os estudos.**
- Segundo uma pesquisa da Universidade de Bielefeld, divulgada em julho de 2016, a população vê de **maneira mais negativa que em anos anteriores** a situação dos refugiados. A maioria (55%) pensa que os demandantes de asilo deveriam voltar para seus países de origem, quando a situação melhorar, enquanto 36% consideram a chegada maciça de refugiados uma "ameaça" para o futuro da Alemanha.

O Fundo das Nações Unidas para a Infância (UNICEF) lançou uma **série de filmes de animação** para sensibilizar o mundo a respeito dos horrores da crise humanitária de refugiados. Sob o título *Unfairy Tales* **("Contos Desencantados" ou "Contos que não são de fadas", em tradução livre),** os três desenhos animados contam as **histórias reais de jovens que fogem da guerra.** Um dos filmes - **"Ivine e o travesseiro"** - reproduz a história da adolescente Ivine, de 14 anos, e de seu travesseiro. Depois de uma fuga perigosa da Síria, Ivine instala-se em um campo de refugiados na Alemanha apenas para enfrentar novos desafios. **"Malak e o barco"** conta a viagem de uma menina de sete anos num barco furado. A terceira animação **descreve a história de Mustafa,** de 13 anos, que depois de deixar sua casa, imagina quem restou para ser seu amigo.

▶ Por alguns instantes, o espírito olímpico fez com que a crise humanitária de refugiados ganhasse espaço nos noticiários. Um atleta sírio (refugiado) **conduziu a tocha olímpica em Atenas, na Grécia,** em abril de 2016 - ainda no início do trajeto da chama que chegou ao Brasil para o evento, na cidade do Rio de Janeiro. Em 2021, foi a vez da equipe de refugiados chamar a atenção durante a realização das Olimpíadas de Tóquio (que deveriam ter acontecido em 2020, mas por conta da pandemia acabou sendo adiada). Na ocasião, a equipe de refugiados contava com 29 atletas (o caso de uma nadadora Síria chamou a atenção - em sua seletiva ela não conseguiu avançar para as finais, mas tem no seu histórico o salvamento de 18 pessoas durante travessia no Mediterrâneo). Yusra Mardini, autora de livro, embaixadora da ONU e porta-voz de sua comunidade, nadou junto de sua irmã empurrando uma embarcação com refugiados na direção da Grécia.

- Outra história foi bastante comentada durante as Olimpíadas de Tóquio. O atleta do Sudão do Sul competiu pela equipe de refugiados e emocionou o mundo ao finalizar a prova de atletismo de 800 metros mesmo após sofrer uma queda. James Nyang Chiengjiek nasceu em 1992 em Bentiu, cidade que hoje está em território do Sudão do Sul – país que, após anos de guerras, conseguiu se desmembrar do Sudão e declarar independência em 2011. O pai dele morreu em um desses conflitos, quando o atleta tinha apenas 7 anos.

Sobre a seleção dos 29 atletas em 12 modalidades para a equipe de refugiados que participou das Olimpíadas de Tóquio, destaca-se as regras estabelecidas pelo Comitê Olímpico Internacional:

- Status de refugiados confirmado pela Acnur;
- Desempenho esportivo nas modalidades;
- Representatividade de gênero, esporte e regiões do mundo;
- Histórico pessoal.

- Segundo dados mais recentes da Acnur, mais de 82 milhões de pessoas em todo o mundo tiveram de deixar seus locais de origem por perseguições, conflitos, violência e violação de direitos humanos. É o maior número já registrado na história. Quase metade desse total – 48 milhões – é de pessoas que se deslocaram dentro de seu próprio país. Outras 26,4 milhões são consideradas formalmente refugiadas: ou seja, concluíram os protocolos de solicitação de refúgio em outro país.
- Um refugiado congolês que reside no Brasil estava entre os integrantes da equipe de refugiados. O judoca **Popole Misenga, vive no Rio de Janeiro desde 2013**, quando pediu refúgio no país devido à violência política na República Democrática do Congo. Aos 29 anos, Misenga participou das Olimpíadas pela segunda vez consecutiva como integrante da Equipe Olímpica de Refugiados – uma iniciativa do Comitê Olímpico Internacional que tem apoio da Agência da ONU para Refugiados (Acnur) para que atletas em situação como a dele tenham como competir em Jogos Olímpicos.
- De acordo com o Ministério da Justiça, o Brasil tem 60 mil pessoas em situação de refúgio. Desses, 26 mil foram reconhecidos em 2020. Seis em cada dez pedidos vieram de cidadãos da Venezuela, que vive situação de grave e generalizada violação de direitos humanos

CAPÍTULO VI

GEOPOLÍTICA DA AMÉRICA DO SUL E SUAS ENTRELINHAS

- Cabe destacar que existe uma grande incidência de questões de atualidades sobre o panorama da América do Sul, principalmente. Aspectos econômicos e políticos tornam-se mais evidentes, haja vista que os reflexos são sentidos no Brasil, a depender da questão e do país. Por outro lado, questões sociais e culturais são lembradas pelos examinadores por conta da complexidade das relações sociais estabelecidas. Por se tratar de um material com marcação temporal (a edição produzida em agosto de 2021), é natural que novas pautas surjam. Dessa maneira, é importante acompanhar o fluxo de notícias e os temas mais relevantes. Ademais, pontuaremos a seguir os principais recortes do momento, buscando estabelecer a devida causalidade, bem como as consequências para a ordem política local.

1. CASO DA COLÔMBIA

- Em novembro de 2012, o governo colombiano e as Forças Armadas Revolucionárias da Colômbia (Farc), iniciaram um acordo de paz mediado pelo então presidente cubano Raúl Castro (a família Castro se afastou da política cubana e, em 2021, Cuba chegou a registrar protestos da população por conta das condições enfrentadas). Na época, a intermediação de Raúl Castro foi central no avanço dos debates. O conflito armado deixou mais de 220 mil mortos em 52 anos de existência. Além disso, foram quase 5 milhões de refugiados internos, denúncias de violação de direitos humanos e 25 mil pessoas desaparecidas. Esse é um dos temas que mais apareceu em provas nos últimos anos. Ao finalizar o acordo de paz com o governo colombiano, na época chefiado por Juan Manuel Santos, então presidente do país, a ex-guerrilha tornou-se um partido político (identificado pela mesma sigla – FARC: Força Alternativa Revolucionário do Comum). Entretanto, com o estigma de guerrilha, em 2021, o partido anunciou um nome, "Comunes" – segundo o próprio partido, a sigla evoca "à guerra" e "à dor".

- Em agosto de 2021, um tribunal que julga crimes hediondos na Colômbia destacou que a ex-guerrilha (FARC) teria forçado mais de 18 mil crianças a integrar o grupo. Os menores foram sujeitos a 20 anos de abusos.
- De acordo com os dados, 5.691 das crianças recrutadas tinham menos de 14 anos, o que viola as regras do DIH (Direito Internacional Humanitário). "As Farc recrutaram e utilizaram, sistematicamente, para o desenvolvimento do conflito armado, meninos e meninas desta faixa etária, contrariando suas próprias disposições", diz a JEP (Jurisdição Especial para a Paz). A JEP foi criada no acordo de paz das Farc com o governo da Colômbia para julgar crimes hediondos. Em janeiro deste ano, a Corte acusou 8 comandantes do alto escalão da guerrilha pelo sequestro de 21.396 pessoas entre 1990 e 2016. Eles confessaram e aguardam sentença. Dezenas de ex-militares também foram acusados pela execução de milhares de civis. Os corpos eram apresentados como vítimas de combate em troca de benefícios. O caso ficou conhecido como "falsos positivos" (Poder 360, agosto de 2021). Apesar da luta armada ter sido oficialmente encerrada em 2016, cerca de 1200 ex-membros das Farc não se desmobilizaram. Alguns indivíduos considerados dissidentes estão ligados a atividades criminosas e atos ilícitos, o que amplia a preocupação da população em determinadas localidades.
- Mais de 12.200 combatentes e simpatizantes das Farc participaram de programas de reintegração. O grupo entregou mais de 8 mil armas à Organização das Nações Unidas (ONU) durante desmobilização que culminou na fundação do partido político em questão. Dissidentes das Farc se juntaram a grupos criminosos e a rebeldes do Exército de Libertação Nacional (ELN) na lista das principais ameaças de segurança ao país desde a desmobilização, num momento em que os grupos diferentes lutam entre si e contra forças da segurança para controlar lucrativas rotas de tráfico de drogas e áreas de mineração ilegal.
- Outro tema de amplo alcance no contexto da América do Sul diz respeito ao desgaste vivenciado por **Colômbia e Venezuela**. O presidente colombiano Ivan Duque, acusou o governo venezuelano de encobertar criminosos que teriam atacado o helicóptero presidencial durante viagem a Cúcuta, em junho de 2021. Na ocasião ninguém ficou ferido – **foram disparados tiros de fuzil contra o helicóptero**. Segundo o governo colombiano, o ataque foi arquitetado por guerrilheiros dissidentes das Farc e um ex-militar colombiano, o capitão aposentado Andrés Fernando Medina. Ao todo, dez pessoas foram presas por envolvimento no ataque, dentre ele Medina, capitão aposentado do Exército colombiano que "desenhou e executou o plano" contra Duque, segundo o procurador-geral colombiano, Francisco Barbosa. Ele se aposentou em 2016, após 12 anos de serviço, segundo a imprensa local. De acordo com as primeiras investigações, dois fuzis AK47 com a marca das Forças Armadas venezuelanas foram encontrados na área do ataque. Além do ex-militar e

seus cúmplices, outras sete pessoas foram presas por suposta participação no ataque ao quartel militar. Sem relações diplomáticas desde 2019, os dois países compartilham uma fronteira de 2.200 quilômetros. A Colômbia, maior exportador mundial de cocaína, enfrenta o pior surto de violência desde a assinatura do acordo de paz com as Farc (O Globo, julho de 2021).

RAIO X DA NEGOCIAÇÃO DE PAZ

- Em setembro de 2015, o então presidente da Colômbia, Juan Manuel Santos (vencedor do Nobel da Paz de 2016 por conta do esforço para o acordo) e o líder das Farc, Rodrigo Londoño (conhecido por Timochenko) prometeram que o acordo sairia **até março de 2016, após os mais de 75 itens serem debatidos de maneira aprofundada.**
- **As Farc foram criadas em 1964,** em um contexto histórico do país que foi denominado "La Violencia".
- Anteriormente à denominação Farc, o grupo era intitulado **Bloco Sul.**
- Na década de 1980, **o narcotráfico financiava as atividades da principal guerrilha de esquerda do país.**
- Após três meses de atraso do acordo inicial, **em junho de 2016, foi oficializado o acordo de cessar fogo entre as Farc e o governo colombiano.**
- **Dentre os pontos de destaque do acordo apareceram:**
  - **Armas da guerrilha** entregues a ONU e utilizadas em monumentos. Esse era um dos pontos chave para a legitimação do partido político - desarmamento do grupo.
  - **Reforma agrária:** será criado um **fundo de terras para ser distribuído entre campesinos sem-terra** e a implementação em grande escala de planos para promover bens e serviços públicos de infraestrutura e estradas, educação, saúde, moradia, entre outros. Também engloba um sistema de alimentação e nutrição para acabar com a fome no campo.
  - **Participação política de guerrilheiros e de pessoas que vivem em áreas de conflito:** o acordo prevê a inclusão de representantes dos territórios afetados pela guerra na câmara dos representantes, a **eliminação de impedimentos para o surgimento de novos partidos políticos, a revisão da organização do regime eleitoral, o fortalecimento de meios** de comunicação comunitários, entre outros pontos.
  - **Drogas ilícitas:** ficou acordado a implementação de **um programa de substituição de cultivos ilegais com foco no desenvolvimento agrário**, a criação de uma estratégia para desarticular as redes de narcotráfico e do crime organizado, o **controle de produção de insumos para o tráfico,**

além do **combate à lavagem de dinheiro e à corrupção**. O acordo também prevê que o consumo de drogas ilícitas será tratado pelo foco de saúde pública.

- **Pacto sobre vítimas do conflito: este, por sua vez, inclui alguns pontos** – uma comissão para o esclarecimento da verdade, uma unidade especial de busca de pessoas dadas como desaparecidas pelo conflito, medidas específicas de indenização, pacote de garantias da não repetição do conflito e uma jurisdição especial para a paz. Este sistema jurídico vai definir o tratamento que receberão os responsáveis por delitos contra a humanidade e inclui penas alternativas de reclusão. Serão julgados guerrilheiros, militares, paramilitares e inclusive empresários que tenham financiado o conflito.

✓ A Corte Constitucional da Colômbia aprovou, em julho de 2016, o plebiscito como **mecanismo para referendar** os acordos de paz firmados pelo governo colombiano com as Forças Armadas Revolucionárias da Colômbia (Farc) após quase quatro anos de negociações. O plebiscito foi proposto pelo então presidente do país, Juan Manuel Santos, e teve **caráter vinculativo** (ou seja, a decisão teria de ser obrigatoriamente respeitada). Na ocasião, a consulta popular apresentou um resultado surpreendente – a população sendo contra o acordo:

- A opção por não ratificar o acordo foi escolhida **por 50,2% dos votos válidos.** A diferença entre o "não" e o "sim" foi de menos de 60 mil votos.
- A campanha pelo "Sim" tinha o apoio do atual presidente do país e de uma série de políticos dentro e fora da Colômbia, incluindo o ex-**secretário-geral da ONU, Ban Ki-moon**. Os partidários do "Não" eram liderados pelo ex-presidente colombiano Álvaro Uribe.
- A taxa de **abstenção** na consulta foi a mais alta em décadas: **63%.**

✓ O acordo foi celebrado pelo então presidente Juan Manuel Santos, que apontou um provável crescimento de 1% no PIB – Produto Interno Bruto (para efeito de comparação, em 2020, por conta da pandemia, o PIB da Colômbia recuou 6,8% - já no 1º trimestre de 2021, o crescimento foi de 2,9%). Após a população ter se colocado contra a ratificação em outubro daquele ano, após referendo, o texto foi renegociado. Dentre as mudanças do novo texto destacaram-se:

- Uma das partes mais polêmicas do pacto inicial – a participação dos líderes das Farc na política nacional –, por exemplo, foi mantida. A nova versão do texto reafirma que **representantes da guerrilha poderão disputar cargos eletivos e terão garantidas cinco cadeiras** no Senado e cinco na Câmara nos dois ciclos legislativos seguintes.

- Outro ponto de discórdia se referia ao suposto **abrandamento das penas dos condenados por violações cometidas pelas Farc.** O novo acordo definiu com mais clareza como vai funcionar a "restrição de liberdade" - pena alternativa à prisão para quem confessar seus crimes imediatamente. De acordo com a revisão, caberá aos magistrados do Juizado Especial de Paz determinar onde a pena deverá ser cumprida, que horários o condenado deverá respeitar e outros detalhes sobre o período de **cumprimento da sentença, incluindo ações corretivas, mecanismos de monitoramento e autorização de viagens.**
- Foram acrescentadas algumas linhas esclarecendo como será decidido se o narcotráfico poderá ser considerado crime político - e, portanto, passível de anistia. Partidários do "Não" reivindicavam que o tráfico de drogas não deveria ser anistiado. Mas a alteração não atende essa demanda por completo, uma vez que dá a entender que isso só deve ocorrer no caso em que seja constatado enriquecimento pessoal.
- De acordo com o novo documento, não haverá mais magistrados estrangeiros no Juizado Especial de Paz, como previa a versão inicial do tratado - serão 38 juízes colombianos (e até 13 suplentes). O texto prevê agora dez magistrados estrangeiros, mas que vão prestar apenas assistência aos tribunais especiais.
- Uma das mudanças no pacto determina que as Farc devem apresentar um inventário, durante o processo de desarmamento, de todos seus bens e ativos. Os recursos serão usados para reparar financeiramente as vítimas do conflito.
- O novo documento também inclui alterações para contemplar a igualdade de gênero no processo de paz, com destaque para as mulheres que foram vítimas do conflito. De acordo com o texto, serão respeitados os diretos de todas as pessoas, independentemente de gênero, idade, crença religiosa, etnia ou opção sexual.

✓ A oposição não se viu completamente atendida pelo novo texto do acordo, sugerindo que se trata de uma mera maquiagem. Ainda assim, o acordo de paz firmado com a guerrilha das Farc na Colômbia foi ratificado pelo Congresso, após a aprovação por parte da Câmara dos Deputados no último dia de novembro de 2016, um dia depois de ter passado pelo Senado. Por unanimidade, do total de 166 deputados, os presentes votaram com 130 votos a favor e o contra, ratificando um acordo que põe fim a 52 anos de conflito armado.

DICA!

► Em julho de 2021, o presidente da Colômbia, Iván Duque, pediu aos Estados Unidos para declararem a Venezuela um país "promotor do terrorismo", devido à suposta proteção que oferece aos rebeldes que dispararam contra o helicóptero presidencial em 25 de junho. Os Estados Unidos consideram o Irã, a Coreia do Norte e a Síria como países promotores do terrorismo e, recentemente, voltaram a incluir Cuba nessa lista. A Colômbia, principal exportador de cocaína do mundo, enfrenta o pior recrudescimento da violência desde a assinatura do acordo de paz com as Farc.

▶ IMPORTANTE!

Uma das questões mais corriqueiras em provas de atualidades diz respeito aos prêmios Nobel. No caso de 2016, o destaque foi ainda maior. Em dezembro de 2016, o então presidente da Colômbia, **Juan Manuel Santos, recebeu o prêmio Nobel da Paz.** Para a cerimônia que aconteceu em Oslo, na Noruega, Santos levou dez vítimas do conflito. Além disso, em seu pronunciamento, usou trechos da música de Bob Dylan (vencedor do Nobel de Literatura do mesmo ano). Durante a sua fala, Santos ainda agradeceu o respaldo da comunidade internacional para as negociações de paz, em particular da **Noruega, Cuba, Chile, Venezuela, Estados Unidos e União Europeia** para "acabar com mais de meio século de conflito com a guerrilha das Farc".

Atualizando o tema, em 2020, o vencedor do Nobel da Paz foi o Programa Mundial de Alimentos da ONU (as premiações são anunciadas em outubro de cada ano, com a cerimônia acontecendo em dezembro).

Em julho de 2021, a divulgação de um relatório da ONU, mais precisamente do escritório que atua com drogas e crime organizado (UNODC) chamou a atenção. O relatório apontou que a **maior quantidade de plantios de narcóticos do mundo está na região de fronteira da Colômbia com a Venezuela**, classificando mais uma vez, a Colômbia como o primeiro produtor de cocaína, apesar de uma redução das colheitas.

Norte de Santander (nordeste) se consolida como o departamento com a maior área de cultivo do país, com 40.084" hectares, informou o Escritório das Nações Unidas contra a Droga e o Crime (Undoc) na Colômbia, no documento. No relatório, o Undoc destaca que Norte de Santander superou pela primeira vez Nariño, na fronteira com o Equador, como o departamento com maior área de cultivo de coca no país. Nariño concentra 30.751 hectares semeados, 10.000 a menos do que a área fronteiriça com a Venezuela. Segundo o informe anual, a semeadura e a produção se consolidaram nas fronteiras entre Equador e Venezuela, onde o conflito armado está de volta, alimentado pelo narcotráfico e o garimpo ilegal, após a assinatura do acordo de paz com a ex-guerrilha das Farc, em 2016. "Cerca de 40% da coca de 2020 está relacionada com as áreas de fronteira", destaca a Undoc. (Uol, julho de 2021).

Certamente, a situação de tensão entre Colômbia e Venezuela desponta como um dos principais temas do momento. Entretanto, a realidade interna do país comandado por Iván Duque também. Em 2021, após a tentativa de avançar em uma reforma tributária, o país viu eclodir uma série de protestos violentos. Na mesma proporção, o governo reagiu com intensa repressão, amplamente questionada por grupos de defesa dos direitos humanos. A Comissão Interamericana de Direitos

Humanos (CIDH), que visitou o país em meio aos protestos, denunciou a resposta das forças de segurança como "desproporcional" e "letal". A ONG Human Rights Watch acusa as forças de segurança de estarem envolvidas em pelo menos 20 homicídios durante os protestos e afirma que 16 das vítimas foram baleadas por agentes do Estado com a intenção de matar (Folha de S. Paulo, julho de 2021).

Na esteira dos protestos, a população levantou diversas bandeiras (para além da reforma tributária proposta pelo governo). Eles exigem uma reforma policial e um Estado mais solidário diante da devastação causada pela pandemia, que elevou a pobreza a 42% no país de 50 milhões de habitantes. Segundo dados divulgados em julho de 2021 pelo Ministério Público local, eram mais de 60 mortes nos protestos e várias pessoas feridas. O governo acabou recuando na proposta inicial e, até o fechamento desta edição, tentava costurar uma saída que desagradasse menos a população colombiana.

Outro ponto que chamou a atenção em meio aos protestos foi a **derrubada de uma estátua de Cristóvão Colombo localizada na cidade de Barranquilla**, no norte do país. Essa não é a primeira vez que uma estátua de Colombo, apontado como o primeiro europeu a chegar à América, é derrubada. Há um ano, em junho de 2020, dois monumentos do genovês foram destruídos nos EUA, um em Richmond e outro em Boston, e outros dois foram retirados pela prefeitura de Chicago, em meio aos protestos antirracistas que se seguiram ao assassinato do ex-segurança negro George Floyd. O movimento também atingiu a Europa, onde imagens de figuras racistas foram retiradas por iniciativa de autoridades locais de Londres e da Antuérpia. Em outubro, ativistas bolivianos banharam em tinta vermelha uma estátua de Colombo na capital do país, La Paz, como metáfora do banho de sangue que significou a conquista espanhola nas Américas (Folha de S. Paulo, junho de 2021). Fazendo um paralelo com o Brasil, em São Paulo, a **estátua do bandeirante Borba Gato foi incendiada por manifestantes** – abrindo um amplo debate sobre a memória de personagens históricos ligados ao passado escravagista.

Outros fatos importantes referentes ao contexto colombiano:

A empresa de entregas por aplicativo Rappi foi alvo de uma onda de críticas na Colômbia depois de decidir oferecer vacinas contra Covid-19 apenas para os "melhores" entregadores no país. Assim que chegou o primeiro carregamento de imunizantes, obtidos pelo governo e pagos pelo setor privado colombiano, o diretor de Assuntos Públicos da Rappi, Juan Sebastián Rozo, disse à uma rádio local que a empresa vacinaria, de forma seletiva, a 2.000 entregadores. (BBC, julho de 2021).

- Em junho de 2021, o traficante "El Chapo" novamente apareceu nos noticiários, dessa vez, por conta de sua esposa. Emma Coronel, casada com o narcotraficante mexicano Joaquín Guzmán, conhecido como "El Chapo", confessou ter ajudado o marido em suas operações de tráfico de drogas. Coronel, de 31 anos, foi presa em fevereiro no aeroporto de Washington, acusada de colaborar nos negócios criminosos de Guzmán. Ela foi acusada de conspiração para contrabandear cocaína, metanfetamina, heroína e maconha para os Estados Unidos. Ao se declarar culpada, a esposa de El Chapo poderia ter sua pena reduzida (BBC, junho de 2021).

- Mais de 4 mil pessoas tiveram que deixar suas casas no noroeste da Colômbia após receber ameaças de grupos armados que lutavam pelo controle das plantações de drogas, informaram as autoridades em julho de 2021. "No momento temos 4.041 deslocados, 50% mulheres. São quase 1.675 famílias" que chegaram à área urbana de Ituango, no departamento de Antioquia, disse o prefeito local, Edwin Mauricio Mira, à W Radio. Com acesso ao Caribe e próximo ao Pacífico, onde traficantes transportam drogas para os Estados Unidos e Europa, Antioquia é o quinto departamento com mais plantações de drogas do país.

- Em agosto de 2021, o governo da Colômbia anunciou que foram apreendidas 116 toneladas de cocaína em um mês e meio de operações militares conjuntas com países da América e Europa. Principal produtor mundial de cocaína, a Colômbia coordena ações com outras 38 nações americanas e europeias nesta operação que ocorre em fases curtas desde 2018. Cercado pela sua cúpula militar e pelo ministro da Defesa, o presidente aplaudiu a campanha internacional por ser "um esforço sem precedentes" em 50 anos de luta contra as drogas. O governo destacou também as capturas de 539 pessoas de diferentes nacionalidades, assim como 69 embarcações, tres semissubmersíveis e cinco aeronaves. Na ofensiva também participaram efetivos da Alemanha, Argentina, Brasil, Canadá, Chile, Costa Rica, Equador, Estados Unidos, Espanha, França, Holanda, Panamá, Paraguai, Peru, entre outros (AFP, agosto de 2021).

- A Colômbia autorizou a fabricação de têxteis, alimentos e bebidas à base de cannabis e a exportação da planta para fins medicinais. O presidente Iván Duque assinou, em julho de 2021, o decreto que "elimina a proibição da exportação de flores secas" em evento organizado na Clever Leaves, uma das 18 multinacionais que cultivam cannabis medicinal na Colômbia. Assim, o país "entra para jogar grande no mercado internacional" de maconha, disse o presidente. A Colômbia, principal produtor de cocaína do mundo e que abriga grandes plantações de maconha, legalizou a produção de cannabis medicinal em 2016. Até agora, só era permitida a exportação de extratos da planta, mas não de suas flores. A nova norma também permite a fabricação de "derivados não psicoativos" da planta. "Não estamos mais apenas no uso farmacêutico. Estamos abrindo espaço para fazer muito mais em cosméticos (...) alimentos e bebidas" ou têxteis, enfatizou o presidente. O governo estima que, em 2024, o mercado da maconha medicinal pode se tornar uma indústria de 64 bilhões de dólares. Outros países da região, como Uruguai, Equador e Peru, também legalizaram a produção de maconha para fins medicinais (AFP, julho de 2021).

- O município colombiano de Sucre ganhou destaque nos noticiários por conta das campanhas antivacina. A prefeita impôs por decreto o toque de recolher durante oito dias para quem não se vacinou contra a covid-19, apesar de o município ter recebido as doses necessárias para imunizar seus 28.000 habitantes. Segundo Mercado, apenas 10.000 pessoas foram imunizadas na cidade, devido às notícias falsas que desestimulam a vacinação. Sob o novo decreto, os não vacinados só poderão sair de casa se for para prestarem ou receberem algum serviço de saúde, ou para finalmente se protegerem do coronavírus com a vacina, de acordo com o governo municipal. Todos os estabelecimentos da cidade, como supermercados, bares, casas de festa, restaurantes, bancos e lojas, deverão exigir o cartão de vacinação para permitir a entrada, explicou a prefeita Mercado. Além disso, haverá postos de controle na entrada e saída do município para verificar o cumprimento do decreto. A prefeita alertou que quem violar a medida deverá pagar uma multa equivalente a 260 dólares e, em caso de reincidência, poderão acabar presos (AFP, agosto de 2021).

2. CASO DA VENEZUELA

Sem sombra de dúvidas, a Venezuela é o país de maior destaque para as provas de atualidades no contexto contemporâneo. Isso se dá pela quantidade de fatos marcantes com relação ao país sul-americano que se vê arrasado por uma crise de ordem econômica, social e política. Trata-se ainda de uma nação que tem sido acompanhada de perto pelos organismos internacionais. Outro ponto importante com relação ao contexto venezuelano são as ações do governo de Nicolás Maduro que ecoam pela América do Sul, mas também por todo o globo – por conta de ser o país com a maior quantidade de petróleo do planeta, sua posição se faz estratégica. A própria crise venezuelana pode ser explicada, em partes, pela crise do petróleo – já que grande parte da economia depende do petróleo (lembrando que a Venezuela é um dos países membro da OPEP - Organização dos Países Exportadores de Petróleo).

Para entender a atual dimensão venezuelana, é preciso atentar-se para alguns recortes:

- A situação econômica do país é um dos grandes temas. Tomado por um processo inflacionário de destaque, a nação comandada por Nicolás Maduro assiste o **deslocamento em massa** (hoje, os venezuelanos aparecem em segundo lugar no ranking do Alto Comissariado da ONU para Refugiados - ACNUR, atrás apenas da Síria – são 6,7 milhões de sírios contra 3,9 milhões de refugiados venezuelanos).
- Em agosto de 2021, o governo da **Venezuela anunciou uma nova reconversão monetária, a terceira neste século**, que entrará em vigor no dia 1º de outubro (após o fechamento da edição) e **eliminará seis zeros do bolívar soberano para dar à luz o bolívar digital**. Em 2007, a Venezuela viveu um

primeiro processo de reconversão ao eliminar três zeros da moeda que se transformou em bolívar forte. Em 2018, houve outro processo que resultou no nascimento do atual bolívar soberano, eliminando outros oito zeros. O bolívar físico e o bolívar digital coexistirão em um processo destinado a resgatar a sua força e a sua referência como expressão da nossa economia. A Venezuela vive um processo de dolarização nas transações, por isso a moeda americana é predominante no pagamento em espécie. Na maioria das vezes, o pagamento em bolívares é feito com cartão ou transferências através de um aplicativo para smartphone. A Venezuela fechou 2020 com uma inflação acumulada de 2.959,8%, segundo dados divulgados pelo Banco Central do país (BCV) – em 2019, o país fechou com inflação de 9.585,5%.

- Em maio de 2021, um novo reajuste no salário-mínimo chamou a atenção da imprensa internacional. O governo anunciou o aumento do salário-mínimo em 288,8% - chegando a 7 milhões de bolívares (mais o complemento oferecido pelo governo, o **montante chega a 10 milhões de bolívares**, o que não é suficiente para muita coisa. Os 10 milhões não conseguem comprar um quilo de carne, por 3,75 dólares, em uma economia dolarizada, que atravessa seu quarto ano de hiperinflação e o oitavo de recessão. Uma caixa de 30 ovos, por exemplo, custa 11 milhões de bolívares, o mesmo que um quilo de queijo, acima da renda mínima.
- Em 2015, o Instituto Nacional de Estatística da Venezuela (INE) estimou que, até 2020, o país teria 32.605.423 habitantes. As projeções mais recentes do Escritório de População da ONU (UNPOP) apontam que, em 2020, a **Venezuela contabilizava 28.436.000 habitantes: cerca de quatro milhões de pessoas a menos do que o esperado, um nível populacional semelhante ao registrado em 2010**. Segundo a ONU, a Venezuela é o país do mundo que mais perdeu população nos últimos cinco anos, mais ainda que a Síria, que está imersa em uma guerra civil. O país é o único da América Latina que chegou a perder habitantes na última década. Cerca de 60% dos migrantes venezuelanos são pessoas entre 15 e 50 anos, o que implica uma diminuição significativa da força de trabalho e um aumento do peso da população mais velha, que geralmente utiliza mais recursos do sistema de saúde e recebe aposentadorias, sobre as contas públicas. Conforme os dados compilados pela Encovi, a Venezuela conta atualmente 65 dependentes (menores de 15 anos e maiores de 60 anos) para cada 100 pessoas em idade ativa, um fardo pesado que acabou chegando bem mais cedo do que o esperado (G1, agosto de 2021).
- O governo da Venezuela se recusa a investigar supostos crimes contra a humanidade cometidos por suas forças de segurança, afirmou a procuradoria do Tribunal Penal Internacional (TPI) em um documento divulgado em agosto de 2021 e que pode abrir caminho para ações judiciais. O tribunal com sede em Haia (Holanda) iniciou uma investigação preliminar em

2018 sobre supostos abusos de direitos pelo regime de Nicolás Maduro, especialmente a repressão violenta aos protestos antigovernamentais de 2017. De acordo com o Estatuto de Roma, que rege o funcionamento do TPI, o tribunal tem autoridade para investigar crimes ocorridos em países membros, como a Venezuela, se eles se recusarem ou não puderem fazê-lo por conta própria. O TPI afirma que as forças de segurança venezuelanas e milícias pró-governo cometeram crimes de cativeiro, tortura, estupro e perseguição. O texto destaca ainda maus-tratos aos detidos. (G1, agosto de 2021).

- Pela sexta vez desde 2014, a ditadura de Nicolás Maduro e a oposição da Venezuela abriram nova rodada de negociações –agora, mediadas pela **Noruega e realizadas no México (atenção para esse tipo detalhe da informação, pode ser alvo de questão de atualidades)**. A primeira reunião, a portas fechadas, ocorreu em agosto de 2021, e o governo mexicano afirmou que espera que se chegue a uma conclusão em até 180 dias. Pelo lado chavista, participaram Jorge Rodríguez (presidente da Assembleia Nacional), Hector Rodríguez (governador do estado de Miranda) e o filho de Maduro, Nicolás Maduro Guerra. Do lado da oposição, estavam o presidente da Mesa de Unidade Democrática, Gerardo Blyde, e os ex-congressistas Stálin González e Tomás Guanipa. O governo de Maduro quer o fim das sanções econômicas ao país e aos altos funcionários do governo. Também pede o reconhecimento das últimas eleições presidenciais, que afirma ter vencido, embora haja evidências de fraude. A oposição, por sua vez, pleiteia eleições livres, liberação dos presos políticos, regresso de exilados e investigação dos abusos de direitos humanos. As negociações serão acompanhadas por vários países. A Rússia seguirá os negociadores chavistas, enquanto os EUA, o Canadá e o Reino Unido, seguirão a oposição. A Noruega espera ter o mesmo sucesso que alcançou em sua participação no acordo de paz entre o Estado colombiano e as Farc (Forças Armadas Revolucionárias da Colômbia), em 2016 (Folha de S. Paulo, agosto de 2021).

O presidente Nicolás Maduro chegou ao poder em 2013, inicialmente como presidente interino, após a morte de seu padrinho político Hugo Chávez. Na ocasião, Maduro venceu seu opositor Henrique Capriles, liderando a chamada "revolução bolivariana" no país. Hoje, o presidente é visto por opositores como o protagonista do colapso venezuelano, mas diz ser vítima do imperialismo dos Estados Unidos e de guerra econômica da direita.

Sobre a trajetória de Nicolás Maduro:

- Entre 1999 e 2000 foi membro da Assembleia Constituinte convocada por Chavez e entre 2000 e 2006 foi deputado da Assembleia Nacional.
- Foi chanceler do governo Chávez entre 2006 e 2012, e foi nomeado vice-presidente após a reeleição de Chávez em outubro de 2012.

- Como ministro de Relações Exteriores, ele foi fiel às ideias diplomáticas do chavismo. Era considerado, por diplomatas estrangeiros, uma pessoa afável e de trato fácil.
- Maduro se aproximou de Chávez quando o presidente anunciou, em junho de 2001, o câncer que o acabaria matando.
- É casado com a ex-procuradora Cilia Flores, a quem chama de "primeira combatente" e com quem dança frequentemente nos comícios. É pai de "Nicolasito", fruto de um casamento anterior.
- Em janeiro de 2018, Maduro fez sua primeira live pela rede social Facebook. Na experiência, chegou a ser chamado de "assassino e ditador" por internautas que acompanhavam a transmissão.
- Em março de 2021, o presidente teve sua página bloqueada no Facebook por violar a política de desinformação sobre a covid-19. Na época, o bloqueio aconteceu por 30 dias porque o presidente defendeu o Carvativir, um remédio ainda sem estudos médicos publicados, que Maduro promoveu como "gotinhas milagrosas" para tratar o coronavírus (aproveitando o tema, o ex-presidente dos EUA, Donald Trump, pegou um gancho de 2 anos no Facebook – a questão envolvia a transição política dos EUA e os ataques ao Capitólio que, em tese, teriam sido estimulados pelo presidente por meio de postagens).

Ademais, a crise econômica na Venezuela, dentre outros fatores, pode ser explicada pela **queda do preço do petróleo no mercado mundial acabou** intensificando a crise no país do presidente Nicolás Maduro. Isso porque a exploração das jazidas petrolíferas é a impulsão da economia local. O agravamento da situação se dá por conta da polarização política. Maduro é acusado de golpista pela direita do país, por conta da repressão e violência utilizada contra grupos opositores.

DICA!

- Segundo dados divulgados em julho de 2021, a Venezuela tem 96,2% de sua população vivendo na pobreza e 79,3% estão em situação extrema. Segundo o Banco Mundial, situação de extrema pobreza significa viver com menos de US$ 1,90 por dia. Os dados são da Pesquisa Nacional de Condições de Vida (Encovi) 2019-2020, realizada pelo Instituto de Investigações Econômicas e Sociais da Faculdade de Ciências Sociais da Universidade Católica Andrés Bello (IIES-UCAB). O PIB, por exemplo, caiu 70% entre 2013 e 2019. Já a inflação subiu assustadores 3.365% entre março de 2019 e 2020, fechando o ano passado com impacto de 2.959,8% nos preços. Com isso, o salário-mínimo, frequentemente ajustado pelo governo, não é suficiente para garantir a subsistência da população. Em maio, o rendimento mínimo saltou 300%, para 10 milhões de bolívares venezuelanos. A pesquisa mostra ainda que, entre os mais pobres, apenas 12% têm acesso à internet, 13% utilizam telefonia fixa,

17% têm computadores à disposição e 44% possuem máquina de lavar roupa. Os programas de transferência de renda do governo, que buscam atenuar o problema, representam 25% da renda das famílias venezuelanas. Mesmo assim, só conseguiram reduzir a pobreza extrema em 1,5%. De acordo com pesquisa do Banco Mundial, divulgada em outubro do ano passado, até 2021, 150 milhões de pessoas devem cair na extrema pobreza devido à Covid-19, recessão, conflitos e mudanças climáticas. Isso representa cerca de 1,4% da população mundial. Nesse sentido, a extrema pobreza global deverá aumentar pela primeira vez em mais de duas décadas. Extrema pobreza significa viver com menos de US$ 1,90 por dia. O levantamento aponta que economias de médio rendimento terão 82% dos novos pobres do mundo (CNN, julho de 2021).

▶ IMPORTANTE!

A Venezuela é o país com a **maior reserva comprovada de petróleo no mundo. Petróleo é responsável por 96% da receita do país.**

▶ A expressão "chavismo" se refere à forma de **governar do ex-presidente Hugo Chávez,** militar que chegou democraticamente à presidência pela primeira vez em fevereiro de 1999, e se manteve por 16 anos, vencendo sucessivas eleições, até deixar o cargo, vítima de um câncer fatal, em 2013. Maduro, seu sucessor, levou adianta o modelo de "Socialismo do século XXI", mas a descrença passou a fazer parte da população.

RAIO X DO ATUAL MOMENTO DA VENEZUELA

✓ Um dos temas de destaque para provas de atualidades é a questão dos blocos econômicos. Em 2021, o MERCOSUL completou 30 anos (bloco formado por Brasil, Paraguai, Argentina e Uruguai). Atualmente, a Venezuela encontra-se suspensa. A suspensão da Venezuela do Mercosul foi anunciada em 02 de dezembro de 2016, consolidando um prazo indeterminado para retorno. Ressalta-se os principais motivos para sansão da suspensão por parte dos países fundadores:

- A Venezuela deixou de cumprir seus acordos assumidos na adesão ao Mercosul.
- Motivação de ordem técnica, com a execução de apenas 25% do total de tratados e apenas 80% das mais de 1200 normas técnicas que constam do tratado de adesão e das normas do bloco econômico.
- Motivação de ordem política, com a sua entrada em 2012, ocorrendo no mesmo período da suspensão do Paraguai.
- Crise econômica na Venezuela, com a queda do valor pago ao barril de petróleo, agravando a situação do país.

Pela relevância do país no que diz respeito ao número de questões de atualidades, destacam-se algumas considerações:

- Em 2021, o governo brasileiro anunciou que a Operação Acolhida (de interiorização de venezuelanos) já teria beneficiado cerca de 50 mil venezuelanos. O governo federal estimava ainda que cerca de 260 mil refugiados e migrantes venezuelanos vivem atualmente no Brasil. Assim, a estratégia de interiorização ajudou quase um a cada cinco venezuelanos no país a melhorar significativamente sua situação financeira, de moradia e de educação – enfim, sua qualidade de vida. Uma pesquisa conduzida pelo ACNUR (Agência da ONU para Refugiados) com 360 famílias venezuelanas interiorizadas revelou que 77% delas encontraram emprego algumas semanas após chegarem às cidades de destino (contra 7% com emprego antes da interiorização). A maioria já tinha renda suficiente para pagar aluguel, e todas as famílias tinham pelo menos uma criança na escola (contra 65% antes de serem interiorizadas).
- Juan Guaidó, que se autodeclarou presidente interino em janeiro de 2019, alertou a imprensa internacional sobre uma invasão de homens armados em seu prédio (fato ocorrido em julho de 2019). Pouco antes da suposta invasão ao prédio de Guaidó, outro líder oposicionista, Freddy Guevara, foi preso e levado ao "Helicoide" — um edifício de Caracas transformado em prisão para detratores do governo Maduro.
- Em junho de 2021, a Acnur (Alto Comissariado da ONU para Refugiados) divulgou seu novo relatório sobre a questão dos refugiados no mundo. Mais de 68% dos refugiados e pessoas deslocadas em todo o mundo vêm de cinco países, sendo que a Venezuela ocupa a 2ª posição:
  - Síria - 6,7 milhões;
  - **Venezuela - 4 milhões;**
  - Afeganistão - 2,6 milhões;
  - Sudão do Sul - 2,2 milhões;
  - Mianmar - 1,1 milhão.

Segundo o ACNUR, em 2020 1% da humanidade estava desabrigada, cifra que representa o dobro de dez anos atrás, quando o total era inferior a 40 milhões.

- Em julho de 2021, a Venezuela estampou os noticiários por conta de vacinação contra a covid-19 com vacina cubana que, na ocasião, não tinha a aprovação das agências reguladoras e nem o aval da OMS. Na ocasião, o governo cubano atestava 92% de eficiência com a Abdala, vacina que é de aplicação de dose tripla. Além da vacina cubana, o país utilizava russa Sputnik V, as chinesas Sinopharm e VeroCell.
- Levantamentos internacionais revelam que cerca de 80% da população venezuelana vive na linha da pobreza extrema. Para as organizações multilaterais,

no entanto, o asfixiado país de Nicolás Maduro é uma nação de renda média-alta, já que não atualiza seus números macroeconômicos desde 2014, quando relatou renda per capita de US$ 13.080. Por causa disso, o país entrou no consórcio **Covax**, iniciativa liderada pela Organização Mundial da Saúde (OMS), para garantir o acesso às vacinas contra a Covid-19 aos países em desenvolvimento na categoria do autofinanciamento e não do subsídio, como fazem os países de baixa renda. O resultado é que se deve pagar pelas vacinas e elas não chegam.

- Em maio de 2021, o governo venezuelano chegou a reajustar o salário-mínimo em cerca de 289%, para 10 milhões de bolívares soberanos ou cerca de 3 dólares (para efeito de entendimento sobre o poder de compra do salário-mínimo, o quilograma do queijo mais barato custa US$ 2, por exemplo, o do leite em pó sai a US$ 6,5, e uma caixa com 30 ovos, US$ 3,50).
- Em julho de 2021, uma primeira remessa de insumos do **Programa Mundial de Alimentos da ONU (PMA) – vencedor do Nobel da Paz 2020,** destinados a atender crianças no ensino fundamental chegou à Venezuela como parte de um acordo com o governo venezuelano. "*Em movimento na #Venezuela: a primeira entrega de comida do @WFP chegou ao país! 42.000 pacotes de provisões para levar para casa para estudantes menores de 6 anos acabaram de ser recebidos em nossa base logística*", escreveu no Twitter o diretor-executivo do PMA, David Beasley.
- A Venezuela é o país com maior quantidade de jazidas petrolíferas do mundo, o que a torna uma nação estratégica na perspectiva econômica. Ao mesmo tempo, explica os desafios econômicos das últimas décadas com os efeitos cíclicos de deterioração do produto no mercado internacional (mais de 90% das exportações do país estão ligadas ao petróleo).
- Em julho de 2021, confronto entre a polícia venezuelana e gangues durante operação policial resultaram na morte de 26 pessoas (4 policiais e 22 criminosos). Quase 2.500 agentes participaram da operação para tomar o controle de Cota 905, bairro onde opera a gangue liderada por um homem conhecido como "Koki". O governo oferece uma recompensa de US$ 500 mil por informações que permitam sua captura. Nos confrontos, foram utilizadas armas de alto calibre, granadas, balas traçadoras, além de drones com os quais as gangues tinham ampla visão das áreas. De acordo com o balanço oficial da operação, foram apreendidos mais de 24 mil munições, três lança-foguetes, cinco fuzis, quatro submetralhadoras, seis pistolas e um revólver.

2.1. Venezuela e o Mercosul

- A crise em que a Venezuela se vê mergulhada acabou por prejudicar o país no que tange ao posicionamento frente à diplomacia mundial. No início de dezembro de 2016, chanceleres da Argentina, Brasil, Paraguai e Uruguai, países fundadores do Mercosul, comunicaram à **Venezuela sua suspensão do bloco,** segundo um comunicado divulgado pelo Ministério de Relações Exteriores da Argentina.

- A Venezuela completou 5 anos no Mercosul em dezembro de 2017. Esse foi o prazo máximo dado ao país pelos outros membros para que os **venezuelanos cumprissem todas as normas de adesão.** Depois da suspensão temporária do Paraguai, causada pelo **impeachment do ex-presidente paraguaio Fernando Lugo,** Brasil e Argentina convenceram o Uruguai a acelerar a **admissão da Venezuela,** que só dependia da aprovação do Congresso paraguaio. Na época (2012), Brasil e Argentina eram comandados por Dilma Rousseff e Cristina Kirchner, respectivamente. O país entrou oficialmente no bloco em dezembro de 2012 e, depois de ser readmitido, o Congresso do Paraguai, em uma negociação tocada pelo presidente Horácio Cartes, **concordou em aprovar sua admissão para regularizar a situação.** A Venezuela, no entanto, descumpriu a maior parte dos prazos de adesão ao bloco, especialmente nas questões econômicas.
- A Venezuela rejeitou o anúncio da suspensão e, após assegurar que essa decisão é "ilegal", afirmou que **seguiria no bloco ocupando a presidência rotativa – fato que não se concretizou.**
- Já em setembro de 2016, os países membros do Mercosul chegaram um acordo para impedir que a Venezuela ocupasse o posto de presidente do bloco. Dessa forma, em um primeiro instante, os membros administraram de maneira coletiva o bloco, até que em dezembro, deram sequência aos trâmites.
- O governo venezuelano assegurou que seu país incorporou 1.479 normas do Mercosul à sua legislação interna, o que equivale a **95% do conjunto de leis** que os Estados devem cumprir para sua adesão ao bloco.
- Vale destacar que a Venezuela deveria ter assumido a presidência do bloco em julho de 2016, sendo que em agosto, chegou a hastear a bandeira junto ao Ministério das Relações Exteriores, desafiando a ordem dos demais países do bloco. A bandeira branca com a logo do **bloco comercial foi hasteada num ato liderado por Delcy Rodríguez,** e um grupo de funcionários diplomáticos. Ao fundo, tocou o hino venezuelano.
- Em dezembro de 2016, durante preparativos para reunião do bloco no Paraguai, o governo paraguaio chegou a afirmar que não receberia a ministra das Relações Exteriores da Venezuela, já que o país se encontra suspenso do bloco.
- Em agosto de 2017, o Mercosul suspendeu os direitos políticos da Venezuela por conta da "ruptura da ordem democrática". A decisão foi baseada na cláusula do Protocolo de Ushuaia, assinado em 1996, que afirma que os países

do bloco devem respeitar a democracia. No caso, uma decisão de Maduro que transferiu para a Suprema Corte parte das funções do legislativo, acabou resultando na retaliação do Mercosul.

▶ **IMPORTANTE!**

Na esteira das transformações econômicas, a Venezuela avançou em 2021 para a consolidação de sua moeda digital. Assim como o yuan digital da China, o bolívar digital pode ser considerado um exemplo de CBDC – sigla em inglês da expressão "moeda digital emitida por banco central".

- Curiosidades à parte, a Venezuela é o país com o Big Mac mais caro do mundo. O emblemático hambúrguer do McDonald's vendido na Venezuela é o mais caro do mundo, segundo o mais recente Big Mac Index, elaborado pela revista The Economist, que há 35 anos compara o preço desse hambúrguer em dezenas de países como forma de medir o valor de diferentes moedas. A comparação é baseada no conceito de "paridade de poder de compra" e, neste caso, usa o preço local do Big Mac em cada país convertido em dólares para determinar se a moeda daquele país está sobrevalorizada ou subvalorizada em relação à moeda americana. Segundo esse cálculo, um Big Mac na Venezuela custa US$ 8,35 (R$ 43,27). Nos Estados Unidos, ele custa cerca de US$ 5,65 (R$ 29,28). O hambúrguer do McDonald's é vendido em diferentes partes do mundo por preços que variam entre US$ 1,68 (R$ 8,70) e os US$ 8,35 cobrados na Venezuela. Na Venezuela, o hambúrguer Big Mac agora é conhecido como Big Cheddar, embora seja o mesmo hambúrguer de sempre. Mas muito mais caro do que no resto do mundo (BBC, julho de 2021).
- Cerca de 92 mil cientistas, médicos, engenheiros e arquitetos emigraram da Venezuela nos últimos anos, denunciaram nesta segunda-feira a oposição liderada por Juan Guaidó, considerando que esta saída de especialistas é "uma grande fuga de talentos". A Colômbia é o país que mais recebeu migrantes, cerca de 1,7 milhão, seguido do Peru (1 milhão) e Estados Unidos (465 mil), segundo a plataforma de coordenação interinstitucional regional da ONU. Devido a esta migração, o diretor executivo da ONG Médicos Unidos de Venezuela (MUV), Jorge Lorenzo, explicou recentemente à Efe que estudos sindicais mostram que "32 mil médicos tinham partido" até março de 2020, altura em que começou a pandemia. Na especialidade de bioanálise e enfermagem, até dezembro do ano passado, havia um êxodo entre 60% e 70% do número total de profissionais desses setores.
- A Venezuela comemorou nas Olimpíadas de Tóquio o primeiro ouro de uma mulher. Yulimar Rojas ganhou a final do salto triplo feminino de Tóquio-2020, com recorde mundial de 15,67 metros. Ela se tornou a primeira venezuelana a ganhar o ouro e a quarta a conquistar uma medalha olímpica, depois do boxeador Francisco "Morochito" Rodríguez, na Cidade do México-1968, do lutador de taekwondo Arlindo Gouveia, em Barcelona-1992, e do esgrimista

Rubén Limardo, em Londres-2012. A venezuelana é atualmente atleta de atletismo do clube de futebol Barcelona e discípula do mito cubano Iván Pedroso, com quem falou pela primeira vez pelo Facebook. Embora seja discreta em relação à sua vida pessoal, a atleta declara com orgulho ser parte da comunidade LGBTQIA+ (Folha de S.Paulo, agosto de 2021).

- Em julho de 2021, a ONG Foro Penal denunciou que na Venezuela há 276 pessoas detidas que são consideradas presos políticos, 23 a menos do que em seu último relatório. Segundo a organização, que se pronunciou através do Twitter, do total de prisioneiros relatados, há 260 e 16 mulheres, e entre os detentos, há 147 civis, incluindo um adolescente, e 129 militares. Com isso, o número de detenções desse tipo chegou a 15.734 desde 2014. O secretário-geral da OEA (Organização dos Estados Americanos), Luis Almagro, informou através da mesma rede social que ele certifica a relação de prisioneiros na nação caribenha (Uol, julho de 2021).

Fatos aleatórios sobre a Venezuela (reportagem da CNN Brasil, de julho de 2021):

- **A Venezuela tem a maior cachoeira do mundo:** ela já estrelou filmes da Disney/Pixar. Localizada no parque Nacional Canaima, na região sudeste do país, a Cachoeira Angel é a mais alta do mundo, segundo o Guinness World Records. A cachoeira foi descoberta em 1933 pelo piloto americano Jimmie Angel, e é 19 vezes mais alta do que as cataratas do Niágara, na fronteira entre os Estados Unidos e o Canadá. O Parque Nacional Canaima também é um Patrimônio da Humanidade, como reconhecido pela Unesco em 1994.
- **O relâmpago de Catatumbo:** em Maracaibo, cidade que fica na região oeste da Venezuela, acontece um fenômeno meteorológico sem igual no mundo. A bacia do lago de Maracaibo testemunha, entre abril e novembro, uma tempestade elétrica "permanente" que pinta os céus desta região de roxo e de rosa. O Catatumbo foi reconhecido pelo Guiness em 2013 como "maior concentração de raios".
- **Rainhas da beleza:** a Venezuela não somente é o país sul-americano com mais coroas de Miss Universo e Miss Mundo, mas também a única nação no mundo a obter duas coroas consecutivas no Miss Universo. O feito foi alcançado em 2009, quando Stefania Fernández foi eleita a mulher mais bonita do mundo, sucedendo a compatriota Dayana Mendoza, que venceu a edição de 2008 do concurso. No total, a Venezuela tem sete coroas de Miss Universo e seis coroas de Miss Mundo.
- **A Venezuela faz parte da área de maior biodiversidade do mundo:** o Guiness também coloca a Venezuela como país com maior número de espécies endêmicas (que só se desenvolvem em uma região específica) dos Andes Tropicais, que inclui, além da Venezuela, também Colômbia, Equador, Peru e Bolívia.

- **Jogadores de beisebol:** o principal esporte da Venezuela é o beisebol. Várias das expressões idiomáticas da Venezuela são inspiradas no esporte, inclusive. Então não é surpresa que a Venezuela seja o segundo país latino-americano com mais jogadores na Major League, que reúne as principais competições de beisebol dos Estados Unidos. Em 2018, 74 jogadores venezuelanos fizeram parte da temporada.
- **A vacina contra hanseníase foi inventada na Venezuela:** o médico e cientista Jacinto Convit criou a vacina contra a hanseníase em 1987. Por esta descoberta, Convit recebeu em 1987 o Prêmio Príncipe das Astúrias pela sua vida dedicada à investigação científica. Em 1988, Convit foi indicado para o Prêmio Nobel de Medicina. O cientista nasceu em Caracas, em 11 de setembro de 1913, e morreu no dia 12 de maio de 2014, aos 100 anos.
- **País do petróleo:** a Venezuela possui as maiores reservas de petróleo do mundo. Segundo a agência americana Energy Information Administration, o país latino-americano tem uma reserva de 298 bilhões de barris, número oito vezes maior do que as reservas dos Estados Unidos.

3. CASO DA ARGENTINA

A Argentina é um país muitas vezes lembrado pelas provas de atualidades. O dinamismo no contexto da América do Sul bem como a perspectiva de alcance político são elementos preponderantes para o debate (é fato que a banca pode cobrar algo sobre a ida do jogador Messi para o PSG, deixando uma longa história no Barcelona – mas parece mais viável uma questão sobre outra área do conhecimento).

Dessa forma, alguns fatores explicam a relevante presença da Argentina nas provas de atualidades:

- Proximidade geográfica do Brasil
- Ambos os países integram o Mercosul
- Argentina tinha o Brasil como maior parceiro comercial até 2020 (a China acabou superando, o que é conhecido como **"ArgenChina"**)
- Questões ideológicas envolvendo os atuais governos (até o fechamento da edição, o governo de esquerda de Alberto Fernández, na Argentina, e o governo de direita do presidente Jair Messias Bolsonaro, no Brasil)

De um modo geral, os tópicos relevantes para as provas de atualidades com relação ao cenário argentino são: aspectos políticos, sociais e econômicos. Em 2021, alguns temas considerados "polêmicos" por grande parte da comunidade internacional ganharam força. Dessa forma, cabe destacar:

- O Congresso da Argentina aprovou uma **lei que obriga o Estado a reservar pelo menos 1% das vagas na administração pública para travestis,**

transexuais e transgêneros, ao mesmo tempo em que criou incentivos fiscais para empresas privadas seguirem pelo mesmo caminho. A lei de Promoção do Acesso ao Emprego Formal para Pessoas Travestis, Transexuais e Transgênero "Diana Sacayán - Lohana Berkins" (homenagem a duas ativistas travestis assassinadas) que criou um sistema de cotas obrigatórias para o coletivo Trans, depois de passar pela Câmara de Deputados, foi aprovada pelo Senado por 55 votos a favor, apenas um voto contra e seis abstenções. Com emotivos discursos durante a jornada legislativa, os senadores destacaram que a esperança de vida para as pessoas trans não passa dos 40 anos de idade e que apenas 1 de cada 10 pessoas trans têm carteira assinada. Segundo um relatório da ONG Red LacTrans, 90% dessa população trabalham no mercado sexual, evidenciando a marginalidade como fonte de renda. A nova lei, além de criar um piso mínimo de 1% de vagas para pessoas trans, considera os particulares fatores sociais de vulnerabilidade para esse segmento. O texto, por exemplo, determina que o requisito de ensino completo não poderá ser um obstáculo para a contratação. Pelo contrário, estabelece que o emprego público será o ponto de partida para a condição para se cursar o nível educativo requerido. A nova legislação também indica que antecedentes penais "irrelevantes" não poderão ser impedimentos para a contratação e que a cota trans terá prioridade nas contratações do Estado. Por outro lado, a lei cria ferramentas para incentivar o setor privado a contratar funcionários trans: as contribuições patronais geradas com a contratação de pessoas trans poderão ser deduzidas dos impostos nacionais. Além disso, o Estado vai conceder créditos a taxas subsidiadas para aquelas empresas que contratarem travestis, transexuais e transgêneros. Na América Latina, somente o **Uruguai possui uma lei que também garante 1% de vagas na administração pública para a população trans** (G1, junho de 2021).

- O governo da Argentina decidiu reconhecer a dedicação das mães. O cuidado com os filhos vai contar como tempo de serviço quando a mulher pedir aposentadoria. A medida vai beneficiar de forma imediata ao redor de 155 mil mulheres mães com idades entre 60 e 64 anos, ou seja, já na faixa etária para se aposentar, mas que não têm os 30 anos de contribuição exigidos por lei. Além disso, as mães que recebem algum tipo de benefício de assistência social, como o equivalente ao Bolsa Família, poderão acrescentar mais 2 anos por filho.

- A ideia do governo é reconhecer o cuidado que as mães tiveram dedicando tempo aos seus filhos e, em muitos casos, tiveram de interromperam a trajetória da carreira por causa disso. Em agosto, todas as mães argentinas vão poder contar como tempo de serviço para a previdência a dedicação materna seguindo alguns critérios. Veja abaixo:

  - será incluído um ano de contribuição para cada filho;

- o serão incluídos dois anos de contribuição para cada filho adotado;
- o serão incluídos três anos de contribuição para cada filho com deficiência.

(G1, julho de 2021)

- O presidente da Argentina, Alberto Fernández, anunciou, em julho de 2021, um **novo Documento de Identidade Nacional (DNI) para pessoas não-binárias.** O objetivo do DNI é garantir o direito à identidade de gênero para pessoas que não se reconhecem como mulher ou homem, afirmou. O novo documento estabelece a terminologia "x" no campo de gênero no DNI e nos passaportes. Segundo nota divulgada pelo gabinete do palácio presidencial, a Argentina é o primeiro país da América Latina a permitir uma opção diferenciada no campo "gênero" do DNI. A nova medida está em linha com modificações em documentos de identidade em outros países, disse o comunicado, como Canadá, Austrália e Nova Zelândia. O Departamento de Estado dos EUA disse recentemente que está trabalhando para adicionar uma opção de gênero não-binária aos passaportes. Os cidadãos argentinos podem retificar seus documentos de identidade na sede do Registro Nacional de Pessoas ou em qualquer cartório dos Registros Civis. Eles devem trazer sua certidão de nascimento e seu DNI atual. Estrangeiros residentes na Argentina podem alterar sua identidade no Escritório Nacional de Migração.
- Em agosto de 2021, uma festa clandestina chamou a atenção na Argentina, por envolver o presidente do país (a oposição levantou a discussão sobre pedido de impeachment). Encurralado pela aparição da foto de uma **festa de aniversário clandestina na residência oficial, o presidente Alberto Fernández** não teve mais remédio a não ser admitir a reunião social que antes tinha negado. Porém, quando havia a expectativa no país de um pedido de desculpas e até de uma autodenúncia na Justiça, Fernández minimizou a violação das regras de isolamento social e optou por concentrar a culpa na sua mulher. O evento teria ocorrido enquanto estava em vigor um decreto, por ele mesmo assinado, que proibia as reuniões e a circulação de pessoas enquanto obrigava o uso de máscaras e o distanciamento social. A fotografia, do dia 14 de julho de 2020, aniversário da primeira-dama, Fabiola Yañez, revela uma festa clandestina e sem medidas de proteção. Na imagem, aparecem 11 pessoas, além da que tirou a foto, em volta de uma mesa com jantar, bolo de aniversário e champanhe. Na época, o governo tinha divulgado que "o aniversário da primeira-dama, por ser em plena pandemia, será por 'zoom' e com máscaras". A divulgação acompanhava uma foto de Fabiola Yañez solitária com arranjos florais. O pedido de impeachment também inclui outros possíveis delitos políticos como as chamadas "Diplomacia das Vacinas", que resistiu à compra de vacinas de laboratórios norte-americanos, e "Vacinação VIP" que privilegiou a imunização de políticos e amigos do poder sem respeitar a prioridade para grupos de risco e

pessoal da Saúde. A Argentina teve a mais prolongada e estrita quarentena do mundo ao longo de 233 dias em 2020 (G1, agosto de 2021).

- O PIB (Produto Interno Bruto) da Argentina cresce 2,6% no 1º trimestre de 2021 (dado mais recente até o fechamento da edição). Em 2020, as estimativas oficiais apontavam retração de 10% - por conta da pandemia. A crise deixou 42% da população na pobreza, com uma taxa de desemprego de 10,2%. Vale destacar que a Argentina avançou recentemente na tributação de grandes riquezas: cerca de dez mil argentinos com bens superiores a 2,1 milhões de dólares pagaram o imposto único sobre riqueza criado pelo governo Alberto Fernández para, muito teoricamente, cobrir gastos com a pandemia.

- Outro fato que chamou a atenção desde dezembro de 2020 é a questão da legalização do aborto na Argentina. Segundo informações da ministra argentina de Mulheres, Gêneros e Diversidade, Elizabeth Gómez Alcorta, em 6 meses de vigor da nova legislação, não foi registrada nenhuma morte em decorrência de aborto (legal ou clandestino). A lei de Interrupção Voluntária da Gravidez (Interrupción Voluntaria del Embarazo - IVE) foi sancionada no dia 30 de dezembro de 2020. Antes da aprovação, cerca de 38 mil mulheres foram hospitalizadas ao ano no país por conta do procedimento. Desde 1983, mais de 3 mil argentinas morreram em decorrência de um aborto clandestino. Lembrando que a legislação permite a interrupção da gravidez até a 14ª semana de gestação (Yahoo, julho de 2021).

- Outra notícia de ampla repercussão na imprensa internacional envolvia o ex-presidente da Argentina, Maurício Macri. Juntamente com colaboradores, Macri teria enviado munições à Bolívia para reprimir manifestações contra a então presidente interina Jeanine Áñez, em 2019. De acordo com a reconstrução feita pelo ministro da Justiça argentino, 70 mil "munições antitumulto" saíram da Argentina em um avião militar com destino a La Paz, horas depois de Áñez, que está presa, assumir a Presidência na qualidade de presidente do Congresso (O Globo, junho de 2021).

- Em julho de 2021, o governo da Argentina pediu aos cidadãos para limitar o uso de água em uma tentativa de aliviar a pressão no Rio Paraná, uma importante via de grãos cujo nível atingiu uma mínima de 77 anos, uma situação que prejudica embarques de cereais, incluindo soja e trigo. Um grupo de conselho do governo pediu para que as pessoas "economizem água", armazenem água da chuva para irrigação e evitem a queima de resíduos para prevenir incêndios florestais nos pântanos em torno do delta do rio. O Paraná, que possui sua fonte no sul do Brasil, flui pela Argentina até próximo da costa de Buenos Aires. É a rota de transporte de 80% das exportações agrícolas do país e fonte de água potável, irrigação e energia. Entretanto, devido à escassez prolongada de chuvas no Brasil, o nível de água no Paraná caiu drasticamente, atingindo a quantidade de carga que pode ser transportada pelos navios no auge da temporada argentina de exportação de milho e soja (CNN, julho de 2021).

- A relação da argentina com o Fundo Monetário Internacional é bastante conhecida das provas de atualidades. Em julho de 2021, o país assinou o acordo pelo Direito Especial de Saque (SDR, na sigla em inglês) do Fundo Monetário Internacional (FMI), que destinará ao país a soma de US$ 4,35 bilhões dentro dos US$ 650 bilhões que o programa abrange globalmente. Ao anunciar a medida, o ministro da Economia local, Martín Guzmán, falou em uma decisão multilateral "positiva para o mundo e para nosso país". Os SDRs são um ativo multilateral criado em 1969 pelo FMI, e que complementa as reservas oficiais dos países membros, mas não constitui uma moeda em si mesma em sentido estrito. É uma reivindicação potencial sobre um conjunto de moedas, e que além do dólar, abrange o euro, o yuan, o iene e a libra (CNN, julho de 2021). A Argentina suspendeu o pagamento de suas dívidas em nove ocasiões, entre elas a maior moratória da história mundial (2001). Também é o único país americano mais pobre do que um século atrás, comparado a si mesmo em dólares constantes. Em 1913, era o décimo país mais rico do mundo em renda per capita; agora ocupa o 75º lugar. (El País, julho de 2021).

▶ **QUESTÃO SOBRE O TEMA:**

Qual o futuro da relação Brasil-Argentina?

Essa questão depende muito da situação política de cada país. As eleições de 2022 no Brasil podem ser decisivas para uma aproximação ou maior afastamento entre as nações. Cabe destacar o peso da China no âmbito comercial com as duas nações (tanto o Brasil, como a própria Argentina). Mesmo assim, a relação comercial entre os países vizinhos é de fundamental importância para alguns setores - vide o setor automobilístico brasileiro. Em janeiro de 2021, a Ford anunciou o fim das atividades no Brasil (na Argentina, o setor permaneceu) - segundo a empresa, trata-se de um plano de reorganização logística.

▶ **SOBRE A EX-PRESIDENTE CRISTINA KIRCHNER**

Em abril de 2021, a Justiça da Argentina absolveu a atual vice do país, Cristina Kirchner, no processo conhecido como "dólar futuro". Ela era acusada, ao lado de outros integrantes de sua gestão como presidente (2007-2015), de realizar operações ilegais de venda de dólar a partir de informações privilegiadas, entre agosto e novembro de 2015, quando o peso sofreu desvalorização.

(Folha de S. Paulo, abril de 2021)

Fazendo um paralelo sobre a questão climática na atualidade (quando fenômenos climáticos extremos preocupam os especialistas), estação de pesquisa Esperanza, da Argentina, na Península Antártica registrou, no dia 6 de fevereiro de 2020, o recorde de temperatura do continente de gelo. A Organização das Nações Unidas (ONU) confirmou em julho de 2021, que a temperatura de 18,3ºC foi registrada. A Península

Antártica é uma das regiões do planeta onde o aquecimento ocorre com mais velocidade. Foram cerca de 3ºC nos últimos 50 anos. Em 9 de fevereiro de 2020, uma estação brasileira na Antártica chegou a registrar uma temperatura ainda maior, de 20,75ºC, mas o registro foi descartado pela OMM (G1, julho de 2021).

▶ **QUESTÃO:**

O que é o G20?

Resposta: O G20 é um grupo de países emergentes – as principais forças econômicas do mundo. O G20 nasceu em 1999 como uma reunião de ministros das Finanças, mas foi ampliado em 2008 para incluir uma cúpula de chefes de Estado. O objetivo era discutir de maneira conjunta decisões para tirar o mundo da crise global que explodiu naquele ano. Desde então, o G20 se tornou um dos mais influentes fóruns de discussão dos principais desafios internacionais. Em 2021, as nações se reuniram para discutir questões climáticas (a Itália ocupava a presidência rotativa).

Além de Colômbia, Venezuela e Argentina, outros recortes com relação a países da América do Latina chamam a atenção:

4. EQUADOR

Alguns acontecimentos de destaque chamam a atenção no Equador.

- Em maio de 2021, **Guillermo Lasso** tomou posse como novo presidente do país. De centro-direita, o ex-banqueiro se elegeu em abril após derrotar Andrés Arauz, figura próxima ao ex-presidente Rafael Correa, no segundo turno das eleições. O mandato termina em 2025. Lasso se une a Lacalle Pou, do Uruguai, como os dois representantes da centro-direita que tiveram sucesso eleitoral na América do Sul nos dois últimos anos, quando o continente viu um ressurgimento da esquerda e da centro-esquerda. Alberto Fernández (Argentina), Luis Arce (Bolívia), e o recente plebiscito constitucional no Chile representam essa nova guinada sul-americana. No Peru, Pedro Castillo, de esquerda sagrou-se vencedor após resultado confirmado mais de 40 dias depois das eleições 9G1, maio de 2021).
- Em abril de 2021, um dos temas mais polêmicos da atualidade foi notícia no Equador. A Corte Constitucional do Equador descriminalizou o aborto em casos de estupro. A decisão foi anunciada pelo encarregado da proteção dos direitos humanos no país, Freddy Carrión. A resolução da Corte Constitucional (CC) altera uma lei que só autorizava o aborto em casos de estupro se a mulher fosse portadora de deficiência mental. A decisão "que descriminaliza o aborto por estupro é possível graças às mulheres e aos coletivos feministas que vêm lutando permanentemente por uma sociedade mais justa e igualitária. Sem elas não seria possível o que hoje é lei", escreveu Carrión em uma rede social. No Equador seis meninas abortam clandestinamente

todos os dias, segundo dados divulgados pela Defensoria do Povo. No caso de menores de 14 anos, 80% das gestações resultam de violência sexual. Organizações feministas equatorianas afirmam que, a cada ano, cerca de 2.500 menores de 14 anos dão à luz no país após serem vítimas de violência sexual. De maneira contraditória, a Constituição do país estabelece que qualquer relação íntima com alguém menor de 14 anos é considerada estupro G1, abril de 2021).

- A polícia equatoriana apreendeu nesta sexta-feira 9,6 toneladas de cocaína provenientes da Colômbia, em uma operação classificada de histórica pela ministra do Interior, Alexandra Vela. "Um total de 9,6 toneladas de cocaína foram capturadas, na maior apreensão já feita pela Direção de Antinarcóticos", anunciou Alexandra durante entrevista coletiva em Guayaquil, onde a droga foi encontrada. Em 2020, a polícia antinarcóticos do Equador apreendeu um recorde de 128 toneladas de drogas, a maior apreensão da última década, ultrapassando a marca de 2016, de 110 toneladas, segundo dados oficiais (AFP, agosto de 2021).
- O Equador apareceu em algumas provas de atualidades por conta do **caso do australiano Julian Assange** – em julho, um tribunal equatoriano revogou a cidadania a Assange (havia sido concedida em 2017).No desdobramento do caso, em agosto de 2021, Advogados do governo dos Estados Unidos questionaram a credibilidade de um especialista no qual a Justiça britânica se baseou para se recusar a extraditar Julian Assange, o fundador do WikiLeaks, exigido pela Justiça americana. Em janeiro, a juíza britânica Vanessa Baraitser rejeitou a solicitação de extradição devido ao risco de suicídio para o australiano de 50 anos, que poderia ser condenado a 175 anos de prisão nos Estados Unidos pelo vazamento de documentos secretos. Julian Assange foi detido pela polícia britânica em abril de 2019 depois de passar sete anos na embaixada do Equador em Londres, onde se refugiou por medo de ser extraditado para os Estados Unidos. Os Estados Unidos o acusam de espionagem por divulgar em 2010 mais de 700 mil documentos classificados sobre as atividades militares e diplomáticas americanas, principalmente no Iraque e Afeganistão, que revelaram atos de tortura, mortes de civis e outros abusos (Uol, agosto de 2021).

5. PARAGUAI

- O Paraguai é um país destaque para as provas de atualidades por situações específicas. Em agosto de 2021, uma greve de caminhoneiros chamou a atenção, inclusive, pelos reflexos para o Brasil. Na ocasião, o Sindicato das Empresas de Transportes de Cargas de Foz do Iguaçu e região (SindiFoz) apontava um prejuízo diário de R$1,7 milhão. Os manifestantes paraguaios querem a aprovação da lei dos fretes, para garantir um ganho fixo de 25%

sobre valor do frete de cargas. Eles estão reivindicando em diversas cidades do país vizinho, que é ligado ao Brasil, pela Ponte Internacional da Amizade, em Foz do Iguaçu, no oeste do Paraná.

Vamos para outros fatos relevantes do cenário paraguaio:

- Em agosto de 2021, o Tribunal de Penas do **Paraguai** condenou o ex-**senador** conservador Óscar Gonzalez Daher a sete anos de prisão por dar falso testemunho e obter enriquecimento ilícito enquanto cumpria seus cargos no país. Ele foi absolvido, porém, do crime de lavagem de dinheiro após cerca de um dia de deliberação da Justiça. O filho do político, Óscar González Chaves, foi condenado a oito anos de prisão pelos crimes de falso testemunho, enriquecimento ilícito e lavagem de dinheiro. A pena proíbe que os dois exerçam qualquer cargo público por sete anos e prevê o confisco de 5.903.000.362 guaranis (cerca de R$ 4,4 milhões) e também de 50% a 100% dos saldos das contas de González Daher. No caso do filho dele, a apreensão foi de 29.237.656.115 guaranis (cerca de R$ 21,6 milhões) e apreensões entre 50% e 100% de seu saldo. Os dois vão cumprir a prisão na Penitenciária Nacional de Tacumbú, em Assunção, a princípio em regime fechado (Jovem Pan, agosto de 2021).

- A violência é uma das marcas da fronteira Brasil-Paraguai. A região de fronteira entre o Brasil e Paraguai, conhecida pelas grandes apreensões de drogas, volta a ganhar destaque, agora em razão dos casos recentes de execuções. Nos sete primeiros meses de 2021, entre 1º de janeiro e 31 de julho, 87 pessoas foram executadas, segundo autoridades de segurança dos dois países.

- Ainda nos noticiários de segurança pública, a violência assume um caráter prioritário. Em agosto, o ex-deputado no Paraguai, Carlos Rubens Sanches Garcete, conhecido como 'Chicaro', foi executado dentro de casa, em Pedro Juan Caballero, vizinha à sul-mato-grossense Ponta Porã. Segundo informações da polícia paraguaia ao jornal ABC Color, 10 homens invadiram a casa da vítima, que fica próxima à fronteira com o Brasil, e atiraram. Vizinhos disseram aos policiais terem ouvido cerca de 500 tiros (G1, agosto de 2021).

- Uma das principais rotas da entrada de drogas no Brasil, Mato Grosso do Sul apreendeu após o início da operação de uma estação de radar em Ponta Porã - em junho de 2021, mais de uma tonelada de cocaína. Segundo a secretaria estadual de Justiça e Segurança Pública (Sejusp), entre 30 de junho e 11 de agosto, quando o radar já estava em operação, foram apreendidos 1,057 tonelada de cocaína. A quantidade representa um aumento de 622% frente aos 146,4 quilos que foram apreendidos no mesmo período do ano passado (G1, agosto de 2021).

- Sophia López Moreira, cunhada do presidente do Paraguai, foi uma das vítimas do desabamento do prédio Champlain Towers South, em Surfside, na Flórida. O prédio que caiu em Surfside, que fica na região de Miami, abrigava dezenas de famílias de latino-americanos, inclusive brasileiros, que passavam longas temporadas na Flórida. O marido de Sophia, Luis Pettengill, e dois três filhos do casal, também foram vítimas do trágico desabamento.

6. URUGUAI

O Uruguai já apareceu diversas vezes em provas de atualidades em anos anteriores. Isso porque o país avançou em debates considerados polêmicos: legalização da maconha, aborto e casamento entre pessoas do mesmo sexo. Nos últimos tempos, alguns acontecimentos podem mobilizar questões importantes:

- Uruguai foi um dos países que aprovou a aplicação de uma terceira dose da vacina contra a covid-19 (no caso, pessoas vacinadas com as duas doses da Coronavac ganharam o direito de receber uma terceira dose de Pfizer) – vale lembrar que o Chile foi o primeiro país da América do Sul a aplicar a 3ª dose.

- Em julho de 2021, o suicídio de um jogador de futebol levantou um amplo debate sobre saúde mental no país. Williams Martinez, do Villa Teresa, foi encontrado morto em seu apartamento após cometer suicídio. Martinez era um atleta bem-sucedido. Tinha 38 anos, atuava como zagueiro e já defendeu a camisa da seleção do Uruguai. Além disso, chegou a jogar pelo time inglês West Bromwich e no futebol francês (Veja, julho de 2021).

- O Uruguai aparece na lista dos países com maior liberdade de internet na América do Sul (junto com Paraguai, Chile, Peru e Suriname) - segundo levantamento da empresa de cibersegurança Comparitech. Esses países têm um nível de restrição à internet de 9% (1 entre 11 critérios) porque limitam apenas o uso de sites de torrent, tecnologia de compartilhamento que permite baixar arquivos bem pesados rapidamente, mas que tem alta circulação de conteúdo pirata e vírus. Já o Brasil tem restrições de 18% (2/11) porque, além de restringir torrent, limita também certas tecnologias de voz pela internet (Folha de S. Paulo, agosto de 2021).

- A aprovação do presidente do Uruguai, Luis Lacalle Pou, caiu para 47%, oito pontos percentuais abaixo da última pesquisa, enquanto a desaprovação subiu de 28% para 32%, de acordo com uma pesquisa publicada agosto de 2021 pela Equipos Consultores – o presidente assumiu o comando do país em 2020, pondo fim a coalizão de esquerda que comandou o país por 15 anos. O presidente defendeu se aproximar da Argentina, deixando as ideologias de lado e buscando o progresso mútuo.

- Em março de 2021, o governo do Uruguai decidiu revogar a residência temporária e expulsar do país o cidadão argentino acusado de organizar uma festa clandestina para mais de 500 pessoas em sua residência particular, localizada no departamento de Maldonado. O Ministério do Interior tomou a decisão por motivos "de ordem pública e de ordem sanitária na medida em que (o cidadão argentino) violou normas que proíbem expressamente aglomerações com base na emergência sanitária" declarada pelo Poder Executivo, segundo mensagem enviada por fontes oficiais para vários meios de comunicação (G1, março de 2021).

7. CHILE

Certamente encontraremos questões sobre o Chile nas próximas provas. Desde 2019, o país tem sido tomado por uma série de mobilizações e protestos que resultaram na eleição de uma Assembleia Constituinte para a redação de uma nova Constituição, rompendo com o conjunto de regras atuais que apresentam resquícios da ditadura de Augusto Pinochet (1973-1990). A efervescência social ganhou destaque nos noticiários internacionais e projetou o país sul-americano a um patamar de ampla representatividade – atualmente, são discutidos projetos para "perdoar / anistiar" manifestantes presos durante os protestos. O país comandado por Sebastian Piñera, é destaque na imprensa internacional por:

- Avançar pela aprovação do casamento entre pessoas do mesmo sexo. O Senado do Chile aprovou em julho de 2021 o projeto de lei do casamento civil igualitário, que permite que casais do mesmo sexo tenham os mesmos direitos que os heterossexuais. Os parlamentares aprovaram a iniciativa — por 28 votos a favor, 13 contra e nenhuma abstenção — de avançar com o projeto. A iniciativa ganhou apoio inclusive de alas conservadoras do Senado, mas todos os que se abstiveram são da base do atual presidente Sebastián Piñera. O casamento civil entre pessoas do mesmo sexo é permitido nos seguintes países da América do Sul:
    - Argentina
    - Brasil
    - Colômbia
    - Equador
    - Uruguai
    - Guiana Francesa (território da França, que reconhece essas uniões)
- Elisa Loncón de 58 anos, é professora e linguista e foi eleita presidente da Conveção Constitucional do Chile. Loncón nasceu em Traiguén, na região de La Araucanía, no sul do país, um reduto Mapuche, e passou a infância na comunidade de Lefweluan, onde ainda vive grande parte de sua família. Mapuche, Loncón representa a maior etnia indígena chilena, e foi eleita para uma das 17 cadeiras reservadas aos povos indígenas entre as 155 na

Constituinte. Todas as etnias foram contempladas, sendo sete representantes do povo mapuche, dois dos aimarás e um de cada uma das demais: Kawésqar, Rapanui, Yagán, Quechua, Atacameño, Diaguita, Colla e Chango. A nova Constituição chilena substituirá a atual – redigida inicialmente por uma pequena comissão durante a ditadura de Augusto Pinochet (1973-1990) – como uma resposta institucional à crise que deflagrou a onda de protestos de outubro de 2019 em busca de maior igualdade de direitos e bem-estar social (G1, julho de 2021). A Organização das Nações Unidades - ONU - chegou a elogiar o Chile pela condução para a redação de uma nova Constituição. Em um plebiscito em outubro de 2020, os chilenos decidiram esmagadoramente que uma Assembleia Constituinte composta por 155 pessoas escolhidas para a ocasião redigiria uma nova Constituição, e em maio deste ano seus membros foram escolhidos nas urnas. O órgão, que acabou sendo composto majoritariamente por cidadãos independentes, a maioria de tendência progressista, enquanto a direita tem apenas 37 cadeiras, começou a funcionar neste domingo com sua sessão de posse e com a eleição de Loncón como presidente e Bassa como vice-presidente.

- Em maio de 2021, o Congresso chileno aprovou uma lei fundamental para conter a poluição plástica na terra e nos mares: fica proibida a entrega de talheres de plástico, agitadores, garrafas, copos, canudos, pratos, recipientes de comida para viagem, sachês, tampas e demais itens descartáveis em todos os pontos de venda de alimentos do país. Entre os plásticos está o isopor (Uol Ecoa, maio de 2021).

8. PERU

Conhecido das provas de atualidades, o Peru é tendência para os próximos certames. Isso se dá pelo processo de transição política que deu vitória a Pedro Castillo. A confirmação de sua vitória se deu cerca de 40 dias após o segundo turno do pleito eleitoral. Vale destacar que o início do governo de Castillo se deu de modo conturbado (alguns opositores já falavam de impeachment).

- O Jurado Nacional de Eleições, órgão responsável pelo processo eleitoral do país, oficializou a vitória do candidato do partido Peru Livre sobre a direitista Keiko Fujimori mais de um mês depois do segundo turno. Castillo surpreendeu logo no primeiro turno, ao superar figuras tradicionais da política peruana em uma eleição bastante embolada. No segundo turno, ele enfrentaria Keiko Fujimori – herdeira do fujimorismo, corrente política de linha dura que dominou o Peru na década de 1990. A adversária disputaria a presidência pela terceira vez consecutiva. Em 6 de junho, dia da votação, foi impossível declarar um vencedor. A apuração mostrava margens minúsculas de diferença entre os dois candidatos. Ao fim, Castillo terminou na frente com uma diferença de 44 mil votos, mas Keiko se recusou a aceitar o resultado, acusou o adversário de fraude e entrou com processos na justiça eleitoral. Nenhum desses questionamentos, porém, foi bem-sucedido. Houve até um pedido de demissão por parte de um dos componentes do Júri Eleitoral para tentar atrasar o processo, mas a vaga logo foi preenchida e a manobra, criticada. Manifestantes dos dois lados foram às ruas em Lima e outras partes do país para pedir respeito ao voto (G1, julho de 2021).

- O novo presidente do Peru, Pedro Castillo, deu posso a uma parte dos ministros. Entre eles, há um ex-guerrilheiro e um engenheiro de 41 anos que não tem experiência no setor público que será chefe de gabinete. Em seu primeiro discurso, Castillo anunciou que enviará ao Congresso um projeto de reforma da Constituição. A atual favorece o liberalismo econômico e foi promulgada em 1993 pelo presidente Alberto Fujimori, o pai de Keiko Fujimori, adversária que Castillo derrotou no segundo turno. Castillo também anunciou que não dirigirá o país a partir do Palácio de Pizarro, a sede do governo, que ele pretende transformar em museu, e prometeu que no final do mandato retomará suas "tarefas habituais de ensino", o que indica que ele não pretende ficar para sempre no poder.

- O ex-presidente Martín Vizcarra teve os seus direitos políticos cassados por dez anos. A decisão foi tomada pelo Congresso do Peru, em abril de 2021, devido ao escândalo das vacinas. Em setembro de 2020, quando ainda era presidente, Vizcarra utilizou um lote de vacinas contra Covid-19 da chinesa Sinopharm para imunizar de forma irregular 500 pessoas, incluindo funcionários do governo e ele mesmo. Na época, a vacina ainda não tinha concluído todas as etapas de ensaios clínicos e o lote em questão deveria ser destinado a testes da fase 3. Vizcarra acabou sofrendo um impeachment no mês seguinte, mas por outro motivo, relacionado ao pagamento de propinas quando era governador de Moquegua. A cassação dos seus direitos políticos acontece menos de uma semana depois dele ter sido eleito deputado, com o maior número de votos entre todos os candidatos. O impeachment de Vizcarra foi seguido de grandes protestos no Peru contra a tomada do poder pelo então presidente do Congresso, Manuel Merino, que só durou cinco dias no cargo: o parlamentar renunciou à presidência após a repressão brutal desses protestos em Lima, que tiveram saldo de dois mortos e centenas de feridos. Em 17 de novembro, Francisco Sagasti, também parlamentar, assumiu a presidência peruana e liderou até a transição política para Pedro Castillo (Jovem Pan, abril de 2021).

- A cidadela Inca de Machu Picchu, no Peru, foi ocupada por volta de 1420-1530 DC, várias décadas antes do que se pensava, de acordo com um novo estudo divulgado em agosto de 2021. Uma equipe de pesquisadores, liderada por Richard Burger, professor de antropologia da Universidade de Yale, usou a datação por radiocarbono para revelar que o imperador Pachacuti, que construiu Machu Picchu, subiu ao poder antes do esperado (CNN, agosto de 2021).

- Em março de 2021, o **governo peruano anunciou o pagamento de pensão** para os órfãos da covid-19. A ministra explicou que a pensão de 200 soles (cerca de R$ 313) por mês será atribuída a quem cuida de menores que sofreram a perda de um ou de ambos os pais. Os beneficiários receberão ajuda financeira até completarem 18 anos (G1, agosto de 2021). Segundo o primeiro estudo global sobre o tema, divulgado pela revista científica "The Lancet" em julho de 2021, cerca de 1,5 milhão de crianças perderam pais, avós ou outras pessoas responsáveis por seus cuidados diretos em razão da Covid-19. O Brasil figurava como um dos países em que proporcionalmente essa ocorrência era maior, com 130 mil crianças que perderam o principal responsável pelos seus cuidados, o que equivale a duas crianças a cada mil.

▶ **IMPORTANTE!**

Vale acompanhar ainda o cenário da Bolívia. Apesar de não ser o país de acontecimentos mais relevantes da América do Sul, a nação comandada por Luis Arce tem a sua importância na dimensão continental. Vamos aos fatos:

- Em junho de 2021, um senador e um deputado trocaram socos e chutes durante uma sessão do Congresso. Eles se desentenderam após uma fala do ministro do governo sobre a prisão da ex-presidente Jeanine Áñez. Os opositores sustentam que a detenção de Áñez, em março de 2021, foi uma violação da lei. Eles também rejeitam a acusação de golpe alegando que a saída de Morales aconteceu por causa da pressão popular após denúncias de fraude nas eleições. O ministro Del Castillo se alterou e chamou os opositores de "cúmplices" aos gritos. Montero pediu por respeito e foi empurrado por Colque enquanto outros governistas o cercavam. Montero e Colque trocaram chutes e socos e o governista foi derrubado no chão, sob os golpes do opositor (G1, junho de 2021).
- Em agosto de 2021, o Ministério Público da Bolívia qualificou como "político e parcial" o comunicado da Secretaria-Geral da Organização dos Estados Americanos (OEA) que ratificou sua visão de que houve fraude nas eleições presidenciais de 2019. A Secretaria para o Fortalecimento da Democracia da OEA afirmou que "reitera as conclusões da análise de integridade eleitoral de 2019 na Bolívia" sobre "uma manipulação maliciosa". O relatório de auditoria de 2019 apoiou a versão de opositores que denunciaram que o então presidente, o esquerdista Evo Morales, no poder desde 2006, foi o responsável pelas irregularidades para permanecer no poder até 2025. Em meio a protestos de rua, militares e policiais retiraram seu apoio a Morales e o mandatário teve que renunciar em novembro do mesmo ano, para partir para o México como exilado. O Ministério Público acusa a oposição de direita e de centro de cometer um golpe e prendeu a ex-presidente interina, Jeanine Áñez, que sucedeu Morales, em março passado. O governo afirma ainda que a Igreja Católica, a União Europeia (UE), a OEA e os governos do argentino Mauricio Macri e do equatoriano Lenín Moreno participaram do complô para tirar Morales do poder. (Uol, agosto de 2021).

CAPÍTULO VII

HOMOFOBIA EM PAUTA E AS QUESTÕES DE GÊNERO

1. CRIMINALIZAÇÃO DAS RELAÇÕES ENTRE PESSOAS DO MESMO SEXO

Um dos maiores debates da atualidade diz respeito à **intolerância em seus mais variados aspectos.** Entretanto, alguns episódios fatídicos elevaram a preocupação em se discutir a questão do gênero, da sexualidade e da legitimação (via ordem jurídica ou social) dos direitos da comunidade LGBTQIA+. As múltiplas formas de violência que ganham os noticiários cotidianamente elucidam a marginalização do debate e o preconceito enraizado nos hábitos de grande parte da população, o que dificulta a evolução coerente pelo tema.

Além de tudo, os dados são assustadores. De acordo com dados da Organização das Nações Unidas, no mundo, cerca de 69 países ainda criminalizam as relações entre pessoas do mesmo sexo ou formas de expressão de gênero. Em algumas nações, aplica-se a pena de morte. A pauta é sempre evidenciada durante o mês de maio, já que dia 17 de maio é o Dia Internacional contra Homofobia, Transfobia e Bifobia.

Em 2021, o tema ganhou visibilidade em diferentes eventos, com destaque para as mobilizações na Eurocopa e nas Olimpíadas de Tóquio. No caso de Tóquio, cerca de 180 atletas eram declaradamente LGBTQIA+ - mais do que o triplo do evento anterior no Rio de Janeiro (dados do portal 'Outsports', especializado em informações sobre pessoas LGBTQ+ no mundo dos esportes). Na cerimônia de abertura, a polonesa Aleksandra Jarmolinska, do tiro esportivo, desfilou com uma máscara de arco-íris, que simboliza a comunidade LGBTQ+. Muito envolvida na defesa dos direitos da comunidade LGBT, a americana Raven Saunders comemorou sua medalha de prata no arremesso de peso, formando um X com os braços no pódio, em sinal de apoio aos oprimidos. Essa também foi a primeira edição dos Jogos Olímpicos que contou com a presença de uma atleta transgênero, a halterofilista da Nova Zelândia Laurel Hubbard. Apesar de ter chegado bem classificada, Laurel não teve um bom desempenho e foi eliminada antes das finais do levantamento de peso. (Uol esporte, agosto de 2021).

▶ **QUESTÃO SOBRE O TEMA:**

Quais reflexões são relevantes para o atual momento?

- Outra questão importante que se desdobra pela contemporaneidade é a dimensão da lei. Em 2019, o Supremo Tribunal Federal formou maioria para entender que homofobia e transfobia deveria ser equiparado ao crime de racismo. O problema é que existe um enorme tabu na tratativa do tema. Dessa forma, torna-se desafiadora a superação da problemática.
- Apenas 48% das escolas brasileiras afirmaram ter projetos para tratar relações étnico-raciais, por exemplo. Menos da metade das escolas brasileiras têm projetos para debater o racismo e demais relações étnico-raciais. Menor ainda é o espaço do combate ao machismo, à homofobia e às desigualdades sociais. Os dados estão no Anuário Brasileiro de Educação Básica 2021, divulgado em agosto de 2021 pela organização Todos Pela Educação. De acordo com o levantamento, 48% das escolas afirmaram ter projetos para tratar relações étnico-raciais, incluindo o racismo. Apesar desse debate avançar na sociedade, a pauta não avançou pelas salas de aula - pelo contrário. Como comparação, entre 2013 e 2017, mais de 70% das escolas tinham projetos nesta temática. Dentre essas questões, o machismo é o menos abordado no ambiente escolar, com projetos em apenas 15,8% das escolas. Já a homofobia é tratada por apenas 26% das instituições de ensino; e as desigualdades sociais por 35,9% (CNN, agosto de 2021).

Outro ponto de destaque diz respeito à "cura gay" ou terapias de reversão sexual que persistem, mesmo a homossexualidade ter deixado de ser considerada doença em 1990, pela Organização Mundial da Saúde. Em julho de 2021, por exemplo, o Ministério Público do Distrito Federal e Territórios (MPDFT) denunciou à Justiça do DF um homem que se passava por psicólogo, em Brasília, e oferecia "garantia vitalícia" para "tratamento do homossexualismo" (sic), a chamada "cura gay". Para os promotores, ele deve responder por charlatanismo, exercício ilegal da profissão e racismo social por orientação sexual. A prática é proibida pelo Conselho Federal de Psicologia (CFP) e, em 2019, foi suspensa a partir de um entendimento do Supremo Tribunal Federal. Para o Conselho Federal de Psicologia (CFP), terapias de reversão sexual representam "uma violação dos direitos humanos e não têm qualquer embasamento científico". Em abril de 2019, a ministra Cármen Lúcia, do Supremo Tribunal Federal, suspendeu uma decisão da Justiça Federal de Brasília que permitia a prática da "cura gay". Ela atendeu a um pedido do Conselho Federal de Psicologia (CFP), que entrou no Supremo contra decisão do juiz da 14ª Vara Cível, de Brasília, que autorizou psicólogos a realizarem terapias do tipo. Resolução atual do conselho impede que psicólogos colaborem "com eventos e serviços que proponham tratamento e cura das homossexualidades" (G1, em julho de 2021).

2. CRIMINALIZAÇÃO EM PAUTA

A pena de morte para as relações homossexuais vigora em alguns países. No Irã, na Arábia Saudita, no Iêmen e no Sudão ela é aplicada em todo o território. Na Somália e na Nigéria, somente em algumas províncias. Síria e Iraque são dois lugares onde a pena de morte é realizada por atores não estatais. Em ambos os casos o grupo jihadista Estado Islâmico (EI) é o responsável por aplicá-la nas regiões onde há controle. Em cinco países - Paquistão, Afeganistão, Emirados Árabes Unidos, Catar e Mauritânia – a pena de morte é tecnicamente permitida por uma interpretação da lei islâmica (sharia), ainda que não seja aplicada.

Já em lugares como Uganda, Zâmbia, Tanzânia, Índia, Barbados e Guiana as relações homossexuais são castigadas com penas que vão de 14 anos em regime fechado à prisão perpétua. Em alguns países do norte da África, como Líbia, Argélia e Marrocos, as leis contemplam penas de três a sete anos de reclusão.

O relatório da Associação Internacional de Gays, Lésbicas, Bissexuais, Transexuais e Intersexuais menciona também as informações, publicadas em abril de 2017, sobre a perseguição e o assassinato de homossexuais na República Russa da Chechênia, de maioria muçulmana.

Em Gana, o Parlamento do país discute uma nova lei que endurece as penas para pessoas lésbicas, gays, bissexuais, transgénero e queer. Quem se identificar como membro da comunidade LGBTQ+ pode ser condenado a 5 anos de prisão (o debate ganhou força em 2021). A iniciativa do Gana de criminalizar ainda mais as pessoas LGBTQ contrasta com vários outros países africanos, que descriminalizaram a homossexualidade, como o Ruanda, Angola, Botswana e África do Sul.

Em julho, o Paquistão abriu sua primeira escola com fundos públicos para mulheres transexuais, que muitas vezes são condenadas ao esquecimento em instituições de ensino. Outro espaço com ampliação da visibilidade da comunidade trans é o evento de miss. Em 2021, Lehlogonolo Machaba chegou até a final da competição na África do Sul (um dos países que permite a participação de trans) - EUA, Espanha, Canadá, Nepal e Panamá são outros exemplos. No caso estadunidense a pauta também foi ampliada: Kataluna Enriquez, representante do estado de Nevada, concorreu a uma vaga para o Miss Universo, que em 2018 teve sua primeira candidata transsexual, Angela Ponce, da Espanha.

Outros fatos pertinentes sobre a pauta LGBTQIA+ chamam a atenção:

- Paula Beatriz, 50, já tem o nome na história. Educadora da Escola Estadual Santa Rosa de Lima, no Capão Redondo, na zona sul de São Paulo, ela é a primeira diretora trans de uma escola pública da cidade de São Paulo. Seu nome tem até verbete no Wikipedia e a trajetória dela foi contada nos filmes "Meu Corpo Político" e na série documental "Transgente". Agora, esse reconhecimento está marcado também nas ruas do bairro onde mora. Ou melhor, em uma travessa. Desde maio, uma das travessas da favela do Jardim Mitsutani, também no Capão Redondo, ganhou o nome de Professora Paula Beatriz (Folha de S. Paulo, agosto de 2021).
- Quinn, atleta canadense no futebol feminino, tornou-se a **primeira pessoa assumidamente trans e não-binária a receber uma medalha nos Jogos**

Olímpicos. Embora tenha vencido bronze na Rio 2016, Quinn, de 25 anos, não havia ainda revelado publicamente sua identidade de gênero. O anúncio foi realizado apenas em 2020, o que lhe permite fazer história entre as pessoas LGBTQIAP+ ao disputar a final com a Suécia e levar a medalha de ouro na decisão inédita também para o Canadá, que venceu as adversárias, nos pênaltis (O Globo, agosto de 2021).

- Em julho de 2021, o primeiro-ministro da Hungria, Viktor Orbán, anunciou a **realização de um referendo para avaliar o apoio da população à polêmica lei contra a comunidade LGTBQIA+**. A lei húngara equipara pedofilia e homossexualidade, proíbe a "demonstração e promoção da homossexualidade" para menores de 18 anos e tem causado forte reação da União Europeia. Na prática, séries de televisão como "Modern Family" e filmes como Billy Elliot, por exemplo, seriam banidos da programação de TVs, assim como conteúdos educacionais sobre o tema em escolas. O governo de extrema direita do premiê Viktor Orbán vem irritando seus pares do bloco europeu por repetidas ações que corroem sistematicamente as instituições democráticas da Hungria. Sem mencionar a Hungria ou Orbán, 17 líderes europeus assinaram uma carta recentemente na qual reafirmam seu compromisso contra a discriminação à comunidade LGBTQIA+ e a defesa de seus direitos (G1, julho de 2021). O debate na Hungria gerou protestos durante a Eurocopa e o GP da Hungria de Fórmula 1.

- Milhares de pessoas participaram, em julho de 2021, da Marcha do Orgulho de Budapeste, que teve como tema principal o protesto contra a chamada lei anti-LGBT do governo do nacionalista Viktor Orbán. Organizadores estimaram a presença de 30 mil pessoas, 50% mais que o público da edição anterior, em 2019. Em março, Orbán já havia processado uma emissora de TV por mostrar uma família LGBT em um comercial. O governo também proibiu a circulação de um livro de contos de fadas que incluía relações homoafetivas. Alterações na Constituição lideradas por Orbán limitaram a definição de família, por exemplo, à formada por um homem e uma mulher, e determinaram que o gênero de uma pessoa deve ser o biológico. Na prática isso impede que transexuais alterem seus nomes e, além de abolir direitos civis de casais do mesmo sexo, restringe fortemente a possibilidade de adoção por quem não estiver em casamento católico. O Fidesz, partido controlado por Orbán, inseriu na lei uma seção que diz: "Para os fins desta lei e para garantir os direitos da criança, é proibido disponibilizar a menores de 18 anos pornografia ou representação da sexualidade para seus próprios fins, ou que implique qualquer desvio da identidade do sexo com o qual a pessoa nasceu, ou mudança de gênero e homossexualidade". Ou seja, cria uma identificação entre homossexualidade e pedofilia e impede a educação sexual e até mesmo a menção à homossexualidade nas escolas (Folha de S. Paulo, julho de 2021).

- No Brasil, um dos países onde mais se matam pessoas LGBTQIA+ no mundo – com uma estimativa de uma vítima da homofobia a cada 23 horas –, 60% dos eleitores afirmam que votariam em um candidato assumidamente gay para a presidência da República. É o que disse o resultado da pesquisa Impacto da orientação sexual dos candidatos sobre a intenção de voto – Posicionamento político do eleitorado LGBT, realizada pelo Instituto Atlas (El País, agosto de 2021). Vale lembrar que o governador do Rio Grande do Sul, Eduardo Leite (PSDB) revelou a homossexualidade durante entrevista. O fato foi amplamente repercutido, já que o tema é tabu em vários segmentos, inclusive na dimensão política (além disso, na época, Eduardo Leite era um dos prováveis candidatos à presidência).

3. E NO BRASIL, COMO O TEMA EVOLUI?

A realidade brasileira é marcada pela violência intensa contra as minorias como um todo. Com relação a diversidade sexual o cenário não é diferente. A propagação do ódio e a violência simbólica ganha espaço no ambiente virtual. Segundo o Grupo Gay da Bahia (GGB) - mais antiga entidade do gênero do Brasil - **237 gays foram mortos em 2020 em todo o Brasil**. Foram 224 homicídios (94,5%) e 13 suicídios (5,5%).

Foram 161 travestis e mulheres transexuais (70%), 51 gays (22%), 10 lésbicas (5%), 3 homens transsexuais (1%), 3 bissexuais (1%) e 2 homens heterossexuais confundidos com gays (0,4%) mortos. Quanto à idade das vítimas, 33% tinham entre 15 e 30 anos e 8% tinham mais de 46 anos. O levantamento mostra que 5 vítimas eram menores de idade. O levantamento identificou 74 pardos e pretos (54%) e 62 brancos (46%) entre os que morreram. Em relação à tipologia das mortes violentas de LGBTI+ ocorridas em 2020, a pesquisa identificou 215 homicídios (90,7%), seguido de 13 suicídios (5,4%) e 9 latrocínios (3,7%). Quanto à causa da morte, predomina as mortes violentas com arma de fogo (42,3%), seguido de armas brancas (23%) e espancamento (9,1%). O relatório aponta ainda que o Nordeste ocupa o primeiro lugar em número de mortes com 113 casos, seguido do Sudeste com 66. Depois, vêm as regiões Norte e Sul com 20 mortes cada. No Centro-Oeste, 18 mortes. As capitais mais violentas foram Salvador (20 casos) e São Paulo (10) (Poder 360, maio de 2021).

Segundo dados do Observatório de Mortes Violentas de LGBTI+, feito pelos grupos Acontece Arte e Política LGBTI+ e Grupo Gay da Bahia (GGB), foram contabilizadas mais de cinco mil mortes de pessoas representadas por essas letras em vinte anos.

▶ **DICA!**

- A visibilidade da pauta LGBTQIA+ tem sido ampliada nos últimos tempos. Alguns destaques para o tema são: Douglas, primeiro atleta abertamente gay, do vôlei masculino, campeão olímpico em 2016, conquistou uma legião de fãs nas redes sociais e viralizou com vídeos engraçados e espontâneos durante as Olimpíadas de Tóquio.

- Outro atleta que ganhou os noticiários foi Luke Prokop, jogador do Nashville Predators na NHL, o primeiro abertamente homossexual a disputar a liga de hóquei que reúne times dos Estados Unidos e Canadá. Na NFL, a mesma pauta pôde ser observada: o jogador da linha defensiva do Las Vegas Raiders Carl Nassib se tornou o primeiro jogador em atividade da NFL -- liga de Futebol Americano dos Estados Unidos -- na história da competição a anunciar que é gay.

Uma das maiores polêmicas da contemporaneidade diz respeito ao debate sobre linguagem neutra.

Em junho de 2021, o governo de Santa Catarina editou um decreto que veta a linguagem neutra em todas as escolas públicas e privadas do estado. A medida foi publicada pelo governador Carlos Moisés da Silva (PSL) após a proposição da deputada estadual Ana Caroline Campagnolo, do mesmo partido. O decreto estabelece que documentos escolares oficiais, provas, grade curricular, material didático, comunicados e editais de concursos "não trarão novas formas de flexão de gênero e de número das palavras" e obriga uso da norma culta da Língua Portuguesa. 'Menine', 'todxs', 'amigues' são exemplos da linguagem ou dialeto neutro, que é conhecido também como linguagem não-binária. O seu uso passou a ganhar mais visibilidade nos últimos anos para tornar a língua mais inclusiva para pessoas transexuais, travestis, não-binárias ou intersexuais. Segundo o governo, na prática, o "conteúdo não fará referência à linguagem do gênero neutro, inexistente na língua portuguesa e que apresenta contrariedade às regras gramaticais consolidadas no país" (G1, junho de 2021). Em julho de 2021, o partido dos trabalhadores acionou o Supremo Tribunal Federal questionando a constitucionalidade da legislação.

Em abril de 2021, o Tribunal de Justiça de Santa Catarina (TJSC) reconheceu o direito de um morador do estado declarar que seu gênero é neutro, ou seja, não-binário, sem gênero definido. O processo permitiu a troca de nome e a alteração da certidão de nascimento do autor do pedido, que agora não será classificado como homem nem como mulher.

ALGUNS PONTOS IMPORTANTES SOMAM-SE AO CENÁRIO:

- Analisar a questão da homofobia é, acima de tudo, compreender o **espaço de diversidade e pluralidade de gêneros.** Sendo assim, é reconhecer que o debate ainda é um grande "tabu" nos espaços coletivos, o que gera resistência e repulsa por parte de alguns indivíduos.

- A homofobia (considerada uma repulsa ou aversão a homossexuais) exige um debate que leve em consideração elementos como: **religião, costumes locais, valores culturais enraizados, cultura machista, visões extremistas,** etc. Por conta do preconceito existente em determinadas localidades do globo, homossexuais são vedados de exercer a cidadania e tem sua liberdade violada.

- Próximo ao contexto brasileiro, a realidade de maior violação dos direitos humanos com relação aos **homossexuais é o caso da Guiana**, onde aqueles que violarem pode pegar de 14 anos de prisão até prisão perpétua.
- De maneira mais específica, a homofobia pode ser definida como **"uma aversão irreprimível, repugnância, medo, ódio, preconceito que algumas pessoas nutrem contra os homossexuais, lésbicas, bissexuais e transexuais"**. Os casos de perseguição por conta da orientação sexual podem ser visualizados desde o ambiente escolar (bullying e cyberbullying), até o espaço do trabalho, vida em comunidade, etc.

Olhando para o tema e para os dados relacionados à violência, nota-se uma questão emergencial que carece de pauta nos espaços públicos. Existem articulações da sociedade civil para discutir o tema. Uma das propostas aparece por meio de projeto de lei que visa criminalizar a discriminação por orientação sexual e identidade de gênero, equiparando ao crime de racismo. Em 2006, a deputada do Partido dos Trabalhadores (PT), Iara Bernardi propôs um projeto de lei para criminalizar a homofobia. Entretanto, ele foi arquivado. Estabelecendo o método comparativo, outros países evoluem no tema de maneira mais intensa. Em maio de 2016, o Canadá apresentou um projeto de lei a fim de defender as pessoas transgênero de discriminações e discursos de ódio, assim como ativistas dos direitos.

Em março de 2018, o Supremo Tribunal Federal decidiu permitir que transexuais e transgêneros possam alterar seu nome no registro civil sem a necessidade de realização de cirurgia de mudança de sexo. A maioria dos ministros decidiu também que não será preciso autorização judicial para que o transexual requisite a alteração no documento, que poderá ser feita em cartório.

Antes da mudança do STF, para conseguir ter o nome e o gênero alterados nos documentos, a pessoa precisava de uma autorização judicial. O processo levava meses, às vezes até anos. Agora, o interessado pode ir até um Cartório de Registro Civil com os documentos necessários e assinar uma declaração. A nova documentação sai em até cinco dias úteis.

Outra decisão de destaque para a comunidade trans diz respeito à decisão do MEC (Ministério da Educação), em janeiro de 2018, autorizando travestis e transexuais a utilizarem o nome social nos registros escolares da educação básica. O nome social é aquele pelo qual as travestis, mulheres trans ou homens trans optam por ser chamados, de acordo com sua identidade de gênero.

Desde 2013, o Ministério da Saúde possibilitou que travestis e transexuais passassem a usar o nome social no Cartão SUS. No Supremo Tribunal Federal (STF), está em debate o direito dessas pessoas usarem o banheiro condizente com a identidade de gênero que elas reivindicam.

Outro fato emblemático nas garantias da comunidade trans diz respeito à possibilidade do uso do nome social no título de eleitor. Cumprindo o prazo estabelecido pela Justiça Eleitoral, a população trans alcançou o direito de usar o nome social. O presidente do TSE, ministro Luiz Fux, afirmou que "é papel da Justiça Eleitoral zelar pelo respeito às diferenças e atuar para que o exercício da cidadania se dê livre de embaraços e preconceitos."

A questão de gênero acaba confundida pelas terminologias específicas. Observe a imagem.

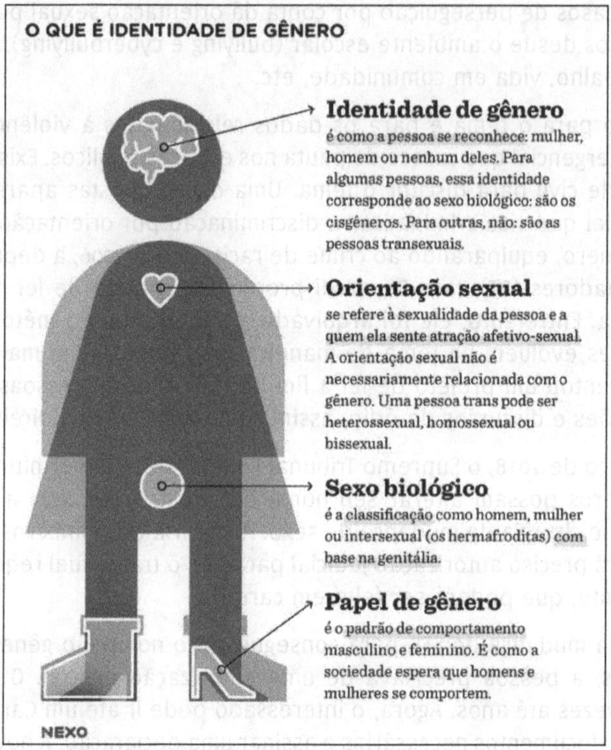

Por fim, a elucidação do tema a nível legislativo se mistura com as facetas da política de cada país. No caso brasileiro, as discussões sobre gênero e sexualidade apresentam como elemento de difusão a religião. Isso porque os dados demonstram que a chamada "bancada evangélica" (líderes religiosos) tem ampliado sua participação no Congresso.

O **número de evangélicos no Parlamento cresceu, acompanhando o aumento de fiéis.** Segundo os últimos dados do IBGE, que são de 2010, o **número de evangélicos aumentou 61% na década passada (2000-2010).** Por sua vez, a Frente Parlamentar Evangélica (FPE), agrega **mais de 90 parlamentares,** segundo dados atualizados da própria Frente – os números podem variar por causa dos suplentes – o que representa um **crescimento de 30% na última legislatura.**

A relação entre **política e religião é questionada por petições online e demais mobilizações sociais.** Muitos sustentam que é preciso segregar os valores religiosos da atividade legislativa, caso contrário, alguns debates se tornam pouco proveitosos - no caso, aqueles mais polêmicos como aborto, descriminalização das drogas, relacionamento entre pessoas do mesmo sexo etc. Por outro lado, alguns acreditam ser uma segregação utópica, visto que o indivíduo que exerce sua postura política acaba por ser holístico na apropriação de princípios e valores.

DICA!

- Em setembro de 2016, o Colégio Pedro II **aboliu a distinção do uniforme escolar por gênero.** Ou seja, **não há mais especificação do que é um uniforme feminino ou masculino.** A decisão foi divulgada pela Portaria nº 2449/2016, que trata de Normas e Procedimentos Discentes e, segundo a escola, tem por **objetivo manter a identidade e igualdade entre os alunos.** Certamente, um dos grandes entraves para o tema diz respeito a possibilidade ou não de se discutir questões de gênero no ambiente escolar. Vários projetos de lei aprovados a nível municipal são questionados por organismos e por ações na Justiça.
- Vale lembrar que uma nova polêmica ganhou destaque nas redes sociais ao longo dos últimos meses: linguagem neutra.

CAPÍTULO VIII

DESAFIOS AMBIENTAIS DO SÉCULO XXI

Uma das temáticas de maior incidência nas provas de atualidades é a questão ambiental. E não é por menos: os temas se desdobram a cada dia, as preocupações são ampliadas, os esforços científicos revelam situações extremas e, além disso, tudo impactando cotidianamente as nações. Dessa forma, o leque de possibilidades se amplifica e torna o entendimento desafiador.

Sabendo da relevância do tema e da quantidade de desdobramentos possíveis, o material reúne os principais acontecimentos, prezando pelos conceitos de destaque bem como as sistematizações do momento. Vale lembrar que estamos diante de uma área bastante ampla e com muitas atualizações, o que pressiona o candidato a manter-se atento para o estudo. Como exemplo, note a quantidade de questões pertinentes:'

- Desmatamento em alta
- Queimadas
- Questão dos agrotóxicos
- Tráfico de animais
- Era das pandemias e a questão do meio ambiente
- Poluição plástica
- Desafios do lixo eletrônico
- Política Nacional de Resíduos Sólidos
- Obsolescência programa na sociedade do consumo
- Situação indígena
- Crise energética
- 17 Objetivos do Desenvolvimento Sustentável
- Acordo do Clima de Paris

- COPs
- Energia renovável
- Economia fóssil x Economia Verde
- Responsabilidade compartilhada
- Economia circular
- Código Florestal
- Tragédias ambientais

1. OS 35 ANOS DO ACIDENTE DA USINA DE CHERNOBYL

O acidente nuclear de Chernobyl é considerado o pior da história. Em 2021, o fatídico **episódio completou 35 anos.** O acidente que mudou a história do país (Ucrânia) **aconteceu na madrugada do dia 25 de abril, quando o reator número 4 explodiu.** As equipes de salvamento, os trabalhadores e jornalistas que fizeram a cobertura, por conta da alta exposição à radiação se tornaram as primeiras vítimas.

A força da explosão, equivalente a 66 toneladas de TNT, estruiu o telhado do prédio de 20 andares do reator, arrasou completamente tudo que estava dentro do núcleo e ejetou pelo menos 28 toneladas de detritos altamente radioativos nas imediações. Também deu início a um incêndio radioativo que durou quase duas semanas e lançou uma enorme nuvem de gases e aerossóis radioativos na atmosfera, que viajou com o vento para o norte e o oeste. Dezenas de substâncias radioativas caíram na terra, frequentemente carregadas pela chuva. A precipitação radioativa incluiu iodo-131, césio-137 e plutônio-239, dos quais nenhum ocorre naturalmente e todos são extremamente perigosos para humanos e outros animais. Cada substância possui seu próprio cronograma de decomposição, chamado de "meia-vida", que é o tempo que leva para reduzir a radioatividade pela metade. Para o iodo-131, que se acumula rapidamente na glândula tireoide, causando câncer de tireoide, essa meia-vida é de oito dias. Para o césio-137, que permanece no solo e produz raios gama com milhares de vezes mais energia do que os raios do sol, a meia-vida é de cerca de 30 anos. O plutônio-239, extremamente radiotóxico quando inalado, possui uma meia-vida de 24 mil anos. Embora o padrão principal de precipitação radioativa – que é manchado e imprevisível – tenha sido estabelecido logo após o acidente, as partículas radioativas permanecem em movimento até hoje, mudando com o vento e fluindo pela água (Aventuras da História, abril de 2021).

A mobilização por parte do governo foi tamanha que nos dias que sucederam o acidente, cerca de 130 mil pessoas precisaram se deslocar do raio tracejado como perigoso. A radioatividade se espalhava e a saúde das pessoas se via debilitada. Com o vento, as nuvens de poeira alcançaram uma região de mil quilômetros. Os ecossistemas locais foram atingidos de maneira drástica, provocando a extinção de espécies.

Os dados com relação às vítimas não são concretos. A **Organização Mundial da Saúde estima** que 9 mil pessoas morreram. Já para o Greenpeace, as vítimas seriam 90 mil pessoas. O Instituto de Radiologia de Kiev admite 31 mortos e 50 mil contaminados, com níveis de radiação **capazes de matar no longo prazo**. Há relatos de que milhares de pessoas contraíram câncer. Nos anos seguintes, índices de radiação foram detectados nos seguintes países: Suécia, Escandinávia, Países Baixos, Bélgica, Reino Unido, Eslováquia, Romênia, Bulgária, Grécia, Turquia e Polônia. A Ucrânia, a Bielorrússia e a Rússia foram os mais atingidos.

A região próxima à usina se tornou uma área fantasma. O acesso é rigidamente controlado, mesmo 30 anos após o desastre. Especialistas apontam que o acidente teve origem em um erro operacional, ou seja, poderia ser evitado. Tal fato levantou a discussão sobre a **segurança dos programas nucleares.** Países como **Itália, Alemanha, Suécia, Finlândia, Suíça, Holanda e Espanha cancelaram programas nucleares** e fecharam usinas. No Brasil, em 1986, o então presidente do país, José Sarney, criou uma comissão para avaliar a segurança das usinas de Angra dos Reis.

A própria tecnologia avançou no sentido de oferecer mais garantias para os projetos nucleares em caso de acidente. A dualidade do discurso é uma realidade: engenheiros apontam que a segurança alcançada nos dias de hoje permite total segurança na execução dos procedimentos. Por outro lado, ativistas ambientais afirmam que essa forma de geração de energia sempre estará respaldada por riscos iminentes e incontroláveis.

▶ IMPORTANTE!

- Países como **Japão, Estados Unidos, França, e Alemanha** dependem cada vez mais da energia nuclear. Na França, já se trata de uma realidade consolidada. Cerca de 80% da energia produzida é de origem nuclear. Na média global, a energia nuclear **representa 17% da produção de energia elétrica.** Dados da organização World Nuclear Association mostram que 440 reatores estão em operação no mundo, e mais de 80 estão em construção.
- O fator determinante para a utilização da energia nuclear é que esta é considerada **limpa e bastante eficiente, pois não há a liberação de gases que aceleram o aquecimento global, intensificando o efeito estufa.**
- Em 2011, um acidente na usina japonesa de Fukushima, gerou novas reações adversas. Na ocasião, um tsunami, resultante de um forte tremor de terras, atingiu o sistema de segurança em três reatores e provocou o desligamento do sistema de refrigeração. O acidente de Fukushima completou 10 anos em 2021.

Por incrível que pareça, o **turismo para a região ucraniana atingida é crescente.** Uma das agências mais conhecidas que fazem o passeio, a Solo East Travel, afirma haver levado quase **2.000 pessoas até a área de Pripyat em 2015.** E a organização governamental que controla a zona de exclusão calcula que mais de **16 mil viajantes de 84 países** estiveram em Chernobyl e arredores em 2015.

Uma estrutura que recobre o reator, espécie de sarcófago, deverá ficar pronta no final de 2017 com custo total de **US$ 2,4 bilhões.** Essa nova estrutura deverá ter tempo de vida de 100 anos, o que garantirá espaçamento cronológico para que os especialistas pensem em estratégia para enterrar o reator e tornar o ambiente seguro.

DICA!

- Nos EUA a energia nuclear corresponde a **19% da geração de energia elétrica.** Entretanto, de 2029 a 2035, três dúzias dos 99 reatores do país, que representam mais de um terço da capacidade geradora da indústria, terão que fechar quando suas licenças de operação expirarem. A saída para tal fato é a prorrogação das licenças, visto que o investimento em novos projetos acontece de maneira tímida.
- O Japão, país que ficou abalado com o acidente de Fukushima, em 2011, anunciou a **retomada da produção de energia nuclear, com a recertificação de dois reatores já antigos**, fato extremamente polêmico dentro do país. A vida útil dos reatores foi prorrogada para mais de 40 anos.
- Dez anos após o desastre que marcou a região de Tohoku, no nordeste do Japão, mais de 30 mil pessoas ainda não conseguiram voltar para suas casas na província de Fukushima, devido aos riscos da radiação. Três províncias foram duramente atingidas pelos desastres naturais de 2011 (um terremoto e um tsunami de proporções históricas): Fukushima, Iwate e Miyagi. Uma década depois da tríplice tragédia, Fukushima enfrenta diversos impasses: o destino da água e da terra contaminadas pela radiação, o futuro de milhares de desabrigados e o desfecho para famílias com pessoas desaparecidas até hoje. Mais de 2,5 mil pessoas são consideradas desaparecidas na província. No fim de fevereiro, restos mortais de uma japonesa de 61 anos desaparecida desde o tsunami foram descobertos. Em declaração divulgada pela polícia japonesa, seu filho revelou que a descoberta lhe deu um ponto final. "Isso me permitirá pôr minhas emoções em ordem e seguir em frente", declarou.

2. ECONOMIA FÓSSIL EM DEBATE

Uma das grandes discussões da contemporaneidade diz respeito a substituição da economia fóssil pela economia verde. Trata-se de uma necessidade emergencial, já que a situação ambiental se encontra degradante em algumas localidades do planeta. Dessa forma, as nações têm se reunido com o intuito de discutir e propor metas, ações e projetos para viabilizar a melhor relação do ser humano com o meio ambiente.

Na esteira dos acontecimentos, destacam-se:

- Cúpula dos líderes pelo clima (evento realizado pelo governo estadunidense que reuniu cerca de 40 líderes, em abril de 2021). Na ocasião, as nações apresentaram metas consideradas ousadas pela comunidade internacional (o que resultou em críticas sobre a real viabilidade do cumprimento de tais metas). Alguns dos compromissos assumidos:

- O presidente Joe Biden afirmou que os Estados Unidos, responsáveis por 15% das emissões globais, têm um plano para cortar em 50% as emissões de gases de efeito estufa até o ano de 2030. Biden fez um discurso em que salientou diversas vezes a necessidade de criar uma economia verde, com infraestrutura e empregos sustentáveis.

- Xi Jinping, da China, afirmou que o país vai limitar o consumo de carvão mineral como fonte de energia entre os anos de 2021 e 2025 e acabar com esse tipo de geração energética nos anos seguintes, com o fim total em 2030. No ano passado, Xi já havia dito que o pico de emissões da China se dará antes de 2030, e que a neutralidade será atingida em 2060.

- Justin Trudeau, do Canadá, afirmou que o país já fez uma revisão de sua meta e que até 2030 o plano é cortar as emissões de 40% a 45% em relação ao nível de 2005.

- A Alemanha, assim como outros países da Europa, usa como parâmetro as emissões do ano de 1990. Ela afirmou que pretende ter 55% menos emissões em 2030, e que o país dará sua contribuição. A Alemanha duplicou seu financiamento à economia sustentável.

- O presidente da França, Emmanuel Macron, disse que é preciso incluir os custos ambientais no comércio de bens e serviços e que sem isso não haverá uma transição para uma economia verde.

- A Rússia poderá propor uma mudança de condições para investimentos estrangeiros que tenham como objetivo construir projetos de energia limpa no país, disse Vladimir Putin. Ele afirmou que a Rússia já reduziu suas emissões em relação aos níveis de 1990.

- O primeiro-ministro Boris Johnson afirmou que é importante sinalizar que as metas de redução não são uma campanha politicamente correta como "abraçar um coelhinho". Ele afirmou que é preciso pensar em formas de neutralizar as emissões da vida doméstica, como voos de avião e nas casas. O bloco de países europeus lançou um plano econômico verde. "Concordamos em reduzir as emissões em 55% em 2030", disse Ursula von der Leyen. Ela também disse que fará o comércio de carbono funcionar.

- O presidente Jair Bolsonaro disse que o Brasil se compromete a zerar até 2030 o desmatamento ilegal, reduzir as emissões e buscar neutralidade climática até 2050 (uma antecipação de dez anos do prazo).

(G1, abril de 2021)

▶ QUESTÃO SOBRE O TEMA:

O que são as COPs e qual a importância desse encontro?

As COPS marcam um instante de ampla relevância para o debate sobre as questões ambientais. No encontros, os países discutem metas estabelecidas, projetam ações e compartilham experiências exitosas. Nos últimos anos, a preocupação com a questão ambiental tem sido tema prioritário na política externa, nas relações internacionais, mas também ganha destaque no contexto local de cada nação. Alguns países são pressionados para o debate (é o caso do Brasil, que por diversas vezes esteve no cenário internacional sendo questionado por outras nações devido a sua política ambiental). Considerando os últimos anos, a COP-21, de 2015, em Paris, na França, se destacou por ter objetivado o Acordo do Clima de Paris (com o grande objetivo de reduzir os gases que intensificam o efeito estufa, impedindo que a temperatura do planeta sofra uma elevação em 1,5ºC no comparativo com a era pré-industrial). O ex-presidente dos EUA, Donald Trump, havia retirado os EUA do acordo – ao assumir o país em 2021, o atual presidente Joe Biden retomou. Além da COP 21, tivemos:

COP 22 – Marraquexe (Marrocos) – 2016

COP 23 – Bonn (Alemanha) – 2017

COP 24 – Katowice (Polônia) – 2018

COP 25 – Madri (Espanha) – 2019

COP 26 – Glasgow (Escócia) – 2021

Em 2020, devido a pandemia, a COP 26 acabou sendo adiada e remarcada para 2021. O grande debate desses encontros reside na análise dos impactos da ação antrópica, ou seja, a ação do ser humano com relação ao meio ambiente. Dessa forma, a pauta "aquecimento global" ganha força com base na visão de grande parte da comunidade científica que entende uma relação direta de degradação ambiental. Vale destacar o movimento considerado dos "negacionistas climáticos" que entendem não existir uma relação direta entre a ação do ser humano e a elevação da temperatura do planeta Terra, já que para eles, trata-se de um fenômeno natural (ainda assim, essa é a minoria dentro do contexto científico contemporâneo).

DICA!

▶ Na esteira das questões ambientais aparecem alguns organismos que costumam ser alvo de provas de atualidades. Destaque para o IPCC: o **Painel Intergovernamental sobre Mudanças Climáticas,** mais conhecido pelo acrônimo IPCC é uma organização científico-política criada em 1988 no âmbito das Nações Unidas pela iniciativa do Programa das Nações Unidas para o Meio Ambiente e da Organização Meteorológica Mundial. O próprio Programa das Nações Unidas para o Meio Ambiente (Pnuma) tem uma importância estratégica no debate sobre os aspectos ambientais – exemplo: os relatórios do programa mostram o desafio da chamada "era das pandemias", devido a relação do ser humano com o meio ambiente (tráfico de animais seria um exemplo).

▶ **IMPORTANTE!**

Em agosto de 2021, o IPCC divulgou um relatório de ampla repercussão na perspectiva global. Segundo o relatório, as mudanças climáticas causadas pelos seres humanos são irrefutáveis, irreversíveis e causaram um aumento expressivo na temperatura do planeta. Segundo o secretário-geral da ONU, António Guterres (reeleito para o cargo em 2021), o relatório é um "alerta vermelho" para a humanidade. Alguns episódios recentes chamam a atenção: ondas de calor na Grécia e no oeste da América do Norte, e inundações, na Alemanha e da China. Dentre os principais pontos abordados pelo relatório, destacam-se:

- O papel da influência humana no aquecimento da atmosfera, dos oceanos e do solo é inequívoco;
- A temperatura da superfície global foi 1,09ºC mais alta na década entre 2011-2020 do que entre 1850-1900;
- Cada uma das últimas quatro décadas foi sucessivamente mais quente do que qualquer outra década que a precedeu desde 1850;
- A temperatura da superfície terrestre subiu mais rapidamente desde 1970 do que em qualquer outro período de 50 anos visto nos últimos 2 mil anos;
- O nível médio do mar aumentou mais rápido desde 1900 do que em qualquer século em pelo menos nos últimos 3 mil anos;
- A influência humana é "muito provavelmente" (90%) o principal impulsionador do derretimento global das geleiras desde a década de 1990 e da diminuição do gelo marinho do Ártico;
- É "praticamente certo" que eventos de calor, como ondas de calor, chuvas fortes, secas e ciclones tropicais tornaram-se mais frequentes e mais intensos desde a década de 1950, enquanto os eventos frios se tornam menos frequentes e menos graves;
- Em 2019, a concentração de CO^2 na atmosfera era maior do que em qualquer outro momento nos últimos 2 milhões de anos e a concentração de metano e óxido nitroso era a maior em 800 mil anos.

(Guia do Estudante, agosto de 2021)

Os alertas do relatório do IPCC não param por aí. Segundo o painel, os refugiados "climáticos ou ambientais", como são chamadas as pessoas que precisam se deslocar por conta de fenômenos climáticos extremos, tende a aumentar. Além disso, o agronegócio pode sentir consideravelmente.

Os alertas para o Brasil são em todos os aspectos. Aumento da temperatura, redução de chuvas, aumento do nível do mar, de eventos climáticos extremos e da vulnerabilidade das cidades – diz o físico Paulo Artaxo, professor da Universidade de São Paulo (USP) e integrante do IPCC. O relatório não cita nominalmente os países, mas pela primeira vez detalha eventos esperados em cada região do planeta. E o Brasil, que responde por boa parte da América do Sul, aparece no centro das previsões de eventos climáticos extremos. Com um aquecimento do planeta de 2 graus Celsius ou acima, por exemplo, a intensidade e a frequência de chuvas devem aumentar no Sudeste e Sul do país. Ao mesmo tempo, são esperadas secas mais intensas e duradouras no Norte, Nordeste e Centro-Oeste. O impacto na agropecuária brasileira é um dos mais alardeados. O prolongamento de secas e a diminuição do regime de chuvas, em contraste com enchentes em outras regiões, afetam diretamente plantações, criações de gado e a economia que gira em torno delas (O Globo, agosto de 2021)

O tema é tão relevante para a contemporaneidade que, em 2019, a "palavra do ano" escolhida pelo dicionário de Oxford foi "Emergência Climática". Em 2020, o dicionário optou por não selecionar nenhuma palavra especificamente, já que vários verbetes teriam destaque devido a pandemia. A nível internacional, alguns recortes referentes ao ano de 2021 chamam a atenção:

- Com liderança do Programa da ONU para o Meio Ambiente (PNUMA) e da Organização das Nações Unidas para a Alimentação e Agricultura (FAO), a Década da ONU da Restauração de Ecossistemas teve início em 2021 e se estenderá até 2030.

10 anos de transformação - A Década tem como objetivo inspirar e apoiar governos, organizações multilaterais, sociedade civil, empresas do setor privado, jovens, grupos de mulheres, povos indígenas, agricultores, comunidades locais e indivíduos em todo o mundo, para colaborar, desenvolver e catalisar iniciativas de restauração em todo o mundo. O esforço envolverá uma série de atividades. Eles vão desde o redirecionamento de incentivos fiscais e fluxos financeiros para promover a restauração até a realização de pesquisas sobre restauração em ambientes terrestres e marinhos, construção da capacidade técnica de profissionais de restauração em todo o mundo e monitoramento do progresso global na restauração. A Década visa mobilizar centenas de milhões de pessoas para restaurar a natureza e promover uma cultura de restauração global na qual as iniciativas de restauração sejam ampliadas em todo o planeta. (ONU News, junho de 2021).

- Em 2021, teve início ainda a "Década do Oceano". A Organização das Nações Unidas decidiu que, entre 2021 e 2030, viveremos sob a geração e divulgação do conhecimento relacionado ao oceano: **Década da Ciência Oceânica para o Desenvolvimento Sustentável**
- Aproveitando os comentários sobre as décadas estabelecidas pela ONU, a Assembleia Geral das Nações Unidas declarou o período de 2021 a 2030 como a **Década do Envelhecimento Saudável.**

A saúde é fundamental para a experiência na velhice e para as oportunidades que o envelhecimento traz. As iniciativas empreendidas como parte da Década buscarão: mudar a forma como as pessoas pensam, sentem e agem em relação à idade e ao envelhecimento; facilitar a capacidade dos idosos de participar e contribuir com suas comunidades e sociedade; prestar atenção integrada e serviços de saúde primários que atendam às necessidades do indivíduo; e prover acesso a cuidados de longa duração para pessoas idosas que deles necessitem. (ONU, dezembro de 2020).

Lembrando que em 2021 uma grande polêmica ganhou destaque a partir de decisão da Organização Mundial da Saúde - A velhice será tratada como doença pela Classificação Internacional de Doenças e Problemas Relacionados à Saúde (CID) da Organização Mundial da Saúde, sob o código MG2A, a partir de 1º de janeiro de 2022.

Dados da Agência Americana Oceânica e Atmosférica (NOAA), divulgados em agosto de 2021, revelaram que o mês de julho do mesmo ano foi o mais quente já registrado na história. O recorde é para todo o mundo e leva em consideração todas as medições feitas pela entidade, que começou a registrar a temperatura global em 1880. Outros dados da entidade chamaram a atenção:

- Julho mais quente em 142 anos: a mês registrou 0,93ºC a mais que a média de todo o século XX. Além disso, a temperatura do mês ficou 0,01ºC superior ao recorde anterior - estabelecido em julho de 2016 (que se repetiu em 2019 e 2020).
- O hemisfério norte: nas áreas continentais do hemisfério norte, houve um aumento "sem precedentes" de 1,54ºC na temperatura em relação a média para o mesmo mês, ultrapassando o recorde anterior registrado em 2012.
- Recordes regionais: A Ásia teve seu julho mais quente desde 2010, a Europa ficou com o segundo mais quente - atrás apenas do verão de 2018 - e as Américas, África e Oceania também tiveram o mês entre os dez mais quentes da história.

(G1, agosto de 2021)

> Em agosto de 2021, a Organização Meteorológica Mundial (OMM) disse verificar se foi quebrado o recorde de temperaturas na Europa (48,8 graus Celsius medidos na ilha da Sicília, na Itália), embora tenha destacado que com a tendência atual essa marca será batida novamente e em breve vai superar os 50 graus. A cidade siciliana de Siracusa atingiu 48,8 graus, conforme medido pelo serviço meteorológico regional, número que se confirmado ultrapassaria o recorde do continente europeu de 48 graus, registrado em Atenas em 1977.
>
> A OMM, que às vezes leva meses para confirmar tais registros, também recebeu notificações de recordes nacionais em outros países mediterrâneos (como os mais de 47 graus registrados na Tunísia recentemente), que também está verificando por meio de seus serviços regionais, acrescentou Stefanski. O especialista frisou que a onda de calor é um dos fatores que têm agravado incêndios florestais em partes da região como Grécia, Turquia e vários países do norte da África, e ao mesmo tempo dificultam o trabalho de extinção do fogo.
>
> A OMM, que às vezes leva meses para confirmar tais registros, também recebeu notificações de recordes nacionais em outros países mediterrâneos (como os mais de 47 graus registrados na Tunísia recentemente), que também está verificando por meio de seus serviços regionais, acrescentou Stefanski. O especialista frisou que a onda de calor é um dos fatores que têm agravado incêndios florestais em partes da região como Grécia, Turquia e vários países do norte da África, e ao mesmo tempo

dificultam o trabalho de extinção do fogo. No mês de julho, a OMM confirmou que a temperatura de 18,3 graus medida em 5 de fevereiro de 2020 na base Esperanza, estação de pesquisa da Argentina, foi a mais alta registrada até hoje na Antártica. A temperatura mais alta da história reconhecida pela OMM é de 56,7 graus, medida em 10 de julho de 1913 no Vale da Morte (Califórnia, Estados Unidos).

(Uol, agosto de 2021)

3. O MODELO DA MATRIZ ENERGÉTICA MUNDIAL

A energia é elemento central do desenvolvimento de qualquer país. As áreas que movem a economia **(indústria e agricultura, por exemplo) dependem dos recursos energéticos para geração de energia.** Para isso, a sociedade torna-se grande depende das matrizes energéticas (cálculo dos países sobre as fontes disponíveis e utilizadas no território).

Cada uma das matrizes energéticas desponta com seus desafios. Por isso os países precisam se adaptar as condições naturais. No Japão, por exemplo, não existem vastas reservas de petróleo, muitos menos recursos hídricos. Assim sendo, o país importa o petróleo e seus derivados e, por meio de termoelétricas ou usinas térmicas geram a energia necessária.

Nesse ponto é que o tema ganha uma preocupação maior. Dentre as matrizes energéticas existem as que mais **poluem e as que são menos nocivas ao meio ambiente**. A Índia e a China, por exemplo, grandes potências do setor industrial, consomem o carvão mineral de maneira abundante (trata-se da fonte de energia mais encontrada e mais barata do planeta). Entretanto, essa é a fonte que mais polui.

Por isso, outras fontes passaram a ser utilizada (destaque para a energia nuclear amplamente utilizada por EUA, Rússia, França, Alemanha, Coréia do Sul). É por esse motivo que a busca por energia sustentável e, automaticamente, energia limpa, estão nos projetos científicos das grandes potências.

▸ **QUESTÃO SOBRE O TEMA:**

E o Brasil, em que patamar se encontra com relação as fontes renováveis?

Segundo levantamento divulgado nesta semana pelo MME (Ministério de Minas e Energia), cerca de 85% da energia elétrica produzida no Brasil vem de fontes renováveis. A maior parte é produzida em usinas hidrelétricas, mas nos últimos anos, a geração de energia eólica, produzida pelo vento, e a solar vem ganhando destaques. Paro o diretor do Departamento de Informações e Estudos Energéticos do Ministério de Minas e Energia (MME), André Osório, "a matriz elétrica brasileira é uma das mais renováveis do mundo, com indicador mais de três vezes superior ao mundial.". De acordo com dados do ONS (Operador Nacional do Sistema Elétrico), a energia eólica hoje representa 10,9% da matriz elétrica brasileira e a expectativa é que chegue a 13,6% ao fim de 2025. Os maiores parques estão na região Nordeste. Em julho, foram quatro recordes de geração eólica média e quatro de geração instantânea (pico). Segundo o ministério, em um único dia, a média inédita chegou a 11.399 MW, suficiente para abastecer a 102% da região Nordeste durante 24 horas. A energia solar representa 2% da matriz elétrica do país, podendo atingir 2,9% até o fim de 2021, de acordo com a ONS. Nos últimos três anos, o crescimento da energia solar centralizada (gerada por grandes usinas) foi de 200%, enquanto que a solar distribuída (pequenas centrais de geração) passou de 2.000%. Segundo o Ministério de Minas e Energia, só em 2020, a capacidade instalada em energia solar fotovoltaica cresceu 62% no país em relação ao ano anterior. A produção de energia limpa pelo Brasil é destaque entre os países que compõem os Brics (Brasil, Rússia, África do Sul, Índia e China). Um estudo do Instituto de Pesquisa Econômica Aplicada (Ipea) aponta que a matriz energética brasileira, em 2019, foi formada por 45% de fontes renováveis e 54% de fontes fósseis. Os números superam os demais países do bloco. As fontes de energia fósseis chegam a 97% na África do Sul, 94% na Rússia, 92% na Índia e 87% na China.

(CNN, agosto de 2021)

Com relação ao tema, dados do governo federal divulgados em agosto de 2021, reforçam o protagonismo do Brasil na escala global:

- **Energia eólica:** De acordo com dados do Operador Nacional do Sistema Elétrico (ONS), a energia eólica hoje representa 10,9% da matriz elétrica brasileira e a expectativa é que chegue a 13,6% ao fim de 2025. Os maiores parques estão na região Nordeste. Em julho, foram quatro recordes de geração eólica média e quatro de geração instantânea (pico). Segundo o ministério, em um único dia, a média inédita chegou a 11.399 MW, suficiente para abastecer a 102% da região Nordeste durante 24 horas.

- **Energia solar:** A energia solar representa 2% da matriz elétrica do país, podendo atingir 2,9% até o fim de 2021, de acordo com a ONS. Nos últimos três anos, o crescimento da energia solar centralizada (gerada por grandes usinas) foi de 200%, enquanto que a solar distribuída (pequenas centrais de geração) passou de 2.000%. Segundo o Ministério de Minas e Energia, só em 2020, a capacidade instalada em energia solar fotovoltaica cresceu 66% no país.

(Governo Federal, agosto de 2021)

Questões sobre a matriz energética brasileira são clássicas em provas de atualidades. Geralmente, as bancas examinadoras acabam se ocupando da perspectiva "conhecimentos gerais" do tema, ou seja, nem mesmo se voltando para valores precisos, mas sim para o entendimento de um modo geral.

Na contemporaneidade, chama a atenção ainda o fato de que o país assiste momentos cíclicos de crise energética, o que amplifica a visibilidade do tema. Em agosto, o ministro de Minas e Energia, Bento Albuquerque, anunciou o lançamento de um programa de bonificação para quem reduzir o consumo de energia elétrica. A medida tem como objetivo evitar um apagão, tendo em vista que o Brasil passa pela maior crise hídrica os últimos 91 anos. E 68% da produção de energia do Brasil vem de hidrelétricas. O ministro afirmou que atualmente 85% da produção de energia no país é renovável, e isso deve subir pra 87% em 2 anos. Ainda de acordo com ele, a participação das energias eólica e solar deve subir de 14% para 25% até 2030.

> Ao mesmo tempo que o país avança em algumas pautas, em outras os desafios são incomensuráveis. O **Brasil desperdiça 39,2% de toda a água potável que é captada.** Isso significa que a água não chega ao seu destino final: as residências dos brasileiros. Essa quantidade desperdiçada seria suficiente para abastecer mais de 63 milhões de brasileiros em um ano. As informações são de um estudo inédito do Instituto Trata Brasil, feito a partir de dados públicos do Sistema Nacional de Informações sobre Saneamento (SNIS) de 2019, divulgado em maio de 2021. Desde 2015, o Brasil registra piora em relação à perda de água. De 2015 para 2019, houve um aumento de 2,5 pontos percentuais na quantidade de água potável que é desperdiçada. Em nota, o Ministério do Desenvolvimento sinalizou que as metas do novo Marco Legal do Saneamento, além da universalização do atendimento e ampliação da coleta e tratamento de esgotos, também tem metas quantitativas de não interrupção do abastecimento, redução de perdas e de melhoria dos processos de tratamento. As regiões que registram as maiores perdas são Norte (55,2%) e Nordeste (45,7%). Em seguida, estão Sul (37,5%), Sudeste (36,1%) e Centro-Oeste (34,4%). São 15 os estados brasileiros que têm um desperdício de água maior do que a média do país — de 39,2%. Segundo o estudo, o número é considerado muito ruim, uma vez que a média brasileira já é preocupante. As unidades federativas que registram maior desperdício de água potável são Amapá (74% de água desperdiçada), Amazonas (68%) e Roraima (65%). Entre as grandes cidades, os destaques negativos no Índice de Perdas na Distribuição são Porto Velho (RO), com 84% de desperdício, Macapá (AP), com 74%, e Manaus (AM), com 72%. Na outra ponta, as cidades que se destacam positivamente são Santos (SP) e Limeira (SP), com apenas 12% de desperdício, e Blumenau (SC), com pouco mais de 16%. Em um ranking que compara o desperdício entre dez países da América Latina, o Brasil ocupa a 5ª posição. Apesar de ficar na metade da lista, o desperdício brasileiro — que é de 40% quando se utiliza a métrica para comparar países — fica mais próximo do valor do país com pior avaliação, que é a Colômbia com 46%, do que do mais bem ranqueado (o Chile, com 31%).
>
> (G1, maio de 2021)

O saneamento básico é outra grande preocupação do Brasil, que acaba por demonstrar a situação de desigualdade presente pelo território brasileiro. Em julho de 2021, o próprio presidente do BNDES (Bando Nacional do Desenvolvimento Econômico e Social), Gustavo Montezano, afirmou que o saneamento reduz a desigualdade social. Trata-se de um problema global – segundo a ONU, em pleno século 21, **uma em cada três pessoas no mundo ainda não têm acesso a água potável. Mais da metade da população vive sem saneamento adequado,** incluindo 3 bilhões de homens, mulheres e crianças que sequer possuem instalações básicas para higienizar as mãos, como uma simples torneira com acesso a água limpa dentro de casa.

No Brasil, os números não são muito favoráveis. São cerca de **100 milhões de pessoas que utilizam medidas alternativas para lidar com os dejetos, seja través de fossa ou despejo irregular de esgoto em rios.** E de todo volume de esgoto produzido no país, só 46% é tratado, segundo dados do Sistema Nacional de Informações sobre Saneamento (SNIS). Em mais de 16% da população, ou quase 35 milhões de pessoas, não têm acesso à água tratada. Vale destacar que a falta de saneamento está ligada ainda ao aparecimento de doenças e os gastos com saúde pública por parte do Estado.

4. RESULTADOS DA COP 21 – CONFERÊNCIA DO CLIMA

Um dos grandes desafios do contexto contemporâneo é a equiparação da relação entre homem e meio ambiente. Muitas vezes, o desenvolvimento econômico foi pensado de maneira isolada, se afastando das necessidades de preservação / conservação ambiental. As consequências pela exploração de diferentes territórios eram entendidas em um caráter mínimo de preocupação, o viés econômico sempre esteve à frente de qualquer aspecto social ou ambiental. Com o passar do tempo, de maneira "impositiva", a sociedade se voltou para o tema por conta do grau de emergência – a devastação tornou-se perigosa e as estratégias para equacionar tal problemática se tornaram urgentes.

Por esse motivo, a questão ambiental tornou-se elemento central das discussões da ONU ao longo dos anos. A própria **ECO 92 – Conferência da Nações Unidas Sobre Meio Ambiente e o Desenvolvimento, realizada no Rio de Janeiro em 1992**, já apontava uma preocupação em investir em fontes renováveis. Não obstante, os acordos pareciam meras formalidades dos países e os interesses individuais simbólicos acabavam prevalecendo.

Por isso, a Conferência do Clima realizada em Paris, em dezembro de 2015 revolucionou esse tipo de acordo. De maneira consensual, os países definiram uma meta maior: evitar que até **2100 as temperaturas subam mais do que dois graus em comparação ao fim do século 19 (fazendo de tudo para que a elevação não seja de 1,5ºC)**. O ativismo ambiental questionou tal acordo por considerarem que ele, novamente, reflete uma discussão mais teórica do que prática ao deixar aberto as metas, variáveis quantitativas e compromissos evidentes. O que parecia se encaminhar para o sucesso maior, teve um revés em junho de 2017. O então presidente dos EUA, Donald Trump, cumprindo uma de suas campanhas eleitorais, retirou os EUA do Acordo de Paris (vale destacar a pauta isolacionista e o movimento negacionista no entendimento de Trump com relação ao peso da ação antrópica para com o meio ambiente. Entretanto, em 2021, com a eleição de Joe Biden, os EUA voltaram ao Acordo do Clima de Paris (o processo foi formalizado em fevereiro de 2021 e saudado pela comunidade internacional).

RAIO X DO ACORDO – SITUAÇÃO DO BRASIL

✓ Em dezembro de 2020, todos os países signatários do Acordo de Paris apresentaram novas versões dos compromissos já assumidos em 2015. À época, o Ministério do Meio Ambiente manteve na meta o mesmo percentual de redução definido cinco anos atrás: **reduzir em 43% as emissões até 2030. Além disso, o Brasil também anunciou outra meta intermediária: a de chegar em 2025 com redução de 37% em relação aos níveis de 2005.** Vale destacar que em 2021, o então ministro do Meio Ambiente, Ricardo Salles, acabou pedindo demissão após um suposto envolvimento em esquema de exportação de madeira ilegal (operação Akuanduba).

- ✓ Para atingir tanto a meta de 2030 quanto a de 2025, o governo anunciou compromissos como o de **zerar o desmatamento ilegal até 2030, reflorestar 12 milhões de hectares e assegurar 45% de fontes renováveis na matriz energética nacional,** mas até agosto de 2021 (fechamento desta edição) não havia informado um plano detalhado de como executará tais ambições.
- ✓ Desde o início de 2019, a taxa e os alertas de desmatamento no Brasil têm atingido os maiores índices da década. **As emissões de gases do efeito estufa no país são majoritariamente ligadas às mudanças do uso da terra, ou seja, perda da floresta, queimadas e agricultura.** Um estudo feito pelo Instituto Centro de Vida (ICV), pelo Instituto de Manejo e Certificação Florestal e Agrícola (Imaflora) e pela Universidade Federal de Minas Gerais (UFMG), com apoio do WWF-Brasil, mostrou que 94% da devastação da floresta é ilegal.
- ✓ Uma análise feita pelo Observatório do Clima, apontou que a meta climática apresentada em dezembro permitirá ao Brasil chegar a 2030 emitindo 400 milhões de toneladas de gases do efeito estufa a mais do que o previsto na meta original.

(G1, agosto de 2021)

Por fim, vale destacar que a tentativa dos países em chegar a um parâmetro para o enfrentamento ao problema do **aquecimento global é válida.** Obviamente que muitos pontos precisam ser evoluídos e problematizados de maneira mais intensa e articulada. A ciência tem se demonstrado com um grau de evolução incomensurável. Entretanto, na maior parte das vezes, a aspecto humano/ambiental é deixado de lado. Falar em sustentabilidade, economia verde, reciclar, reutilizar e reduzir tornou-se emergência do atual sistema de demonstra um consumo não covalente com as condições naturais do planeta.

▶ **QUESTÃO SOBRE O TEMA:**

Qual o peso do Brasil para as questões ambientais?

- Quando o assunto é meio ambiente o Brasil acaba tendo o seu enfoque. Devido à grande biodiversidade e toda a sua relevância para o equilíbrio ambiental do planeta, é natural que as questões ambientais sejam relevantes. O monitoramento do desmatamento, por exemplo, é sempre um tema de ampla repercussão.

- De janeiro até o final de julho de 2021, a Amazônia Legal havia acumulado a maior área desmatada neste período na história do monitoramento feito pela plataforma Terra Brasilis. A ferramenta, desenvolvida pelo Instituto Nacional de Pesquisas Espaciais (Inpe), reúne alertas e monitora o desmatamento na região da Amazônia desde 2015 - sendo que os dados do primeiro semestre começaram a ser computados apenas a partir de 2016. Segundo a plataforma a situação mais preocupante de desmatamento é no Pará. Em 2021, o maior desmatamento na região da Amazônia Legal foi registrado no estado: 1.886,59 km². Já em relação às outras unidades federativas do país que compõem a região da Amazônia Legal, o Amazonas é o segundo estado com o maior desmatamento registrado em 2021: 1.237 km². Em seguida, está o Mato Grosso, com 841 km², seguido por Rondônia, que contabilizou 689 km² (CNN, agosto de 2021).

Uma questão que une meio ambiente e tecnologia deve aparecer nas próximas provas. Em fevereiro de 2021, da Índia, o Brasil fez o lançamento daquele que seria o "primeiro satélite 100% nacional" (entretanto, empresa estadunidense questionou o fato de ser 100% nacional pois teria implementação de tecnologia estrangeira). Ainda assim, o **Amazonia-1, que faz parte da missão "Amazon", tem por objetivo o monitoramento da região amazônica** (desenvolvido pelo Instituto Nacional de Pesquisas Espaciais - INPE, com investimento de cerca de R$400 milhões de reais). O lançamento aconteceu na Índia pois a base de Alcântara, no Maranhão, não tem estrutura adequada para o lançamento específico. Atualmente, a tecnologia tem sido amplamente implementada para enfrentamento de crimes ambientais (a Polícia Federal, por exemplo, ampliou a tecnologia para investigação de supostas violações).

DICA!

▶ **IMPORTANTE!**

A discussão sobre aquecimento global e a atuação antrópica parece unânime quando volta-se para os argumentos. Entretanto, existe uma corrente crescente dentro da comunica científica que nega a relação do homem com o aquecimento global e, por meio de dados e uma varredura histórica, demonstra que a elevação da temperatura do planeta é gradual e sempre existiu, deixando o ser humano aquém de qualquer interferência direta.

Um conceito clássico que não pode faltar para a compreensão dos desafios ambientais do século XXI é o desenvolvimento sustentável. Para isso, é importante estabelecer uma análise sobre os 17 Objetivos do Desenvolvimento Sustentável da ONU. Atualmente, o modelo de exploração dos recursos naturais é amplamente questionado, o que coloca o meio ambiente como uma das pautas mais emergenciais. Trata-se de garantir o desenvolvimento econômico e social, sem deixar de lado a preservação de recursos para gerações futuras. Nessa linha de raciocínio, temos os 5 Os:

- **Pessoas**
- **Planeta**

- **Paz**
- **Parceria**
- **Prosperidade**

Os Objetivos de Desenvolvimento Sustentável são um apelo global à ação para acabar com a pobreza, proteger o meio ambiente e o clima e garantir que as pessoas, em todos os lugares, possam desfrutar de paz e de prosperidade. Estes são os objetivos para os quais as Nações Unidas estão contribuindo a fim de que possamos atingir a Agenda 2030 no Brasil.

Objetivo 1. Acabar com a pobreza em todas as suas formas, em todos os lugares

1.1 Até 2030, erradicar a pobreza extrema para todas as pessoas em todos os lugares, atualmente medida como pessoas vivendo com menos de US$ 1,90 por dia

1.2 Até 2030, reduzir pelo menos à metade a proporção de homens, mulheres e crianças, de todas as idades, que vivem na pobreza, em todas as suas dimensões, de acordo com as definições nacionais

1.3 Implementar, em nível nacional, medidas e sistemas de proteção social adequados, para todos, incluindo pisos, e até 2030 atingir a cobertura substancial dos pobres e vulneráveis

1.4 Até 2030, garantir que todos os homens e mulheres, particularmente os pobres e vulneráveis, tenham direitos iguais aos recursos econômicos, bem como o acesso a serviços básicos, propriedade e controle sobre a terra e outras formas de propriedade, herança, recursos naturais, novas tecnologias apropriadas e serviços financeiros, incluindo microfinanças

1.5 Até 2030, construir a resiliência dos pobres e daqueles em situação de vulnerabilidade, e reduzir a exposição e vulnerabilidade destes a eventos extremos relacionados com o clima e outros choques e desastres econômicos, sociais e ambientais

1.a Garantir uma mobilização significativa de recursos a partir de uma variedade de fontes, inclusive por meio do reforço da cooperação para o desenvolvimento, para proporcionar meios adequados e previsíveis para que os países em desenvolvimento, em particular os países menos desenvolvidos, implementem programas e políticas para acabar com a pobreza em todas as suas dimensões

1.b Criar marcos políticos sólidos em níveis nacional, regional e internacional, com base em estratégias de desenvolvimento a favor dos pobres e sensíveis a gênero, para apoiar investimentos acelerados nas ações de erradicação da pobreza

Objetivo 2. Acabar com a fome, alcançar a segurança alimentar e melhoria da nutrição e promover a agricultura sustentável

2.1 Até 2030, acabar com a fome e garantir o acesso de todas as pessoas, em particular os pobres e pessoas em situações vulneráveis, incluindo crianças, a alimentos seguros, nutritivos e suficientes durante todo o ano

2.2 Até 2030, acabar com todas as formas de desnutrição, incluindo atingir, até 2025, as metas acordadas internacionalmente sobre nanismo e caquexia em crianças menores de cinco anos de idade, e atender às necessidades nutricionais dos adolescentes, mulheres grávidas e lactantes e pessoas idosas

2.3 Até 2030, dobrar a produtividade agrícola e a renda dos pequenos produtores de alimentos, particularmente das mulheres, povos indígenas, agricultores familiares, pastores e pescadores, inclusive por meio de acesso seguro e igual à terra, outros recursos produtivos e insumos, conhecimento, serviços financeiros, mercados e oportunidades de agregação de valor e de emprego não agrícola

2.4 Até 2030, garantir sistemas sustentáveis de produção de alimentos e implementar práticas agrícolas resilientes, que aumentem a produtividade e a produção, que ajudem a manter os ecossistemas, que fortaleçam a capacidade de adaptação às mudanças climáticas, às condições meteorológicas extremas, secas, inundações e outros desastres, e que melhorem progressivamente a qualidade da terra e do solo

2.5 Até 2020, manter a diversidade genética de sementes, plantas cultivadas, animais de criação e domesticados e suas respectivas espécies selvagens, inclusive por meio de bancos de sementes e plantas diversificados e bem geridos em nível nacional, regional e internacional, e garantir o acesso e a repartição justa e equitativa dos benefícios decorrentes da utilização dos recursos genéticos e conhecimentos tradicionais associados, como acordado internacionalmente

2.a Aumentar o investimento, inclusive via o reforço da cooperação internacional, em infraestrutura rural, pesquisa e extensão de serviços agrícolas, desenvolvimento de tecnologia, e os bancos de genes de plantas e animais, para aumentar a capacidade de produção agrícola nos países em desenvolvimento, em particular nos países menos desenvolvidos

2.b Corrigir e prevenir as restrições ao comércio e distorções nos mercados agrícolas mundiais, incluindo a eliminação paralela de todas as formas de subsídios à exportação e todas as medidas de exportação com efeito equivalente, de acordo com o mandato da Rodada de Desenvolvimento de Doha

2.c Adotar medidas para garantir o funcionamento adequado dos mercados de commodities de alimentos e seus derivados, e facilitar o acesso oportuno à informação de mercado, inclusive sobre as reservas de alimentos, a fim de ajudar a limitar a volatilidade extrema dos preços dos alimentos

Objetivo 3. Assegurar uma vida saudável e promover o bem-estar para todas e todos, em todas as idades

3.1 Até 2030, reduzir a taxa de mortalidade materna global para menos de 70 mortes por 100.000 nascidos vivos

3.2 Até 2030, acabar com as mortes evitáveis de recém-nascidos e crianças menores de 5 anos, com todos os países objetivando reduzir a mortalidade neonatal para pelo menos 12 por 1.000 nascidos vivos e a mortalidade de crianças menores de 5 anos para pelo menos 25 por 1.000 nascidos vivos

3.3 Até 2030, acabar com as epidemias de AIDS, tuberculose, malária e doenças tropicais negligenciadas, e combater a hepatite, doenças transmitidas pela água, e outras doenças transmissíveis

3.4 Até 2030, reduzir em um terço a mortalidade prematura por doenças não transmissíveis via prevenção e tratamento, e promover a saúde mental e o bem-estar

3.5 Reforçar a prevenção e o tratamento do abuso de substâncias, incluindo o abuso de drogas entorpecentes e uso nocivo do álcool

3.6 Até 2020, reduzir pela metade as mortes e os ferimentos globais por acidentes em estradas

3.7 Até 2030, assegurar o acesso universal aos serviços de saúde sexual e reprodutiva, incluindo o planejamento familiar, informação e educação, bem como a integração da saúde reprodutiva em estratégias e programas nacionais

3.8 Atingir a cobertura universal de saúde, incluindo a proteção do risco financeiro, o acesso a serviços de saúde essenciais de qualidade e o acesso a medicamentos e vacinas essenciais seguros, eficazes, de qualidade e a preços acessíveis para todos

3.9 Até 2030, reduzir substancialmente o número de mortes e doenças por produtos químicos perigosos, contaminação e poluição do ar e água do solo

3.a Fortalecer a implementação da Convenção-Quadro para o Controle do Tabaco em todos os países, conforme apropriado

3.b Apoiar a pesquisa e o desenvolvimento de vacinas e medicamentos para as doenças transmissíveis e não transmissíveis, que afetam principalmente os países em desenvolvimento, proporcionar o acesso a medicamentos e vacinas essenciais a preços acessíveis, de acordo com a Declaração de Doha, que afirma o direito dos países em desenvolvimento de utilizarem plenamente as disposições do acordo TRIPS sobre flexibilidades para proteger a saúde pública e, em particular, proporcionar o acesso a medicamentos para todos

3.c Aumentar substancialmente o financiamento da saúde e o recrutamento, desenvolvimento e formação, e retenção do pessoal de saúde nos países em desenvolvimento, especialmente nos países menos desenvolvidos e nos pequenos Estados insulares em desenvolvimento

3.d Reforçar a capacidade de todos os países, particularmente os países em desenvolvimento, para o alerta precoce, redução de riscos e gerenciamento de riscos nacionais e globais de saúde

Objetivo 4. Assegurar a educação inclusiva e equitativa e de qualidade, e promover oportunidades de aprendizagem ao longo da vida para todas e todos

4.1 Até 2030, garantir que todas as meninas e meninos completem o ensino primário e secundário livre, equitativo e de qualidade, que conduza a resultados de aprendizagem relevantes e eficazes

4.2 Até 2030, garantir que todos as meninas e meninos tenham acesso a um desenvolvimento de qualidade na primeira infância, cuidados e educação pré-escolar, de modo que eles estejam prontos para o ensino primário

4.3 Até 2030, assegurar a igualdade de acesso para todos os homens e mulheres à educação técnica, profissional e superior de qualidade, a preços acessíveis, incluindo universidade

4.4 Até 2030, aumentar substancialmente o número de jovens e adultos que tenham habilidades relevantes, inclusive competências técnicas e profissionais, para emprego, trabalho decente e empreendedorismo

4.5 Até 2030, eliminar as disparidades de gênero na educação e garantir a igualdade de acesso a todos os níveis de educação e formação profissional para os mais vulneráveis, incluindo as pessoas com deficiência, povos indígenas e as crianças em situação de vulnerabilidade

4.6 Até 2030, garantir que todos os jovens e uma substancial proporção dos adultos, homens e mulheres estejam alfabetizados e tenham adquirido o conhecimento básico de matemática

4.7 Até 2030, garantir que todos os alunos adquiram conhecimentos e habilidades necessárias para promover o desenvolvimento sustentável, inclusive, entre outros, por meio da educação para o desenvolvimento sustentável e estilos de vida sustentáveis, direitos humanos, igualdade de gênero, promoção de uma cultura de paz e não violência, cidadania global e valorização da diversidade cultural e da contribuição da cultura para o desenvolvimento sustentável

4.a Construir e melhorar instalações físicas para educação, apropriadas para crianças e sensíveis às deficiências e ao gênero, e que proporcionem ambientes de aprendizagem seguros e não violentos, inclusivos e eficazes para todos

4.b Até 2020, substancialmente ampliar globalmente o número de bolsas de estudo para os países em desenvolvimento, em particular os países menos desenvolvidos, pequenos Estados insulares em desenvolvimento e os países africanos, para o ensino superior, incluindo programas de formação profissional, de tecnologia da informação e da comunicação, técnicos, de engenharia e programas científicos em países desenvolvidos e outros países em desenvolvimento

4.c Até 2030, substancialmente aumentar o contingente de professores qualificados, inclusive por meio da cooperação internacional para a formação de professores, nos países em desenvolvimento, especialmente os países menos desenvolvidos e pequenos Estados insulares em desenvolvimento

Objetivo 5. Alcançar a igualdade de gênero e empoderar todas as mulheres e meninas

5.1 Acabar com todas as formas de discriminação contra todas as mulheres e meninas em toda parte

5.2 Eliminar todas as formas de violência contra todas as mulheres e meninas nas esferas públicas e privadas, incluindo o tráfico e exploração sexual e de outros tipos

5.3 Eliminar todas as práticas nocivas, como os casamentos prematuros, forçados e de crianças e mutilações genitais femininas

5.4 Reconhecer e valorizar o trabalho de assistência e doméstico não remunerado, por meio da disponibilização de serviços públicos, infraestrutura e políticas de proteção social, bem como a promoção da responsabilidade compartilhada dentro do lar e da família, conforme os contextos nacionais

5.5 Garantir a participação plena e efetiva das mulheres e a igualdade de oportunidades para a liderança em todos os níveis de tomada de decisão na vida política, econômica e pública

5.6 Assegurar o acesso universal à saúde sexual e reprodutiva e os direitos reprodutivos, como acordado em conformidade com o Programa de Ação da Conferência Internacional sobre População e Desenvolvimento e com a Plataforma de Ação de Pequim e os documentos resultantes de suas conferências de revisão

5.a Realizar reformas para dar às mulheres direitos iguais aos recursos econômicos, bem como o acesso a propriedade e controle sobre a terra e outras formas de propriedade, serviços financeiros, herança e os recursos naturais, de acordo com as leis nacionais

5.b Aumentar o uso de tecnologias de base, em particular as tecnologias de informação e comunicação, para promover o empoderamento das mulheres

5.c Adotar e fortalecer políticas sólidas e legislação aplicável para a promoção da igualdade de gênero e o empoderamento de todas as mulheres e meninas em todos os níveis

Objetivo 6. Assegurar a disponibilidade e gestão sustentável da água e saneamento para todas e todos

6.1 Até 2030, alcançar o acesso universal e equitativo a água potável e segura para todos

6.2 Até 2030, alcançar o acesso a saneamento e higiene adequados e equitativos para todos, e acabar com a defecação a céu aberto, com especial atenção para as necessidades das mulheres e meninas e daqueles em situação de vulnerabilidade

6.3 Até 2030, melhorar a qualidade da água, reduzindo a poluição, eliminando despejo e minimizando a liberação de produtos químicos e materiais perigosos, reduzindo à metade a proporção de águas residuais não tratadas e aumentando substancialmente a reciclagem e reutilização segura globalmente

6.4 Até 2030, aumentar substancialmente a eficiência do uso da água em todos os setores e assegurar retiradas sustentáveis e o abastecimento de água doce para enfrentar a escassez de água, e reduzir substancialmente o número de pessoas que sofrem com a escassez de água

6.5 Até 2030, implementar a gestão integrada dos recursos hídricos em todos os níveis, inclusive via cooperação transfronteiriça, conforme apropriado

6.6 Até 2020, proteger e restaurar ecossistemas relacionados com a água, incluindo montanhas, florestas, zonas úmidas, rios, aquíferos e lagos

6.a Até 2030, ampliar a cooperação internacional e o apoio à capacitação para os países em desenvolvimento em atividades e programas relacionados à água e saneamento, incluindo a coleta de água, a dessalinização, a eficiência no uso da água, o tratamento de efluentes, a reciclagem e as tecnologias de reuso

6.b Apoiar e fortalecer a participação das comunidades locais, para melhorar a gestão da água e do saneamento

Objetivo 7. Assegurar o acesso confiável, sustentável, moderno e a preço acessível à energia para todas e todos

7.1 Até 2030, assegurar o acesso universal, confiável, moderno e a preços acessíveis a serviços de energia

7.2 Até 2030, aumentar substancialmente a participação de energias renováveis na matriz energética global

7.3 Até 2030, dobrar a taxa global de melhoria da eficiência energética

7.a Até 2030, reforçar a cooperação internacional para facilitar o acesso a pesquisa e tecnologias de energia limpa, incluindo energias renováveis, eficiência energética e tecnologias de combustíveis fósseis avançadas e mais limpas, e promover o investimento em infraestrutura de energia e em tecnologias de energia limpa

7.b Até 2030, expandir a infraestrutura e modernizar a tecnologia para o fornecimento de serviços de energia modernos e sustentáveis para todos nos países em desenvolvimento, particularmente nos países menos desenvolvidos, nos pequenos Estados insulares em desenvolvimento e nos países em desenvolvimento sem litoral, de acordo com seus respectivos programas de apoio

Objetivo 8. Promover o crescimento econômico sustentado, inclusivo e sustentável, emprego pleno e produtivo e trabalho decente para todas e todos

8.1 Sustentar o crescimento econômico per capita de acordo com as circunstâncias nacionais e, em particular, um crescimento anual de pelo menos 7% do produto interno bruto [PIB] nos países menos desenvolvidos

8.2 Atingir níveis mais elevados de produtividade das economias por meio da diversificação, modernização tecnológica e inovação, inclusive por meio de um foco em setores de alto valor agregado e dos setores intensivos em mão de obra

8.3 Promover políticas orientadas para o desenvolvimento que apoiem as atividades produtivas, geração de emprego decente, empreendedorismo, criatividade e inovação, e incentivar a formalização e o crescimento das micro, pequenas e médias empresas, inclusive por meio do acesso a serviços financeiros

8.4 Melhorar progressivamente, até 2030, a eficiência dos recursos globais no consumo e na produção, e empenhar-se para dissociar o crescimento econômico da degradação ambiental, de acordo com o Plano Decenal de Programas sobre Produção e Consumo Sustentáveis, com os países desenvolvidos assumindo a liderança

8.5 Até 2030, alcançar o emprego pleno e produtivo e trabalho decente para todas as mulheres e homens, inclusive para os jovens e as pessoas com deficiência, e remuneração igual para trabalho de igual valor

8.6 Até 2020, reduzir substancialmente a proporção de jovens sem emprego, educação ou formação

8.7 Tomar medidas imediatas e eficazes para erradicar o trabalho forçado, acabar com a escravidão moderna e o tráfico de pessoas, e assegurar a proibição e eliminação das piores formas de trabalho infantil, incluindo recrutamento e utilização de crianças-soldado, e até 2025 acabar com o trabalho infantil em todas as suas formas

8.8 Proteger os direitos trabalhistas e promover ambientes de trabalho seguros e protegidos para todos os trabalhadores, incluindo os trabalhadores migrantes, em particular as mulheres migrantes, e pessoas em empregos precários

8.9 Até 2030, elaborar e implementar políticas para promover o turismo sustentável, que gera empregos e promove a cultura e os produtos locais

8.10 Fortalecer a capacidade das instituições financeiras nacionais para incentivar a expansão do acesso aos serviços bancários, de seguros e financeiros para todos

8.a Aumentar o apoio da Iniciativa de Ajuda para o Comércio [Aid for Trade] para os países em desenvolvimento, particularmente os países menos desenvolvidos, inclusive por meio do Quadro Integrado Reforçado para a Assistência Técnica Relacionada com o Comércio para os países menos desenvolvidos

8.b Até 2020, desenvolver e operacionalizar uma estratégia global para o emprego dos jovens e implementar o Pacto Mundial para o Emprego da Organização Internacional do Trabalho [OIT]

Objetivo 9. Construir infraestruturas resilientes, promover a industrialização inclusiva e sustentável e fomentar a inovação

9.1 Desenvolver infraestrutura de qualidade, confiável, sustentável e resiliente, incluindo infraestrutura regional e transfronteiriça, para apoiar o desenvolvimento econômico e o bem-estar humano, com foco no acesso equitativo e a preços acessíveis para todos

9.2 Promover a industrialização inclusiva e sustentável e, até 2030, aumentar significativamente a participação da indústria no setor de emprego e no PIB, de acordo com as circunstâncias nacionais, e dobrar sua participação nos países menos desenvolvidos

9.3 Aumentar o acesso das pequenas indústrias e outras empresas, particularmente em países em desenvolvimento, aos serviços financeiros, incluindo crédito acessível e sua integração em cadeias de valor e mercados

9.4 Até 2030, modernizar a infraestrutura e reabilitar as indústrias para torná-las sustentáveis, com eficiência aumentada no uso de recursos e maior adoção de tecnologias e processos industriais limpos e ambientalmente corretos; com todos os países atuando de acordo com suas respectivas capacidades

9.5 Fortalecer a pesquisa científica, melhorar as capacidades tecnológicas de setores industriais em todos os países, particularmente os países em desenvolvimento, inclusive, até 2030, incentivando a inovação e aumentando substancialmente o número de trabalhadores de pesquisa e desenvolvimento por milhão de pessoas e os gastos público e privado em pesquisa e desenvolvimento

9.a Facilitar o desenvolvimento de infraestrutura sustentável e resiliente em países em desenvolvimento, por meio de maior apoio financeiro, tecnológico e técnico aos países africanos, aos países menos desenvolvidos, aos países em desenvolvimento sem litoral e aos pequenos Estados insulares em desenvolvimento

9.b Apoiar o desenvolvimento tecnológico, a pesquisa e a inovação nacionais nos países em desenvolvimento, inclusive garantindo um ambiente político propício para, entre outras coisas, a diversificação industrial e a agregação de valor às commodities

9.c Aumentar significativamente o acesso às tecnologias de informação e comunicação e se empenhar para oferecer acesso universal e a preços acessíveis à internet nos países menos desenvolvidos, até 2020

Objetivo 10. Reduzir a desigualdade dentro dos países e entre eles

10.1 Até 2030, progressivamente alcançar e sustentar o crescimento da renda dos 40% da população mais pobre a uma taxa maior que a média nacional

10.2 Até 2030, empoderar e promover a inclusão social, econômica e política de todos, independentemente da idade, gênero, deficiência, raça, etnia, origem, religião, condição econômica ou outra

10.3 Garantir a igualdade de oportunidades e reduzir as desigualdades de resultados, inclusive por meio da eliminação de leis, políticas e práticas discriminatórias e da promoção de legislação, políticas e ações adequadas a este respeito

10.4 Adotar políticas, especialmente fiscal, salarial e de proteção social, e alcançar progressivamente uma maior igualdade

10.5 Melhorar a regulamentação e monitoramento dos mercados e instituições financeiras globais e fortalecer a implementação de tais regulamentações

10.6 Assegurar uma representação e voz mais forte dos países em desenvolvimento em tomadas de decisão nas instituições econômicas e financeiras internacionais globais, a fim de produzir instituições mais eficazes, críveis, responsáveis e legítimas

10.7 Facilitar a migração e a mobilidade ordenada, segura, regular e responsável das pessoas, inclusive por meio da implementação de políticas de migração planejadas e bem geridas

10.a Implementar o princípio do tratamento especial e diferenciado para países em desenvolvimento, em particular os países menos desenvolvidos, em conformidade com os acordos da OMC

10.b Incentivar a assistência oficial ao desenvolvimento e fluxos financeiros, incluindo o investimento externo direto, para os Estados onde a necessidade é maior, em particular os países menos desenvolvidos, os países africanos, os pequenos Estados insulares em desenvolvimento e os países em desenvolvimento sem litoral, de acordo com seus planos e programas nacionais

10.c Até 2030, reduzir para menos de 3% os custos de transação de remessas dos migrantes e eliminar os corredores de remessas com custos superiores a 5%

Objetivo 11. Tornar as cidades e os assentamentos humanos inclusivos, seguros, resilientes e sustentáveis

11.1 Até 2030, garantir o acesso de todos à habitação segura, adequada e a preço acessível, e aos serviços básicos e urbanizar as favelas

11.2 Até 2030, proporcionar o acesso a sistemas de transporte seguros, acessíveis, sustentáveis e a preço acessível para todos, melhorando a segurança rodoviária por meio da expansão dos transportes públicos, com especial atenção para as necessidades das pessoas em situação de vulnerabilidade, mulheres, crianças, pessoas com deficiência e idosos

11.3 Até 2030, aumentar a urbanização inclusiva e sustentável, e as capacidades para o planejamento e gestão de assentamentos humanos participativos, integrados e sustentáveis, em todos os países

11.4 Fortalecer esforços para proteger e salvaguardar o patrimônio cultural e natural do mundo

11.5 Até 2030, reduzir significativamente o número de mortes e o número de pessoas afetadas por catástrofes e substancialmente diminuir as perdas econômicas diretas causadas por elas em relação ao produto interno bruto global, incluindo os desastres relacionados à água, com o foco em proteger os pobres e as pessoas em situação de vulnerabilidade

11.6 Até 2030, reduzir o impacto ambiental negativo per capita das cidades, inclusive prestando especial atenção à qualidade do ar, gestão de resíduos municipais e outros

11.7 Até 2030, proporcionar o acesso universal a espaços públicos seguros, inclusivos, acessíveis e verdes, particularmente para as mulheres e crianças, pessoas idosas e pessoas com deficiência

11.a Apoiar relações econômicas, sociais e ambientais positivas entre áreas urbanas, periurbanas e rurais, reforçando o planejamento nacional e regional de desenvolvimento

11.b Até 2020, aumentar substancialmente o número de cidades e assentamentos humanos adotando e implementando políticas e planos integrados para a inclusão, a eficiência dos recursos, mitigação e adaptação às mudanças climáticas, a resiliência a desastres; e desenvolver e implementar, de acordo com o Marco de Sendai para a Redução do Risco de Desastres 2015-2030, o gerenciamento holístico do risco de desastres em todos os níveis

11.c Apoiar os países menos desenvolvidos, inclusive por meio de assistência técnica e financeira, para construções sustentáveis e resilientes, utilizando materiais locais

Objetivo 12. Assegurar padrões de produção e de consumo sustentáveis

12.1 Implementar o Plano Decenal de Programas sobre Produção e Consumo Sustentáveis, com todos os países tomando medidas, e os países desenvolvidos assumindo a liderança, tendo em conta o desenvolvimento e as capacidades dos países em desenvolvimento

12.2 Até 2030, alcançar a gestão sustentável e o uso eficiente dos recursos naturais

12.3 Até 2030, reduzir pela metade o desperdício de alimentos per capita mundial, nos níveis de varejo e do consumidor, e reduzir as perdas de alimentos ao longo das cadeias de produção e abastecimento, incluindo as perdas pós-colheita

12.4 Até 2020, alcançar o manejo ambientalmente saudável dos produtos químicos e todos os resíduos, ao longo de todo o ciclo de vida destes, de acordo com os marcos internacionais acordados, e reduzir significativamente a liberação destes para o ar, água e solo, para minimizar seus impactos negativos sobre a saúde humana e o meio ambiente

12.5 Até 2030, reduzir substancialmente a geração de resíduos por meio da prevenção, redução, reciclagem e reuso

12.6 Incentivar as empresas, especialmente as empresas grandes e transnacionais, a adotar práticas sustentáveis e a integrar informações de sustentabilidade em seu ciclo de relatórios

12.7 Promover práticas de compras públicas sustentáveis, de acordo com as políticas e prioridades nacionais

12.8 Até 2030, garantir que as pessoas, em todos os lugares, tenham informação relevante e conscientização para o desenvolvimento sustentável e estilos de vida em harmonia com a natureza

12.a Apoiar países em desenvolvimento a fortalecer suas capacidades científicas e tecnológicas para mudar para padrões mais sustentáveis de produção e consumo

12.b Desenvolver e implementar ferramentas para monitorar os impactos do desenvolvimento sustentável para o turismo sustentável, que gera empregos, promove a cultura e os produtos locais

12.c Racionalizar subsídios ineficientes aos combustíveis fósseis, que encorajam o consumo exagerado, eliminando as distorções de mercado, de acordo com as circunstâncias nacionais, inclusive por meio da reestruturação fiscal e a eliminação gradual desses subsídios prejudiciais, caso existam, para refletir os seus impactos ambientais, tendo plenamente em conta as necessidades específicas e condições dos países em desenvolvimento e minimizando os possíveis impactos adversos sobre o seu desenvolvimento de uma forma que proteja os pobres e as comunidades afetadas

Objetivo 13. Tomar medidas urgentes para combater a mudança climática e seus impactos (*)

13.1 Reforçar a resiliência e a capacidade de adaptação a riscos relacionados ao clima e às catástrofes naturais em todos os países

13.2 Integrar medidas da mudança do clima nas políticas, estratégias e planejamentos nacionais

13.3 Melhorar a educação, aumentar a conscientização e a capacidade humana e institucional sobre mitigação, adaptação, redução de impacto e alerta precoce da mudança do clima

13.a Implementar o compromisso assumido pelos países desenvolvidos partes da Convenção Quadro das Nações Unidas sobre Mudança do Clima [UNFCCC] para a meta de mobilizar conjuntamente US$ 100 bilhões por ano a partir de 2020, de todas as fontes, para atender às necessidades dos países em desenvolvimento, no contexto das ações de mitigação significativas e transparência na implementação; e operacionalizar plenamente o Fundo Verde para o Clima por meio de sua capitalização o mais cedo possível

13.b Promover mecanismos para a criação de capacidades para o planejamento relacionado à mudança do clima e à gestão eficaz, nos países menos desenvolvidos, inclusive com foco em mulheres, jovens, comunidades locais e marginalizadas

(*) Reconhecendo que a Convenção Quadro das Nações Unidas sobre Mudança do Clima [UNFCCC] é o fórum internacional intergovernamental primário para negociar a resposta global à mudança do clima.

Objetivo 14. Conservação e uso sustentável dos oceanos, dos mares e dos recursos marinhos para o desenvolvimento sustentável

14.1 Até 2025, prevenir e reduzir significativamente a poluição marinha de todos os tipos, especialmente a advinda de atividades terrestres, incluindo detritos marinhos e a poluição por nutrientes

14.2 Até 2020, gerir de forma sustentável e proteger os ecossistemas marinhos e costeiros para evitar impactos adversos significativos, inclusive por meio do reforço da sua capacidade de resiliência, e tomar medidas para a sua restauração, a fim de assegurar oceanos saudáveis e produtivos

14.3 Minimizar e enfrentar os impactos da acidificação dos oceanos, inclusive por meio do reforço da cooperação científica em todos os níveis

14.4 Até 2020, efetivamente regular a coleta, e acabar com a sobrepesca, ilegal, não reportada e não regulamentada e as práticas de pesca destrutivas, e implementar planos de gestão com base científica, para restaurar populações de peixes no menor tempo possível, pelo menos a níveis que possam produzir rendimento máximo sustentável, como determinado por suas características biológicas

14.5 Até 2020, conservar pelo menos 10% das zonas costeiras e marinhas, de acordo com a legislação nacional e internacional, e com base na melhor informação científica disponível

14.6 Até 2020, proibir certas formas de subsídios à pesca, que contribuem para a sobrecapacidade e a sobrepesca, e eliminar os subsídios que contribuam para a pesca ilegal, não reportada e não regulamentada, e abster-se de introduzir novos subsídios como estes, reconhecendo que o tratamento especial e diferenciado adequado e eficaz para os países em desenvolvimento e os países menos desenvolvidos deve ser parte integrante da negociação sobre subsídios à pesca da Organização Mundial do Comércio

14.7 Até 2030, aumentar os benefícios econômicos para os pequenos Estados insulares em desenvolvimento e os países menos desenvolvidos, a partir do uso sustentável dos recursos marinhos, inclusive por meio de uma gestão sustentável da pesca, aquicultura e turismo

14.a Aumentar o conhecimento científico, desenvolver capacidades de pesquisa e transferir tecnologia marinha, tendo em conta os critérios e orientações sobre a Transferência de Tecnologia Marinha da Comissão Oceanográfica Intergovernamental, a fim de melhorar a saúde dos oceanos e aumentar a contribuição da biodiversidade marinha para o desenvolvimento dos países em desenvolvimento, em particular os pequenos Estados insulares em desenvolvimento e os países menos desenvolvidos

14.b Proporcionar o acesso dos pescadores artesanais de pequena escala aos recursos marinhos e mercados

14.c Assegurar a conservação e o uso sustentável dos oceanos e seus recursos pela implementação do direito internacional, como refletido na UNCLOS [Convenção das Nações Unidas sobre o Direito do Mar], que provê o arcabouço legal para a conservação e utilização sustentável dos oceanos e dos seus recursos, conforme registrado no parágrafo 158 do "Futuro Que Queremos"

Objetivo 15. Proteger, recuperar e promover o uso sustentável dos ecossistemas terrestres, gerir de forma sustentável as florestas, combater a desertificação, deter e reverter a degradação da terra e deter a perda de biodiversidade

15.1 Até 2020, assegurar a conservação, recuperação e uso sustentável de ecossistemas terrestres e de água doce interiores e seus serviços, em especial florestas, zonas úmidas, montanhas e terras áridas, em conformidade com as obrigações decorrentes dos acordos internacionais

15.2 Até 2020, promover a implementação da gestão sustentável de todos os tipos de florestas, deter o desmatamento, restaurar florestas degradadas e aumentar substancialmente o florestamento e o reflorestamento globalmente

15.3 Até 2030, combater a desertificação, restaurar a terra e o solo degradado, incluindo terrenos afetados pela desertificação, secas e inundações, e lutar para alcançar um mundo neutro em termos de degradação do solo

15.4 Até 2030, assegurar a conservação dos ecossistemas de montanha, incluindo a sua biodiversidade, para melhorar a sua capacidade de proporcionar benefícios que são essenciais para o desenvolvimento sustentável

15.5 Tomar medidas urgentes e significativas para reduzir a degradação de habitat naturais, deter a perda de biodiversidade e, até 2020, proteger e evitar a extinção de espécies ameaçadas

15.6 Garantir uma repartição justa e equitativa dos benefícios derivados da utilização dos recursos genéticos e promover o acesso adequado aos recursos genéticos

15.7 Tomar medidas urgentes para acabar com a caça ilegal e o tráfico de espécies da flora e fauna protegidas e abordar tanto a demanda quanto a oferta de produtos ilegais da vida selvagem

15.8 Até 2020, implementar medidas para evitar a introdução e reduzir significativamente o impacto de espécies exóticas invasoras em ecossistemas terrestres e aquáticos, e controlar ou erradicar as espécies prioritárias

15.9 Até 2020, integrar os valores dos ecossistemas e da biodiversidade ao planejamento nacional e local, nos processos de desenvolvimento, nas estratégias de redução da pobreza e nos sistemas de contas

15.a Mobilizar e aumentar significativamente, a partir de todas as fontes, os recursos financeiros para a conservação e o uso sustentável da biodiversidade e dos ecossistemas

15.b Mobilizar recursos significativos de todas as fontes e em todos os níveis para financiar o manejo florestal sustentável e proporcionar incentivos adequados aos países em desenvolvimento para promover o manejo florestal sustentável, inclusive para a conservação e o reflorestamento

15.c Reforçar o apoio global para os esforços de combate à caça ilegal e ao tráfico de espécies protegidas, inclusive por meio do aumento da capacidade das comunidades locais para buscar oportunidades de subsistência sustentável

Objetivo 16. Promover sociedades pacíficas e inclusivas para o desenvolvimento sustentável, proporcionar o acesso à justiça para todos e construir instituições eficazes, responsáveis e inclusivas em todos os níveis

16.1 Reduzir significativamente todas as formas de violência e as taxas de mortalidade relacionada em todos os lugares

16.2 Acabar com abuso, exploração, tráfico e todas as formas de violência e tortura contra crianças

16.3 Promover o Estado de Direito, em nível nacional e internacional, e garantir a igualdade de acesso à justiça para todos

16.4 Até 2030, reduzir significativamente os fluxos financeiros e de armas ilegais, reforçar a recuperação e devolução de recursos roubados e combater todas as formas de crime organizado

16.5 Reduzir substancialmente a corrupção e o suborno em todas as suas formas

16.6 Desenvolver instituições eficazes, responsáveis e transparentes em todos os níveis

16.7 Garantir a tomada de decisão responsiva, inclusiva, participativa e representativa em todos os níveis

16.8 Ampliar e fortalecer a participação dos países em desenvolvimento nas instituições de governança global

16.9 Até 2030, fornecer identidade legal para todos, incluindo o registro de nascimento

16.10 Assegurar o acesso público à informação e proteger as liberdades fundamentais, em conformidade com a legislação nacional e os acordos internacionais

16.a Fortalecer as instituições nacionais relevantes, inclusive por meio da cooperação internacional, para a construção de capacidades em todos os níveis, em particular nos países em desenvolvimento, para a prevenção da violência e o combate ao terrorismo e ao crime

16.b Promover e fazer cumprir leis e políticas não discriminatórias para o desenvolvimento sustentável

Objetivo 17. Fortalecer os meios de implementação e revitalizar a parceria global para o desenvolvimento sustentável

Finanças

17.1 Fortalecer a mobilização de recursos internos, inclusive por meio do apoio internacional aos países em desenvolvimento, para melhorar a capacidade nacional para arrecadação de impostos e outras receitas

17.2 Países desenvolvidos implementarem plenamente os seus compromissos em matéria de assistência oficial ao desenvolvimento [AOD], inclusive fornecer 0,7% da renda nacional bruta [RNB] em AOD aos países em desenvolvimento, dos quais 0,15% a 0,20% para os países menos desenvolvidos; provedores de AOD são encorajados a considerar a definir uma meta para fornecer pelo menos 0,20% da renda nacional bruta em AOD para os países menos desenvolvidos

17.3 Mobilizar recursos financeiros adicionais para os países em desenvolvimento a partir de múltiplas fontes

17.4 Ajudar os países em desenvolvimento a alcançar a sustentabilidade da dívida de longo prazo por meio de políticas coordenadas destinadas a promover o financiamento, a redução e a reestruturação da dívida, conforme apropriado, e tratar da dívida externa dos países pobres altamente endividados para reduzir o superendividamento

17.5 Adotar e implementar regimes de promoção de investimentos para os países menos desenvolvidos

Tecnologia

17.6 Melhorar a cooperação Norte-Sul, Sul-Sul e triangular regional e internacional e o acesso à ciência, tecnologia e inovação, e aumentar o compartilhamento de conhecimentos em termos mutuamente acordados, inclusive por meio de uma melhor coordenação entre os mecanismos existentes, particularmente no nível das Nações Unidas, e por meio de um mecanismo de facilitação de tecnologia global

17.7 Promover o desenvolvimento, a transferência, a disseminação e a difusão de tecnologias ambientalmente corretas para os países em desenvolvimento, em condições favoráveis, inclusive em condições concessionais e preferenciais, conforme mutuamente acordado

17.8 Operacionalizar plenamente o Banco de Tecnologia e o mecanismo de capacitação em ciência, tecnologia e inovação para os países menos desenvolvidos até 2017, e aumentar o uso de tecnologias de capacitação, em particular das tecnologias de informação e comunicação

Capacitação

17.9 Reforçar o apoio internacional para a implementação eficaz e orientada da capacitação em países em desenvolvimento, a fim de apoiar os planos nacionais para implementar todos os objetivos de desenvolvimento sustentável, inclusive por meio da cooperação Norte-Sul, Sul-Sul e triangular

Comércio

17.10 Promover um sistema multilateral de comércio universal, baseado em regras, aberto, não discriminatório e equitativo no âmbito da Organização Mundial do Comércio, inclusive por meio da conclusão das negociações no âmbito de sua Agenda de Desenvolvimento de Doha

17.11 Aumentar significativamente as exportações dos países em desenvolvimento, em particular com o objetivo de duplicar a participação dos países menos desenvolvidos nas exportações globais até 2020

17.12 Concretizar a implementação oportuna de acesso a mercados livres de cotas e taxas, de forma duradoura, para todos os países menos desenvolvidos, de acordo com as decisões da OMC, inclusive por meio de garantias de que as regras de origem preferenciais aplicáveis às importações provenientes de países menos desenvolvidos sejam transparentes e simples, e contribuam para facilitar o acesso ao mercado

Questões sistêmicas

Coerência de políticas e institucional

17.13 Aumentar a estabilidade macroeconômica global, inclusive por meio da coordenação e da coerência de políticas

17.14 Aumentar a coerência das políticas para o desenvolvimento sustentável

17.15 Respeitar o espaço político e a liderança de cada país para estabelecer e implementar políticas para a erradicação da pobreza e o desenvolvimento sustentável

As parcerias multissetoriais

17.16 Reforçar a parceria global para o desenvolvimento sustentável, complementada por parcerias multissetoriais que mobilizem e compartilhem conhecimento, expertise, tecnologia e recursos financeiros, para apoiar a realização dos objetivos do desenvolvimento sustentável em todos os países, particularmente nos países em desenvolvimento

17.17 Incentivar e promover parcerias públicas, público-privadas e com a sociedade civil eficazes, a partir da experiência das estratégias de mobilização de recursos dessas parcerias

Dados, monitoramento e prestação de contas

17.18 Até 2020, reforçar o apoio à capacitação para os países em desenvolvimento, inclusive para os países menos desenvolvidos e pequenos Estados insulares em desenvolvimento, para aumentar significativamente a disponibilidade de dados de alta qualidade, atuais e confiáveis, desagregados por renda, gênero, idade, raça, etnia, status migratório, deficiência, localização geográfica e outras características relevantes em contextos nacionais

17.19 Até 2030, valer-se de iniciativas existentes para desenvolver medidas do progresso do desenvolvimento sustentável que complementem o produto interno bruto [PIB] e apoiem a capacitação estatística nos países em desenvolvimento

Para se ter uma ideia, já chegou a aparecer em prova de ATUALIDADES a teoria dos 3Rs, que hoje são 5Rs:

- **Reduzir**
- **Reutilizar**
- **Reciclar**
- **Repensar**
- **Recusar**

Assim como já apareceu as cores do lixo reciclável e os respectivos materiais:

- **Amarelo - Metal em geral**
- **Azul - Papel; papelão**
- **Branco - Resíduos ambulatoriais e de serviços de saúde**
- **Cinza - Resíduo geral não reciclável ou misto, ou contaminado não passível de separação**
- **Laranja - Resíduos perigosos**
- **Marrom - Resíduos orgânicos**
- **Preto - Madeira**
- **Roxo - Resíduos radioativos**
- **Verde - Vidro**
- **Vermelho - Plástico**

Outros recortes atuais relevantes:

- Em junho de 2021, a ONU destacou que **Madagascar é o primeiro país do mundo a sofrer com a fome devido à crise provocada pelo aquecimento global.** A expansão da fome extrema é particularmente importante no sul de Madagascar, ilha do oceano Índico. Há mais de um mês, a ONU já tinha advertido para a situação, que põe em risco mais de um milhão de pessoas. Madagascar continua sendo um local de difícil acesso tanto para o envio de ajuda quanto para os meios de comunicação, devido às restrições pela pandemia de covid-19 (IstoÉ, junho de 2021)
- Eventos climáticos extremos**, como enchentes, secas, tempestades e calor extremo, foram a maior causa de desastres no mundo dos últimos 50 anos,** os que mais mataram, que mais deram prejuízos e estão ficando cada vez mais frequentes. Foram estas as principais conclusões preliminares de um atlas que está sendo elaborado pela Organização Meteorológica Mundial (OMM), braço da Organização das Nações Unidas (ONU) para o clima, mapeando os grandes eventos meteorológicos que atingiram o planeta as

últimas décadas. De acordo com o levantamento da OMM, metade dos grandes desastres globais registrados nos últimos 50 anos estavam ligados aos eventos climáticos, numa lista que inclui também, por exemplo, acidentes industriais e derramamentos de petróleo. Do total de mortes causadas por todos esses desastres, 45% estavam ligados aos desastres naturais, que respondem também por 74% dos bilionários prejuízos deixados por eles. As secas, por exemplo, mataram 650 mil pessoas nas últimas cinco décadas; tempestades levaram outras 577 mil vidas e mais 69 mil morreram em enchentes. Temperaturas extremas foram responsáveis pela morte de 55 mil pessoas em todo o mundo. O prejuízo total calculado por todos eles é de US$ 521 bilhões (R$ 2,7 trilhões) – um dos mais custosos, pelos dados da OMM, aconteceu em 2002 na Alemanha, quando uma série de enchentes deixou um rastro de destruição estimado em US$ 16,4 bilhões (CNN, agosto de 2021).

- Com milhares de **máscaras descartadas diariamente em todo o país, o lixo produzido para se proteger da Covid-19 já mostra seu impacto no meio ambiente**. Segundo o Instituto Akatu, ONG voltada para o consumo consciente, desde o início da pandemia, já foram mais de 12 bilhões de máscaras jogadas fora. Com uma média de decomposição que pode chegar a até 500 anos, dependendo do material, além dos impactos ambientais, o descarte incorreto pode proliferar o vírus. Segundo o estudo Atlas do Plástico, do Instituto Lixo Zero, depois de um período inicial com leve diminuição na produção de lixo, devido ao isolamento e queda no poder aquisitivo de parte da população, houve alta na produção de resíduos sólidos, especialmente nos casos de lixo hospitalar. Atualmente, segundo dados da Associação Nacional da Indústria de Material de Segurança e Proteção ao Trabalho (Animaseg), o setor de PFF2 fornece cerca de 50 milhões de máscaras do tipo por mês. Os modelos de tecido podem variar entre 100 e 300 anos de decomposição, dependendo da quantidade de camadas e do tipo de tecido utilizado na produção. Segundo o Instituto Akatu, esse é o modelo de proteção mais comum para os brasileiros. Mas Tiussu destaca que, mesmo sendo reutilizável, até as máscaras de tecido têm vida útil e o indicado é descartar após 30 lavagens (CNN, julho de 2021).

- Em agosto de 2021, a **Tailândia proibiu o uso de protetores solares em seus parques nacionais marinhos, uma vez que eles contêm produtos químicos que danificam os recifes de coral.** A nova ordem em vigor proíbe loções contendo oxibenzona, octinoxato, 4-metilbenzilideno, cânfora, ou butilparabeno, nos parques nacionais marinhos da Tailândia. A Tailândia segue a ilha de Palau, no Pacífico, e o estado do Havaí, que já impuseram proibições semelhantes. Os infratores enfrentam uma multa de até 100 mil baht tailandeses (US$ 3 mil), embora as autoridades não tenham dito como pretendem aplicar a proibição (IstoÉ, agosto de 2021).

- Em julho de 2021, a **Austrália evitou que a Grande Barreira de Corais fosse classificada como patrimônio mundial "em perigo" pela Organização das Nações Unidas para a Educação, a Ciência e a Cultura (Unesco)**, apesar da preocupação com o impacto da mudança climática neste ecossistema. Em uma reunião do comitê de Patrimônio Mundial da Unesco sob a presidência chinesa, os delegados votaram a favor do adiamento de uma decisão a esse respeito, seguindo o desejo do governo australiano. Em junho, esta agência cultural das Nações Unidas recomendou colocar o maior recife do mundo, uma joia do Patrimônio Mundial desde 1981, em sua lista de lugares em perigo pela deterioração dos corais em virtude do aquecimento global. A inclusão na lista de sítios "em perigo" não é considerada uma sanção por parte da Unesco. Alguns países veem isso como uma forma de sensibilizar a comunidade internacional e ajudar a proteger seu patrimônio. A Austrália viu essa possível decisão como negativa, temendo que pudesse minar o atrativo turístico deste recife, que se estende por 2.300 km e gera US$ 4,8 bilhões em receita para este setor no país (IstoÉ, julho de 2021).

- Apenas 20 empresas, **a maioria delas dos setores de energia e petroquímico, estão na origem de mais da metade do lixo plástico descartável produzido no mundo**, afirmou a fundação australiana Minderoo, em maio de 2021. No topo da lista das principais produtoras de lixo plástico estão as empresas americanas ExxonMobil e Dow e a chinesa Sinopec. No nono lugar está a brasileira Braskem. Em 2019, 130 milhões de toneladas métricas de plásticos descartáveis foram descartados no mundo, com 35% deles sendo queimados, 31% enterrados em depósitos de lixo e 19% simplesmente jogados no solo ou nas águas, afirmou a fundação no relatório (DW Brasil, maio de 2021).

- Os Jogos **Olímpicos e Paralímpicos de Tóquio tiveram 100% de suas medalhas fabricadas com metais reaproveitados do lixo eletrônico.** Dispositivos como celulares e computadores foram desmontados no Japão para reutilizar ouro, prata e bronze, presentes em componentes como as placas de circuito. Smartphones e PCs possuem pequenas quantidades dos metais utilizados nas medalhas em suas placas-mães, que são a base para conectar outros itens, por exemplo. Para conseguir fazer aproximadamente 5.000 medalhas para os Jogos, a organização do evento precisou recolher uma quantidade enorme de lixo eletrônico. Foram mais de 6 milhões de telefones celulares usados e mais de 78 toneladas de computadores, tablets, monitores e outros aparelhos antigos ou quebrados. As medalhas pesam praticamente meio quilo, mas a composição de cada uma varia:
    - As de **ouro** são feitas com 550 gramas de prata reciclada coberta por 6 gramas de ouro, também reciclado;
    - As de **prata** são produzidas 550 gramas do próprio material;

- As de **bronze** possuem 450 gramas de bronze vermelho.
- No total, foram extraídos a partir do lixo eletrônico:
- 32 quilos de ouro;
- 3.500 quilos de prata;
- 2.200 quilos de bronze.

(G1, julho de 2021)

Outro fato curioso com relação aos jogos esportivos de Tóquio, em 2021, respeito as camas de papelão oferecidas aos atletas na Vila Olímpica. Inicialmente, foi divulgado que seria uma estratégia para impedir a relação sexual entre atletas, devido ao risco de contaminação por conta da pandemia. Entretanto, notou-se posteriormente que essa seria mais uma estratégia de sustentabilidade.

5. OUTRAS QUESTÕES AMBIENTAIS RELEVANTES

Acidente em Mariana – MG

Em novembro de 2015, o estado de Minas Gerais e o resto do Brasil pararam para acompanhar o drama das barragens da Samarco, de propriedade da Vale e da anglo-australiana BHP Billiton. O rompimento de uma barragem de rejeitos de minério escancarou uma enorme problemática para a região afetada. A lama **invadiu um distrito de Mariana, cidade histórica de Minas, deixou 19 mortos**, se espalhou pelo rio Doce e, após percorrer 700 km, **desaguou no litoral do Espírito Santo**, causando um desastre ambiental sem precedentes no país.

Elemento sem valor que ficava acumulado nas barragens, segundo estimativas, ao menos 32 milhões de metros cúbicos desses rejeitos misturados com lama foram despejados na natureza. Para se ter ideia da dimensão do problema, **a consultoria americana de gestão de riscos da construção pesada Bowker Associates** afirmou se tratar do maior evento do gênero no último século.

As vítimas não foram apenas os seres humanos que perderam a vida na tragédia. Paisagens inteiras foram devastadas, algumas nascentes secaram, populações ribeirinhas perderam a fonte de renda e, o pior, não existem projeções sobre a revitalização dessas áreas afetadas. Algumas cidades tiveram o **abastecimento** de água interrompido (inclusive, esse ponto mobilizou a população do país como um todo na doação de água).

DICA!

- No total, **mais de 40 cidades de Minas Gerais e do Espírito Santo foram afetadas** direta ou indiretamente. O rio afetado de maneira direta foi o Rio Doce.

▶ **QUESTÃO SOBRE O TEMA:**

E as punições, como ficaram?

Em 2021, o Tribunal de Recursos de Londres concordou em reabrir um processo de cerca de R$ 35 bilhões contra a mineradora anglo-australiana BHP pelo rompimento da barragem de Mariana (MG) em 2015, que causou o maior desastre ambiental da história do Brasil. Um grupo formado por cerca de 200 mil reclamantes brasileiros vinha tentando ressuscitar o processo de 5 bilhões de libras (US$ 6,9 bilhões ou cerca de R$ 35 bilhões) movido na Inglaterra contra a BHP desde que um tribunal inferior suspendeu a ação em novembro, alegando abuso processual, e um juiz do Tribunal de Recursos manteve a decisão. A ação coletiva – uma das maiores da história do sistema legal inglês – tem sido movida pelo escritório de advocacia PGMBM em nome de indivíduos, empresas, igrejas, organizações, municípios e povos indígenas brasileiros. A BHP, maior mineradora do mundo em valor de mercado, classificou o caso como sem sentido e uma perda de tempo, alegando que a ação duplica procedimentos do Brasil e o trabalho da Fundação Renova, entidade criada pela companhia e seus sócios brasileiros para compensações pelo desastre. (G1, agosto de 2021).

▶ **IMPORTANTE!**

Outra tragédia no Brasil também mobilizou uma série de questionamentos em provas de atualidades: tragédia de Brumadinho.

Em julho de 2021, a Vale divulgou nota reforçando que está comprometida em indenizar as famílias das vítimas da tragédia da barragem de Brumadinho (MG) de forma rápida e responsável. E que, desde 2019, firmou 681 acordos trabalhistas, envolvendo mais de 1,6 mil familiares de vítimas. A nota foi divulgada após o Sindicato Metabase Brumadinho ter recorrido ao Tribunal Regional do Trabalho (TRT) da 3ª Região (MG) solicitando a elevação de R$ 1 milhão para R$ 3 milhões no valor da indenização a ser paga pela Vale por dano moral sofrido por cada trabalhador morto no rompimento da barragem.

Um ponto bastante discutido após o acidente no distrito de Bento Rodrigues foi a legislação específica para a questão das barragens. No Brasil, desde 2010, existe uma regulamentação respaldada pelos padrões internacionais. Ainda assim, alguns pontos não foram fechados. A crítica se faz com relação ao processo de fiscalização destas barreiras, deficitário e recheado de problemáticas.

No caso da barragem de Fundão, ela havia sido vistoriada pela última vez no ano de 2012. O porém reside no fato de que ela passou por obras, de elevado impacto, mas nem por isso passou por qualquer tipo de monitoramento posterior – o que sugere negligência e ineficiência do controle. Por essa questão, o Código de Mineração (em debate no Congresso nacional desde 2013) foi revivido. De um lado, parlamentares que defendem os interesses de mineradoras. Do outro, ambientalista querendo enrijecer as punições. Em dezembro de 2017, foi sancionada uma lei criando a Agência Nacional de Mineração. Vinculada ao Ministério de Minas e Energia, a ANM tem, entre suas atribuições, a fiscalização da atividade de mineração e a responsabilidade por vistorias, notificações, autuação de infratores e adoção de medidas como interdição e aplicação de sanções. Pela Constituição, a atividade de mineração é autorizada sob o regime de concessão pública. Como contrapartida, as empresas exploradoras têm de pagar compensação aos entes da União.

Outro ponto importante que não pode ser deixado de lado com relação ao debate sobre meio ambiente é a questão dos agrotóxicos:

- O Ministério Público Federal (MPF) abriu um inquérito civil público (ACP) para apurar e tomar providências sobre o aumento da quantidade de agrotóxicos liberada pelo Ministério da Agricultura, Pecuária e Abastecimento (Mapa) desde 2019, início do governo do presidente Jair Bolsonaro (sem partido). Dados do Ministério da Agricultura analisados pelo Metrópoles mostram que, em 2020, o governo federal liberou 493 agrotóxicos. Trata-se do maior número para um ano de toda a série histórica disponibilizada pela pasta, iniciada em 2000. Em 2019, o governo já havia batido recorde ao registrar 474 novos pesticidas e substâncias para a agricultura. De janeiro a maio deste ano, o Mapa publicou a aprovação de 170 agrotóxicos. Isso significa que 1.137 novos compostos químicos tiveram o uso autorizado no país somente no governo Bolsonaro. Desse total, 138 (12,1%) são considerados extremamente tóxicos e 71 (6,2%), altamente tóxicos à saúde humana, segundo classificação da Agência Nacional de Vigilância Sanitária (Anvisa). Já o Instituto Brasileiro do Meio Ambiente e dos Recursos Naturais Renováveis (Ibama) aponta 30 (2,6%) desses químicos como altamente perigosos e 541 (47,6%) como muito perigosos ao meio ambiente (Metrópoles, agosto de 2021).
- A proposta para banir os agrotóxicos foi rejeitada por 60,6% dos eleitores suíços em referendo nacional realizado em junho de 2021. Se tivesse sido aprovada, **a Suíça se tornaria o primeiro país do mundo a proibir o uso de agrotóxicos na agricultura e também a importação de alimentos produzidos com os pesticidas.** Também não passou a iniciativa que previa corte dos subsídios do governo aos produtores que usam agrotóxicos por agredir o meio ambiente e poluir a água. Essa teve rejeição de 60,7% dos votantes. No país europeu de 8,6 milhões de habitantes, qualquer assunto pode ser submetido à votação nacional, desde que reúna 100 mil assinaturas. A questão dos agrotóxicos reuniu 121.307 assinaturas. A dos subsídios teve 113.979 (Revista Globo Rural, junho de 2021).
- O governo do **México vai eliminar o uso do agrotóxico glifosato e do milho transgênico** para consumo humano até 2024. A decisão consta em decreto publicado no Diário Oficial do país, em 31 de dezembro de 2020. (G1, janeiro de 2021).
- O glifosato é o herbicida mais utilizado no mundo, embora haja diferentes regras entre os países sobre a quantidade da substância permitida. Entretanto, ele está relacionado a diversos riscos à saúde. Em 2015, a OMS (Organização Mundial de Saúde) classificou-o como grau "A2", o que o coloca

na categoria de "comprovadamente cancerígeno para animais mamíferos e provavelmente cancerígeno para seres humanos". Há também indícios que ele esteja ligado ao risco de infertilidade, ao autismo, danos em células embrionárias e atue como um desregulador endócrino, segundo Larissa Bombardi, mestre e doutora em geografia pela USP (Universidade de São Paulo) e pesquisadora do uso de agrotóxicos na agricultura brasileira - a pesquisadora em questão recebeu uma série de ameaças de morte pela sua área de atuação e acabou deixando o país. No Brasil, a lei permite que a contaminação da água por glifosato seja 5.000 vezes superior ao máximo que é permitido na água potável dos países da União Europeia. Para o feijão e a soja, a quantidade é 400 e 200 vezes superior, respectivamente. Os dados são do estudo "Geografia do Uso de Agrotóxicos no Brasil e Conexões com a União Europeia", realizado por Larissa Bombardi no Laboratório de Geografia Agrária da USP.

CAPÍTULO IX

SAÚDE EM JOGO: DESAFIOS CÍCLICOS

1. SAÚDE EM PAUTA

O tronco temático saúde exige uma flexibilidade de conteúdos e uma constante atualização – ao tratar a proliferação de uma epidemia, é preciso notar que os dados são versáteis. Nesse amplo leque de análise, a Organização das Nações Unidas (ONU), juntamente com suas agências especializadas atua de modo efetivo para combater e prevenir doenças pelo globo. Nesse amplo leque de trabalho, a Organização Mundial da Saúde é o organismo de destaque para analisar os problemas decorrentes da urbanização – basta observar quantas vezes ouvimos falar da entidade no contexto da pandemia da SARS-COV-2, o novo coronavírus (covid-19).

Com 194 Estados-membros em seis regiões, trabalhando em mais de 150 escritórios, a equipe da OMS está unida em um esforço compartilhado para melhorar a saúde de todas as pessoas, em todos os lugares – e alcançar o Objetivo de Desenvolvimento Sustentável (ODS) de garantir "vidas saudáveis e promover o bem-estar para pessoas de todas as idades". O slogan do Dia Mundial da Saúde de 2021 foi "Construindo um mundo mais justo e saudável".

A OMS sucedeu a Organização de Saúde da Liga das Nações. Seu estabelecimento foi aprovado pela Conferência da ONU em San Francisco, nos Estados Unidos, em 1945. A Constituição da OMS foi elaborada por um comitê presidido por Brock Chisholm, que se tornou o primeiro diretor-geral da OMS em 1948. A Constituição foi aprovada pelos Estados-membros durante a Conferência Internacional de Saúde em Nova Iorque, nos Estados Unidos.

Para se ter uma ideia da importância da OMS, foi ela a responsável por declarar oficialmente a pandemia da covid-19, ainda em março de 2020. De lá pra cá, por diversas vezes, o diretor-geral, o etíope Tedros Adhanon e demais representantes se destacam nos noticiários pela importância dos posicionamentos da entidade.

Outros posicionamentos recentes da Organização Mundial da Saúde chamam a atenção, assim como recortes referentes ao cenário da saúde no mundo:

- Atualmente os profissionais de saúde usam a CID-10, que entrou em vigor nos anos 1990 (com ela que a homossexualidade deixou de ser considerada uma doença, por exemplo). Já em 2022, entra em vigor a CID-11, atualizada. A inclusão de uma nova doença na lista é a polêmica da vez: pelo novo código, a "velhice" poderá ser considerada uma doença. Essa polêmica tem várias camadas e a gente vai tentar explicar os vários pontos de vista para você, neste artigo. A primeira questão é que a Organização Mundial da Saúde (OMS) justifica que incluir a velhice na CID-11 não significa dizer que ser velho é ser doente. Em primeiro lugar porque, segundo a organização, a CID não fala só de doenças, mas sim de condições de saúde. De acordo com a entidade, a inclusão do termo serve simplesmente para reconhecer que as pessoas podem morrer de idade avançada – e que um atestado de óbito pode ser preenchido com um código CID para velhice. Na verdade, isso já foi feito com o príncipe Philip, marido da rainha da Inglaterra, que faleceu em 2021. O atestado de óbito dele dizia apenas "idade avançada". A CID-10 já tem um código para a "senilidade" que engloba algumas condições características do processo de envelhecimento. (Megacurisoso, agosto de 2021).
- A OMS (Organização Mundial da Saúde) pediu aos fabricantes de vacinas contra a covid-19 que **mantenham seus preços baixos e acessíveis, após informações de que dois laboratórios subiriam seus preços na UE (União Europeia).** A Pfizer-BioNTech e a Moderna aumentarão o valor cobrado por seus imunizantes baseados em tecnologia de RNA mensageiro porque os adaptaram a novas variantes do coronavírus, de acordo com relatos. Segundo o jornal britânico Financial Times, que consultou um contrato celebrado com a UE, o preço da vacina da Pfizer passará de 15,50 euros (18,39 dólares) para 19,50 euros (23,14 dólares) por unidade e o da Moderna sairá de 19 euros (22,50 dólares) para 21,50 euros (25,50 dólares) (Uol, agosto de 2021).
- O marketing elegante da indústria do tabaco está atraindo os **jovens para os cigarros eletrônicos, estes por sua vez podem levar ao vício do tabaco, apesar das alegações de alguns executivos que dizem pretender resolver a epidemia de tabagismo, disse a Organização Mundial da Saúde (OMS)** julho de 2021. Mais de oito milhões de pessoas morrem anualmente devido ao uso do tabaco e à exposição à fumaça do tabaco, tornando o hábito uma das principais causas de doenças evitáveis, informou a OMS em um relatório que pede uma maior regulamentação dos dispositivos livres de fumaça que contêm nicotina. Cerca de 16 mil sabores para cigarros eletrônicos estão no mercado, incluindo os sabores chiclete, sorvete de baunilha e biscoitos de chocolate, disse Krech, acrescentando que os usuários de cigarros eletrônicos têm "pelo menos duas ou três vezes" mais probabilidade de se tornarem fumantes (Reuters, julho de 2021).

- Em agosto de 2021, o Ministério da Saúde da **Costa do Marfim confirmou o primeiro caso de Ebola no país desde 1994.** O Instituto Pasteur do país confirmou, por meio de exames, a Doença do Vírus Ebola em amostras coletadas de um paciente hospitalizado na capital comercial de Abidjan, depois de chegar da Guiné. As investigações iniciais revelaram que o paciente viajou para a Costa do Marfim por estrada e chegou a Abidjan. De acordo com as autoridades de saúde, o paciente foi internado em um hospital após apresentar febre e, atualmente, recebe tratamento. A Guiné experimentou um surto de Ebola de quatro meses, que foi declarado encerrado em 19 de junho. Segundo o Ministério de Saúde, não há indicação de que o caso atual na Costa do Marfim esteja relacionado ao surto anterior na Guiné (CNN, agosto de 2021).

- Em agosto de 2021, a **Organização Mundial da Saúde anunciou ser completamente contrária à vacinação como pré-requisito para viagem.** "Segundo a representante da OMS, exigir um certificado de vacinas atualmente apenas aumentam as desigualdades. Mariângela Simão explica que 74 países têm menos de 10% da população com a vacinação completa e a maior predominância de países com baixa cobertura está na África. A vice-diretora-assistente da OMS destaca que ainda não foram comprovados os benefícios das vacinas contra a Covid-19 em crianças, sendo necessário aguardar por mais estudos em relação à segurança para esta faixa etária menor". (ONU News, agosto de 2021).

- Em agosto de 2021, a **China rejeitou os apelos da Organização Mundial da Saúde (OMS) para realizar novas investigações em seu território sobre as origens da covid-19,** alegando que apoia uma abordagem "científica", e não "política", para estabelecer como o vírus surgiu. Uma equipe de especialistas internacionais enviada pela OMS visitou Wuhan em janeiro de 2021 para um estudo de "primeira fase" sobre a origem do vírus. A visita resultou em um relatório conjunto, redigido em colaboração com especialistas chineses, no qual se concluiu que o vírus provavelmente havia passado dos morcegos para os humanos por meio de um animal intermediário. E os especialistas consideraram "extremamente improvável" que o vírus tivesse saído de um laboratório (Uol, agosto de 2021).

- Em agosto de2021, a OMS anunciou a aposta da entidade em três novos remédios que estariam tendo sinais de impacto positivo tratamento da covid-19. Uma nova fase de pesquisas será iniciada, com as drogas **artesunate, imatinib e infliximab** (artesunate, por exemplo, é usado contra a malária, enquanto imatinib é usado contra o câncer e o infliximab é recomendado por doenças do sistema imunológico) Mas a entidade deixou claro, uma vez mais, que abandonou qualquer aposta e pesquisas na cloroquina. Segundo Tedros Ghebreyesus, diretor-geral da OMS, a cloroquina, remdesivir, lopinavir e interferon mostraram "pouco ou nenhum efeito em pacientes hospitalizados".

Já em outubro do ano passado esses remédios foram retirados dos testes (Uol, agosto de 2021).

- Cabe destacar a importância do braço da OMS na América, a OPAS – Organização Panamericana de Saúde. Em agosto de 2021, a diretora da Opas (Organização Pan-americana de Saúde), Carissa Etienne, anunciou que o órgão buscaria facilitar o acesso de países da região a vacinas contra a covid-19 por meio do Fundo Rotatório. O mecanismo de cooperação técnica da Opas, braço da OMS (Organização Mundial da Saúde), que já opera há décadas, será uma alternativa à iniciativa Covax Facility (aliança global pela vacina, liderada pela OMS). Assim como na Covax, os países precisarão contribuir financeiramente com o fundo para ter acesso aos produtos (Uol, agosto de 2021).

- A Organização Mundial da Saúde aparece na lista de instituições / pessoas espionadas pelo aplicativo Pegasus. O presidente da França, Emmanuel Macron, reis, primeiros-ministros e até a direção da OMS aparecem entre os alvos potenciais da espionagem, revelada por jornais estrangeiros a partir de dados da Anistia Internacional e da entidade Forbiden Stories. Foram políticos, advogados, ativistas de direitos humanos, repórteres, colunistas e editores de todo o mundo alvos de uma possível espionagem por meio de um software criado por uma empresa de Israel – Pegasus. Pelo menos 180 jornalistas estavam em uma lista obtida pela imprensa internacional e que revela o interesse de clientes em espionar os telefones desses jornalistas. O software Pegasus foi criado pelo grupo NSO, de Israel. De acordo com publicações como "The Washington Post", "The Guardian" e "Le Monde", uma lista de até 50 mil números de telefone pode ter sido alvo do sistema nos últimos cinco anos (Uol, agosto de 2021).

- Em agosto de 2021, a Fifa lançou a #ReachOut, uma campanha criada para aumentar a conscientização sobre os sintomas dos problemas de saúde mental e incentivar as pessoas a procurar ajuda quando necessário. A entidade conta com a colaboração de jogadores de futebol ativos e aposentados, da Organização Mundial da Saúde (OMS) e da Associação das Nações do Sudeste Asiático (ASEAN). A depressão e a ansiedade afetam cada vez mais pessoas em todo o mundo e os jovens estão entre os grupos mais vulneráveis. As lendas Aline, Vero Boquete, Cafu, Laura Georges, Luis García, Shabani Nonda, Patrizia Panico, Fara Williams e Walter Zenga participam da campanha com seus depoimentos. Entre os jogadores ativos, 23% sofrem de distúrbios do sono, 9% relataram depressão e outros 7%, ansiedade. Esses números aumentam entre os jogadores de futebol aposentados: 28% têm problemas para dormir, a depressão e a ansiedade afetam 13% e 11%, respectivamente (Gazeta Esportiva, agosto de 2021).

- Em junho de 2021, a OMS (Organização Mundial da Saúde) divulgou uma orientação para **reduzir a taxa de suicídio em um terço até 2030 ao redor do**

mundo. Somente em 2019, segundo a organização, mais de 700 mil pessoas morreram por suicídio, o que representa uma pessoa a cada 100 mortes. Estimativas feitas pela OMS e reunidas no relatório "Suicídio em todo o mundo em 2019", divulgado hoje, apontaram que esse tipo de morte é uma das principais ocorrências de óbito em todo o planeta. Em uma comparação, mais pessoas morrem por suicídio do que HIV, malária, homicídio e câncer de mama. O suicídio foi a quarta maior causa de morte de jovens entre 15 e 29 anos precedido de mortes por acidentes de trânsito, tuberculose e violência interpessoal. Com relação ao sexo das vítimas, o relatório apontou que homens morrem por suicídio mais do que o dobro que as mulheres – sendo 12,6 homens e 5,4 mulheres vítimas de suicídio a cada 100 mil mortes (Uol, junho de 2021).

2. PANDEMIA E SEUS DESDOBRAMENTOS

A pandemia foi decretada em 11 de março de 2020 pela Organização Mundial da Saúde. Vale destacar que as informações com relação a pandemia são constantemente atualizadas (eficiência de vacina, risco de transmissibilidade de variantes etc). Dessa forma, o material se ocupou dos aspectos mais recentes até o fechamento da edição (agosto de 2021). A própria origem da pandemia é algo ainda questionado (com diferentes teorias que ganham corpo).

Na perspectiva histórica, a pandemia da covid-19 soma-se a outras:

A Covid-19 vem se somar a uma lista extensa e que percorre um vasto período de tempo, como podemos conferir abaixo:

Peste do Egito (430 a.C.) - a febre tifoide matou um quarto das tropas atenienses e um quarto da população da cidade durante a Guerra do Peloponeso. Esta doença fatal debilitou o domínio de Atenas, mas a virulência completa da doença preveniu sua expansão para outras regiões, a doença exterminou seus hospedeiros a uma taxa mais rápida que a velocidade de transmissão. A causa exata da peste era por muitos anos desconhecida; em janeiro de 2006, investigadores da Universidade de Atenas analisaram dentes recuperados de uma sepultura coletiva debaixo da cidade e confirmaram a presença de bactérias responsáveis pela febre tifoide.

Peste Antonina (165-180) - possivelmente causada pela varíola trazida próximo ao Leste; matou um quarto dos infectados. Cinco milhões no total.

Peste de Cipriano (250-271) - possivelmente causada por varíola ou sarampo, iniciou-se nas províncias orientais e espalhou-se pelo Império Romano inteiro. Segundo relatado, em seu auge chegou a matar 5 000 pessoas por dia em Roma.

Peste de Justiniano (541-x). A primeira contaminação registrada de peste bubônica. Começou no Egito e chegou à Constantinopla na primavera seguinte, enquanto matava (de acordo com o cronista bizantino Procópio de Cesareia) 10 000 pessoas por dia, atingindo 40% dos habitantes da cidade. Foi eliminada até um quarto da população do oriente médio.

Peste Negra (1300) - oitocentos anos depois do último aparecimento, a peste bubônica tinha voltado à Europa. Começando a contaminação na Ásia, a doença chegou à Europa mediterrânea e ocidental em 1348 (possivelmente de comerciantes fugindo de italianos lutando na Crimeia), e matou vinte milhões de europeus em seis anos, um quarto da população total e até metade nas áreas urbanas mais afetadas.

Gripe Espanhola (1918-1920) - A "gripe espanhola" foi uma pandemia do vírus influenza (H1N1) que, entre janeiro de 1918 e dezembro de 1920, infectou 500 milhões de pessoas, cerca de um quarto da população mundial na época. Estima-se majoritariamente que o número de mortos esteja entre 17 milhões e 50 milhões, com algumas projeções indicando até 100 milhões. Independente da diferença entre os números, trata-se de uma das epidemias mais mortais da história da humanidade.

(Fiocruz, julho de 2021)

DICA!

- Segundo a OMS, uma pandemia é a disseminação mundial de uma nova doença. O termo indica que a enfermidade se espalhou por diferentes continentes com transmissão sustentada de pessoa para pessoa.

Com relação à pandemia, muitas são as informações importantes. Destaque para:

No dia 17 de janeiro de 2021, a enfermeira Mônica Calazans, na época com 54 anos, foi a primeira pessoa a ser vacinada no Brasil (com a Coronavac, desenvolvida pelo Instituto Butatan). Mônica foi a vencedora do prêmio Notáveis CNN em 2020 pela sua luta contra o coronavírus.

Até o ano de 2020, a preocupação inicial era entender o fluxo de disseminação do vírus, compreender a gravidade e intervir da maneira como era possível. Com o avanço dos estudos científicos, a preocupação passou a ser alcançar vacinas com eficiência para interromper o risco de morte. As agências reguladoras dos diferentes países passaram a atuar para validar a utilização emergencial das vacinas. A primeira vacinada registrada foi a Sputinik V, da Rússia (aplicada em duas doses, no intervalo de 21 dias) – o registro aconteceu em 11 de agosto de 2020.

Outros fatos são importantes: a primeira cidade a decretar medidas restritivas no país, lockdown, foi Araraquara, no interior de São Paulo. Já a cidade de Serrana, também no interior de São Paulo, participou de uma ação do Instituto Butantan (Projeto S), com a imunização dos adultos em massa (quando o Plano Nacional e Imunização ainda estava vacinando os idosos). Um projeto similar aconteceu em Botucatu, também no interior de São Paulo, mas com a participação da Fiocruz.

Pelo mundo as experiências na busca pela vacinação em massa também foram curiosas: cerveja, maconha, dinheiro e donuts chegaram a ser brindes oferecidos para estimular as campanhas de vacinação. Enquanto uns aguardavam ansiosamente pela vacinação, outros pelo país resistiam. São vários fatores levados em consideração que um material de atualidades não tem por objetivo cercar. Entretanto, é importante lembrar de casos de:

- **Fura filas de vacina**
- **Negacionistas da eficácia das vacinas**
- **Sommeliers de vacina (pessoas que "escolhiam" a vacina que gostaria de tomar).**

A discussão sobre a vacina ganhou o alcance da Justiça. Decisões passaram a discutir a possibilidade de demissão por justa causa em caso do funcionário que opte por não se vacinar (vale destacar que as situações sobre o tema exigem um olhar específico para a realidade).

Junto com esse problema de saúde pública, acompanhamos a política se perfazendo da pior maneira: escândalos de corrupção, fraudes em contratos, superfaturamento na compra de equipamentos e na construção de hospitais de campanha, trocas de acusação de parlamentares, e prejuízo para a população. População que não saiu ilesa: as fraudes no auxílio emergencial chegaram a prejuízos bilionários, segundo dados do Tribunal de Contas da União.

O Supremo Tribunal Federal chegou a ser acionado algumas vezes para tratar a questão (como no caso quando optou pela autonomia de municípios e estados na condução de medidas restritivas). Um CPI (Comissão Parlamentar de Inquérito) foi arquitetada para levantar informações sobre a gestão da pandemia por determinados agentes públicos, empresas do setor farmacêutico e demais negociadores.

Em abril de 2021, o Tribunal Especial Misto decidiu pelo impeachment do então governador do Rio de Janeiro, Wilson Witzel. Os dez julgadores - cinco deputados e cinco desembargadores - consideraram Witzel culpado por crime de responsabilidade na gestão de contratos na área da Saúde durante a pandemia. O tribunal também decidiu que o ex-juiz-federal ficará inelegível e proibido de exercer cargos públicos por 5 anos - só o deputado Alexandre Freitas (Novo) divergiu e votou pelo afastamento de 4 anos, mas foi voto vencido. Witzel foi acusado de fraudes na contratação de duas organizações sociais, uma delas, o Iabas, responsável por hospitais de campanha para tratar pacientes de Covid. Em agosto de 2021, um pedido de recurso da defesa do ex-governador foi recusado pelo TJ-RJ. Por unanimidade de votos, o Órgão Especial do TJRJ rejeitou a solicitação ao entender que o Supremo Tribunal Federal (STF) garantiu a aplicação da Lei Federal 1.079 a processos de impeachment contra governadores. No entendimento do desembargador relator do caso, Bernardo Garcez, também "não há dúvida quanto à recepção dos seus [impeachment] aspectos materiais e processuais pela Constituição de 1988".

Um dos pontos mais tristes da pandemia diz respeito ao número de mortes. Infelizmente, na escala global, são milhões de mortos. O Brasil esteve nas estatísticas como uma das nações com o maior número de mortes. Como esse dado se atualiza diariamente, seria pouco útil inseri-lo no material. Ainda assim, alguns recortes são importantes:

- **Em 19 de junho, o país atingiu 500 mil mortes pela covid-19.** No dia 17 de março do de 2020, o país registrou a primeira morte. Daí, foram quase cinco meses até atingirmos 100 mil vítimas da Covid, no dia 8 de agosto. Depois, mais cinco meses até as 200 mil mortes, já em 2021, em 7 de janeiro. A partir daí, o tempo diminuiu pela metade: em dois meses e meio, 76 dias, passamos dos 300 mil mortos, em 24 de março. Mais uma vez, o tempo caiu pela metade e, apenas 36 dias depois, já eram mais de 400 mil vítimas da Covid. E dia 19 de junho, 51 dias depois, infelizmente, já eram mais de 500 mil que perderam a vida para a Covid (G1, junho de 2021).

Um dos ministérios centrais na gestão da pandemia também virou notícia pela troca de ministros, o Ministério da Saúde: **Luiz Henrique Mandetta, Nelson Teich, Eduardo Pazuello e Marcelo Queiroga** (até o fechamento da edição). Tão polêmica quanto a troca de ministros, foi a discussão sobre medicamentos, em tese, sem confirmação científica de eficiência no tratamento da covid que se tornaram alvo de intensos debates entre parlamentares, especialista da saúde e a sociedade como um todo.

> O Youtube também apareceu nos noticiários por conta da pandemia. O YouTube removeu vídeos, incluindo transmissões ao vivo, do canal do presidente Jair Bolsonaro (sem partido). Segundo a rede social, os conteúdos foram bloqueados por violar as políticas de informações que proíbem a abordagem sobre a Covid-19 que apresente "sérios riscos de danos significativos".
>
> A assessoria declarou que os vídeos mencionavam que hidroxicloroquina e/ou ivermectina são eficazes para tratar ou prevenir COVID-19, que há uma cura para a doença, e que as máscaras não funcionam para evitar a propagação do vírus. A empresa disse ainda que aplica as diretrizes "de forma consistente em toda a plataforma, independentemente de quem seja o produtor de conteúdo ou de visão política".
>
> A plataforma informou em abril que serão retirados vídeos que tenham:
>
> - conteúdo que recomenda o uso de ivermectina ou hidroxicloroquina para o tratamento da Covid-19;
> - conteúdo que recomenda o uso de ivermectina ou hidroxicloroquina para prevenção da Covid-19;
> - afirmações de que ivermectina ou hidroxicloroquina são tratamentos eficazes contra a Covid-19;
> - alegações de que há um método de prevenção garantido contra a Covid-19;
> - afirmações de que determinados remédio ou vacinas são uma cura garantida para a Covid-19.
>
> Além disso, em suas diretrizes, o YouTube diz que "também não é permitido o envio de conteúdo que dissemine informações médicas incorretas que contrariem as orientações da Organização Mundial da Saúde (OMS)".

De acordo com a empresa, a conduta mencionada vale para:

- tratamento;
- prevenção;
- diagnóstico;
- transmissão;
- diretrizes sobre distanciamento social e autoisolamento;
- e a existência da Covid-19.

(G1, julho de 2021)

Em 2021, a instalação da CPI da covid ganhou os noticiários. Tendo Omar Aziz como presidente, Randolfe Rodrigues como vice-presidente e Renan Calheiros como relator, a CPI viveu dias tensos e intensos. Vários personagens foram ouvidos pela CPI. O destaque para prova de atualidades seria o suposto esquema de propina para aquisição de vacinas (as investigações transcorrem no momento do fechamento da edição). Um item interessante envolveria a Covaxin (vacina indiana que estaria em negociação com valor superfaturado).

Outro ponto importante com relação ao imbróglio jurídico da pandemia diz respeito ao fato dos ministros do Supremo Tribunal Federal terem formado maioria, desconsiderando a convocação de governadores para a CPI. O fato levantou uma série de interrogações sobre a atuação do STF que já vinha sendo questionada em outros aspectos (lembrando que para fins de prova, é importante acompanhar o efeito descritivo da notícia, sem nenhum viés político-partidário).

Outro fato importante diz respeito ao número de personalidades de diferentes setores que acabaram morrendo por complicações da covid-19. Fica difícil listar tantas personagens importantes, mas é fato que a morte de personalidades sempre oferece visibilidade para o tema.

Aproveitando a transversalidade do tema, desde o início da pandemia as pessoas foram bombardeadas com um amplo número de notícias, inclusive, falsas (alguns especialistas preferem não considerar as "falsas" como "notícias"). Assim, surgiu o termo infodemia (que acabou sendo inserido em 2021 no Vocabulário Ortográfico da Língua Portuguesa - VOLP). Junto com o termo infodemia, outros vocábulos relacionados à doença foram adicionados ao vocabulário oficial, como o próprio nome da doença, covid-19, e telemedicina. Também há alguns estrangeirismos, como lockdown (confinamento) e home office (trabalhar de casa).

Segundo a própria Organização Mundial da Saúde (OMS), a infodemia se caracteriza por um aumento excessivo no volume de informações relacionadas a um determinado assunto. Essas notícias (falsas e verdadeiras) acabam tornando difícil a simples tarefa de se informar e encontrar fontes e orientações confiáveis quando se precisa.

Embora o termo tenha sido adicionado recentemente ao Vocabulário Ortográfico da Língua Portuguesa (Volp), o fenômeno da infodemia não surgiu exatamente por conta da pandemia do coronavírus SARS-CoV-2, mas ganhou nome próprio durante a crise sanitária. A palavra faz referência ao excesso de notícias compartilhadas, algumas verdadeiras e outras não.

(Tecmundo, agosto de 2021)

RAIO-X DA COVID-19

- ✓ De fato, a pandemia se demonstrou uma temática extremamente ampla (indo da questão econômica – desafio de vacinas para as nações mais pobres – até a questão geopolítica – Taleban, avançando pela capital Cabul, no Afeganistão, anunciou a suspensão da vacinação).
- ✓ Vários escândalos de vacinação levaram à queda de ministros da saúde em diferentes localidades: Argentina, Peru, Equador e outras localidades. Além disso, o debate sobre a pandemia se fez completamente conectado com a questão política (afinal de contas, cada nação assumiu um comportamento e os reflexos foram sentidos de alguma maneira).
- ✓ No segundo semestre de 2021, ampliou-se o debate sobre uma 3ª dose (ou dose de reforço) para determinadas situações em alguns países. Entretanto, a Organização Mundial da Saúde fez um apelo as nações para que auxiliassem no envio de vacinas para áreas onde as campanhas de vacinação não haviam começado, ou ainda estavam em processo lento.
- ✓ Outros temas paralelos ao contexto da saúde ganharam força por conta das medidas de isolamento. Algumas localidades registraram aumento de violência contra a mulher, criança e adolescente, idoso, etc. O problema ampliou ações voltadas para a proteção de grupos que passaram a conviver mais tempo com os agressores.
- ✓ A saúde mental da população passou a ser uma preocupação. Na verdade, até o fechamento da edição, era difícil apontar dados consolidados sobre os impactos efetivos para a sociedade (os especialistas afirmam que é preciso um tempo maior para tal observação).
- ✓ A defasagem educacional certamente é um dos assuntos que irá perdurar pelos próximos anos. A interrupção das aulas e o ensino remoto, acabou por acirrar a desigualdade em um país marcado pelas disparidades socioeconômicas. Dessa forma, tornar-se-á um dos temas mais importantes para as discussões futuras.
- ✓ Uma personagem que ganhou destaque nos noticiários por conta da pandemia foi a "Capitã Cloroquina", Mayra Pinheiro. Até mesmo quando foi vacinada contra a Astrazeneca houve repercussão. A secretária de Gestão do Trabalho e da Educação na Saúde, do Ministério da Saúde, foi ouvida pela

CPI (Comissão Parlamentar de Inquérito) da Covid no Senado e questionada sobre o aplicativo "TrateCov", que recomendava o "tratamento precoce" para pacientes que apresentavam sintomas da covid-19. O aplicativo gerava um receituário médico que recomendava medicamentos como cloroquina, hidroxicloroquina e azitromicina. Os remédios não têm eficácia comprovada contra o coronavírus. Inicialmente, a plataforma foi lançada apenas para uso de profissionais de saúde, mas qualquer pessoa podia acessar, preencher o formulário e conseguir as receitas (Poder 360, junho de 2021).

▸ QUESTÃO SOBRE O TEMA:

Quando a pandemia será superada?

Se a OMS decidir que a pandemia acabou, será cada um dos países – ou mesmo os estados ou províncias – que determinarão quando a emergência de saúde pública terminará e as quarentenas e restrições poderão ser suspensas.

VACINAS EM DESENVOLVIMENTO NO BRASIL

✓ Em desenvolvimento no Instituto Butantan e já em teste em seres humanos, a Butanvac largou na frente na corrida entre algumas das maiores instituições de pesquisa do Brasil em busca de um imunizante nacional contra a covid-19. São mais de dez projetos em andamento em todo o País, mas cinco deles estão mais adiantados. Além da Butanvac, os produtos das UFRJ, da UFMG e da USP de Ribeirão Preto aguardam autorização da Anvisa para início dos testes clínicos, seguidos pela candidata da UFPR (até o fechamento da edição, em agosto de 2021).

▸ QUESTÃO SOBRE O TEMA:

Por que a OMS alterou o nome das variantes?

Dois motivos gerais explicam a alteração do nome das variantes de números e letras, pelo alfabeto grego: ruptura com o estigma das localidades, o que criava preconceito contra determinadas pessoas e, além disso, a necessidade de facilitar a comunicação. Dessa forma, definiu-se pela alteração.

Segundo a OMS, a mudança quer evitar a estigmatização e a discriminação dos países onde essas variantes foram detectadas. A padronização também visa simplificar o tema. Cientistas criticavam, por exemplo, que eram utilizados vários nomes para a cepa descoberta na África do Sul possuía, incluindo B.1.351, 501Y.V2 e 20H/501Y.V2. Com a mudança, a variante britânica passa a ser chamar oficialmente alfa; a sul-africana, beta; a brasileira, gama; e as indianas, de capa e delta (DW Brasil, junho de 2021).

No instante do fechamento da edição (agosto de 2021), a grande preocupação era inclusive a variante Delta (algumas informações desencontradas circulavam com relação à variante).

3. AIDS: DESAFIO HISTÓRICO

Conhecida por Aids, a Síndrome da Imunodeficiência adquirida é um dos maiores desafios da saúde. Trata-se de um problema histórico. Ainda não existe cura para a doença que, em 2014, **atingiu 36,9 milhões de pessoas – mais de 68% vivendo na África.**

Enquanto desafio histórico, a verdade é que o tema evolui consideravelmente. O Brasil, por exemplo, é tido como **referência mundial no combate à doença.** O Brasil foi o primeiro país a combinar o uso de medicamentos (coquetel) com o tratamento universal e gratuito. O que tem assustado as autoridades é o progresso da doença nos últimos anos. De acordo com o Ministério da Saúde, o Brasil registra cerca de 40 mil casos novos por ano.

A ONU estima que quase **2 milhões de novos casos são diagnosticados anualmente no mundo e mais de 1 milhão de pessoas morreu em 2015** em decorrência da Aids. Ainda segundo relatório da ONU, enquanto progressos significativos foram alcançados para prevenir novas infecções entre crianças (os casos caíram 70% desde 2001 e permanecem em declínio), o cenário entre adultos é alvo de preocupação.

Existem disparidades visíveis as diferentes localidades do globo com relação aos casos de Aids. De acordo com o relatório divulgado pelo Programa Conjunto das Nações Unidas sobre HIV/Aids, entre 2010 e 2015 a **Europa Oriental e a Ásia Central verificaram aumento de 57% em novas infecções pelo vírus em adultos.** O Caribe, após anos de redução no número de casos, identificou aumento de 9%, enquanto no Oriente Médio e Norte da África o aumento chegou a 4% no mesmo período. **Na América Latina, os números subiram 2%.**

O Ministério da Saúde registrou aumento no número de casos de HIV em 2016. Foram 37.884 casos, contra 36.360 em 2015 -- um aumento de 4%. A tendência, de acordo com as novas notificações enviadas à pasta, é de aumento desde 2014, quando foi registrada alta de 56,2% em relação a 2013. Também me dezembro de 2017, o Ministério da Saúde anunciou que medicamentos para a prevenção do HIV passarão a ser oferecidos gradativamente no SUS.

▸ QUESTÃO SOBRE O TEMA:

E na atualidade, existem dados satisfatórios?

O estado de São Paulo registrou uma queda de 74% nos casos de óbitos por Aids, 24 anos após o pico de mortes pela doença. Em 1995, foram registrados 7.739 óbitos, a taxa de mortalidade era de 22,9 por 100 mil habitantes. Em 2019, caiu para 2.049 mortes e a taxa de mortalidade passou para 4,6 por 100 mil habitantes. Esses dados foram apresentados em julho de 2021 pela Fundação Seade, de análise de dados. De acordo com o Centro de Referência e Tratamento de Dsts e Aids de São Paulo, o diagnóstico precoce é fundamental para que, com a utilização de remédios e tratamento, a pessoa tenha quadros menos graves da doença e maior qualidade e expectativa de vida. Conforme explicou a diretora do centro, a médica Maria Clara Gianna. Segundo ela é importante ter testes rápidos oferecidos à população e treinar os profissionais de saúde e encaminharem os usuários do SUS aos exames (Agência Brasil julho d e2021).

DICA!

▶ Outro dado que preocupa a Organização das Nações Unidas (ONU) diz respeito à população jovem (de 15 a 19 anos). Segundo o Fundo das Nações Unidas para a Infância (UNICEF), a cada hora, **29 adolescentes entre 15 e 19 anos são infectados pelo vírus do HIV e a Aids continua sendo a segunda causa de morte entre jovens** nessa faixa etária. De acordo com a agência da ONU, as **meninas são particularmente mais vulneráveis**, representando cerca de 65% das novas infecções em adolescentes em todo o mundo. Na **África Subsaariana**, onde há aproximadamente **70% das pessoas no mundo vivendo com HIV**, três em cada quatro adolescentes infectados pelo vírus em 2015 eram meninas. Um dos **tabus entre os jovens é a realização dos testes.** Entre os adolescentes, apenas 13% das meninas e 9% dos rapazes foram testados no último ano. Já as novas **infeções entre as crianças**, – em função de parto ou amamentação – **diminuíram 70% desde 2000.** Em 2015, **metade das novas infeções entre crianças com idades entre 0 e 14 anos** ocorreu em seis países: Nigéria, Índia, Quênia, Moçambique, Tanzânia e África do Sul. Entre 2002 e 2012, a **expansão do acesso ao tratamento evitou 4,2 milhões de mortes em todo o mundo** e contribuiu para uma redução de 58% de novas infecções pelo vírus HIV, embora mais de 60% das pessoas que vivem com HIV ainda não tenha acesso a terapia antirretroviral.

▶ **IMPORTANTE!**

Em junho, enquanto a Cidade do México celebrava a diversidade e a inclusão sexual, um homem foi preso por "perigo de contágio", crime adaptado à pandemia de Aids e que recuperou forças com a de covid-19. A imagem de Juan "N", como identificado pelo Ministério Público da capital, foi divulgada em foto e vídeo. Seu crime: não ter informado a uma ex-companheira que era portador do HIV. A tipificação penal é de "perigo de contágio" e pode levar a até cinco anos de prisão para quem, sabendo que tem uma doença venérea, ou grave, infectar mais pessoas "por meio de relações sexuais", ou de "outros meios". Em 2020, o Ministério Público (MP) da capital abriu 78 inquéritos por "perigo de contágio", e já são 52 este ano, segundo dados oficiais que não especificam a doença que gerou as denúncias (Uol, julho de 2021)

4. SAÚDE E A PROBLEMÁTICA DA FOME

Um dos grandes dilemas da contemporaneidade diz respeito à problemática da fome. A pandemia agravou um problema que já é histórico, jogando muitas famílias na condição de vulnerabilidade e ampliando estatística da pobreza e extrema pobreza. O socorro do Estado não conseguiu dar conta de tamanha proporção e, pelo mundo, a consequência imediata é a insegurança alimentar grave.

Nessa esteira, entidades como a FAO e o PMA, tendem a ganhar evidência dentro das respectivas áreas de atuação.

Houve um agravamento dramático da fome mundial em 2020, as Nações Unidas disseram, em julho de 2021 – muito provavelmente relacionado às consequências da Covid-19. Embora o impacto da pandemia ainda não tenha sido totalmente mapeado, um relatório de várias agências estima que cerca de um décimo da população global – até 811 milhões de pessoas – enfrentaram a fome em 2020. O número sugere que será necessário um tremendo esforço para o mundo honrar sua promessa de acabar com a fome até 2030. A edição deste ano de O Estado da Segurança Alimentar e Nutricional no Mundo (The State of Food Security and Nutrition in the World – disponível em inglês) é a primeira avaliação global desse tipo na era da pandemia. O relatório é publicado em conjunto pela Organização das Nações Unidas para Alimentação e Agricultura (FAO), o Fundo Internacional para o Desenvolvimento Agrícola (Fida), o Fundo das Nações Unidas para a Infância (UNICEF), o Programa Mundial de Alimentos das Nações Unidas (PMA) e a Organização Mundial da Saúde (OMS).

Já em meados da década de 2010, a fome havia começado a aumentar, destruindo as esperanças de um declínio irreversível. Perturbadoramente, em 2020 a fome disparou em termos absolutos e proporcionais, ultrapassando o crescimento populacional: estima-se que cerca de 9,9% de todas as pessoas tenham sido afetadas no ano passado, ante 8,4% em 2019.

Mais da metade de todas as pessoas enfrentando a fome (418 milhões) vive na Ásia; mais de um terço (282 milhões) na África; e uma proporção menor (60 milhões) na América Latina e no Caribe. Mas o aumento mais acentuado da fome foi na África, onde a prevalência estimada – em 21% da população – é mais do que o dobro de qualquer outra região.

Também em outras medições, o ano de 2020 foi sombrio. No geral, mais de 2,3 bilhões de pessoas (ou 30% da população global) não tinham acesso a alimentação adequada durante todo o ano: esse indicador – conhecido como prevalência de insegurança alimentar moderada ou grave – saltou em um ano tanto quanto nos cinco anos anteriores combinados. A desigualdade de gênero se aprofundou: para cada 10 homens com insegurança alimentar, havia 11 mulheres com insegurança alimentar em 2020 (comparados a 10,6 em 2019).

A má nutrição persistiu em todas as suas formas, com as crianças pagando um preço alto: em 2020, estima-se que mais de 149 milhões de crianças menores de 5 anos sofriam de desnutrição crônica, ou eram muito baixas para sua idade; mais de 45 milhões tinham desnutrição aguda, ou eram muito magras para sua altura; e quase 39 milhões estavam acima do peso.[1] A alimentação saudável permaneceu inacessível para três bilhões de adultos e crianças, em grande parte devido ao alto custo dos alimentos. Quase um terço das mulheres em idade reprodutiva sofre de anemia. Globalmente, apesar do progresso em algumas áreas –como, por exemplo, mais bebês sendo alimentados exclusivamente com leite materno –, o mundo não está a caminho de atingir as metas de nenhum indicador de nutrição até 2030.

No Brasil, os dados da FAO mostraram que 23,5% da população sofreu com insegurança alimentar moderada ou grave entre 2018 e 2020. No período de 2014 a 2016, essa fatia era de 18,3%. Em números absolutos, o aumento foi de 37,5 milhões para 49,6 milhões de pessoas nesse período.

(Unicef, julho de 2021)

5. OUTROS RECORTES RELEVANTES DA ÁREA DA SAÚDE

Dados da OMS ampliaram a preocupação para o modelo de vida contemporâneo. Em maio de 2021, um estudo da OMS revelou que em 2016, 745 mil pessoas morreram por acidente vascular cerebral (AVC) ou por doenças cardíacas em consequência das longas horas de trabalho. No primeiro estudo global sobre os efeitos dos horários excessivos na saúde dos trabalhadores, a OMS e a OIT concluíram que trabalhar 55 ou mais horas por semana aumenta em 35% o risco de morte por AVC e em 17% por doença cardíaca, em comparação com uma semana de trabalho de 35 a 40 horas.

Em 2016, o estudo estima que 745 mil pessoas foram vítimas de doenças provocadas pelo excesso de horas de trabalho: 398 mil morreram de AVC e 347 mil de doenças cardíacas. Entre 2000 e 2016, o número de mortes por doenças cardíacas devido a longas horas de trabalho aumentou 42% e por AVC, 19%. A pesquisa, publicada nesta segunda-feira (17) na revista científica Environmental International, mostrou ainda que 72% das mortes em consequência da jornada extensa correspondiam a homens com idades entre 60 e 79 anos, que trabalharam 55 ou mais horas por semana entre os 45 e 74 anos.

Segundo o estudo, as pessoas que vivem no Sudeste Asiático e na região do Pacífico Ocidental foram as mais afetadas. Nas regiões com mais leis regulamentadas que limitam as horas de trabalho, como a Europa ou a América do Norte, a incidência de mortes por problemas cardiovasculares é menor. A OMS e a OIT estimam que quase um em cada dez trabalhadores em todo o mundo (cerca de 480 milhões) tem de trabalhar mais de 55 horas por semana e esse número está aumentando, pondo ainda mais pessoas em risco de invalidez e morte precoce.

▶ **IMPORTANTE!**

A maior incidência de doenças não transmissíveis pode ser explicada por fatores como o **envelhecimento da população** (um dos grandes desafios das políticas públicas) ou ainda pela **ampliação dos casos de obesidade e sedentarismo**. O grande paradoxo é que as condições de vida nos países ricos favorecem o crescimento destas problemáticas – isso se dá pela maior **fartura de alimentos, além da combinação com a tecnologia disponível** (o que tende a sustentar um ambiente mais sedentário). Por isso, segundo dados, cerca de 87% das mortes, em países ricos, têm como origem uma doença não transmissível.

6. E O ABORTO, AINDA É POLÊMICO?

O tema se consolida como um dos mais polêmicos enfrentados pela sociedade ao longo da história. Diferentes **agentes externos acabam por influenciar no posicionamento crítico**, além do fato de que **outras experiências de legalização** costumam ser associadas ao caso brasileiro para defesa ou ataque de uma provável regulamentação. Recentemente, a questão ganhou corpo por conta de projetos debatidos sobre a ampliação dos procedimentos burocráticos para o aborto, no caso do estupro, ou ainda pela discussão sobre os casos de microcefalia e a possibilidade de flexibilização da lei.

Segundo a Organização Mundial da Saúde (OMS), cerca de **19 milhões dos abortos são realizados anualmente de forma insegura, resultando na morte de 70 mil mulheres.** Ainda segundo a ONU (Organização das Nações Unidas), **leis mais restritivas contribuem** para aumentar a mortalidade por abortos inseguros. Por isso, o destaque abaixo se dá a partir **dos dados elucidados sobre o tema**, cabendo ao leitor desenvolver sua **visão autônoma** (favorável ou contrária à prática). Neste momento, o objetivo não é tocar ou esgotar os argumentos, sendo que o tema envolve aspectos de elevada divergência.

Possibilidades de interrupção da gravidez no Brasil: são **três situações** e pode ser realizado pelo SUS (Sistema Único de Saúde):

- Quando a **gravidez é decorrente de estupro** (sem a necessidade de boletim de ocorrência que comprove tal ação).
- No caso em que há **risco de morte para a mãe.**
- Se o **feto é anencéfalo** – sem cérebro (não é necessária autorização judicial para a interrupção involuntária da gravidez).

Casos recentes: alguns países flexibilizaram suas legislações para permitir a prática do aborto. Este é o caso de Portugal, que desde 2007 permite o aborto até a 10ª semana de gestação. No Uruguai, o procedimento é permitido até a 12ª semana de gestação, sendo este prazo ampliado até a 14ª semana no caso de estupro. Na Espanha, em 1985, o aborto foi legalizado em três casos: risco à saúde física ou psíquica da mulher, estupro e malformação do feto. Desde 2010, o procedimento é permitido por decisão da mulher até a 14ª semana e, em casos especiais, até a 14ª semana e, em casos especiais, até a 22ª semana de gestação. Uma grande mobilização nacional surgiu em 2014 frente à tentativa do governo de reduzir o acesso ao aborto legal no país. Em 2015, o Senado determinou que menores idade precisam da autorização dos pais para a intervenção. Na França, o aborto foi legalizado em 1975 e, desde 2001, é permitido até a 14ª semana de gestação. Neste mesmo ano, houve outras alterações importantes na legislação relativa à interrupção da gravidez, como o fim da obrigatoriedade de autorização dos pais para gestantes menores de idade em todos os casos.

Desde os anos 1970, o número de países que passaram a possibilitar o aborto cresceu consideravelmente (cada país, dentro de suas especificidades). Nas Américas,

Estados Unidos, Canadá, Cuba, Uruguai e Cidade do México permitem o aborto. Na Europa, estão entre os países em que é legal a realização do aborto Áustria, Bélgica, Dinamarca, Espanha, França, Finlândia, Holanda, Inglaterra, Itália, Noruega, Portugal e Suécia. A lista inclui países em que é muito forte a influência da Igreja Católica, fato que, por vezes, é mobilizado para explicar o atraso da legislação brasileira. Mesmo na Ásia e na África, onde há, como na América Latina, maiores restrições no direito ao aborto, ele é permitido em países como Japão, China, Singapura, Coreia do Norte e África do Sul.

O amplo número de casos de microcefalia trouxe a discussão sobre o aborto como destaque. No Brasil, como dito, o aborto é considerado crime contra a vida e pode dar pena de três anos para a mulher que o fizer ou permitir que outra pessoa o faça. O tema envolve diferentes exemplos, entendimentos e visões. Uma pesquisa realizada pelo Datafolha, em fevereiro de 2016, demonstrou que a maior parte da população (58%) se coloca contrária a possibilidade de realização do aborto para fetos com microcefalia. Cerca de 32% defenderam a possibilidade e 10% não soube opinar. Ações junto ao Supremo Tribunal Federal foram articuladas e as redes sociais foram abastecidas de argumentos contrários e favoráveis.

A Irlanda, um país com raízes religiosas, realizou um referendo para tratar a questão do aborto. A Suprema Corte da Irlanda foi responsável por liberar o caminho para uma consulta popular sobre a legalização do aborto. O tribunal decidiu que os fetos não têm direitos constitucionais inerentes além do direito à vida, contido na oitava emenda da lei máxima do país. O aborto sempre foi ilegal na Irlanda, mas sua proibição só foi inserida na Constituição em 1983, após ter obtido 67% dos votos em um referendo da época. O "sim" (favorável pela legalização) recebeu cerca de 70% dos votos. Vale destacar que a Irlanda é conhecida como uma das nações de maior influência católica. Apesar da tradição fortemente religiosa, o país tem se demonstrado aberto aos principais temas: o país aprovou, em referendo realizado em 2015, o casamento homossexual; em 2017, Varadkar se tornou o primeiro premiê abertamente gay do país. Segundo informações do governo, o projeto de lei para formalizar a decisão do referendo deve acontecer até o final de 2018.

Veja como funciona a questão do aborto em outros países:

Alemanha	Desde 1976, as mulheres podem interromper a gravidez legalmente, mas sob determinadas condições. O aborto deve ser realizado até a 12ª semana de gestação. É preciso que, ao menos três dias antes do procedimento, a mulher passe por uma consulta num centro de aconselhamento reconhecido pelo Estado ou que apresente um boletim de ocorrência que indique que a gravidez decorreu de um crime sexual. A partir da 12ª semana, o aborto é permitido somente por recomendação médica.

Áustria	O aborto é legal desde 1975 e pode ser feito por decisão da mulher ou motivos médicos. O procedimento é permitido até a 16ª semana, e a gestante precisa ser aconselhada por um médico antes da intervenção. Depois desse período, o aborto só é permitido em casos de risco à saúde física ou psicológica da mulher, se o feto apresentar alguma deficiência grave ou se a gestante for menor de 14 anos.
Holanda	Ainda que a interrupção da gravidez possa ser feita até a 22ª semana de gestação por decisão da mulher, a Holanda é um dos países com menor nível de abortos do mundo. A política de educação sexual e o fácil acesso a métodos contraceptivos são considerados motivos para esse baixo número.
Polônia	O aborto foi legalizado em 1984 em casos de risco à vida da mulher, malformação fetal ou estupro. Em 2007, após um referendo nacional, a interrupção da gravidez por opção da mulher até a 10ª semana de gestação passou a ser permitida. Há pouco mais de um mês foi divulgado um estudo que aponta que Portugal é o país europeu com menos abortos por cada mil nascimentos vivos.
México	Cada um dos estados tem uma legislação própria sobre o aborto. Desde 2007, o aborto é permitido na Cidade do México até 12ª semana de gestação, por decisão da mulher.
China	O aborto é totalmente legalizado. Durante a vigência da chamada política do filho único proíbe, entre o fim dos anos 1970 e 2015, foram realizados muitos abortos forçados. Estima-se que foram realizados cerca de 336 milhões de aborto no período. A decisão de acabar com a política do filho único foi motivada pelo envelhecimento da população e pela queda na taxa de natalidade. Os casais podem agora ter no máximo dois filhos.
Rússia	Em 1920, a Rússia se tornou o primeiro país do mundo em permitir o aborto sob qualquer circunstância. Sendo proibido entre 1936 e 1954, a intervenção foi novamente legalizada, tornando-a permitida até a 12ª semana. Na União Soviética, pela falta de métodos anticoncepcionais e de educação sexual, o aborto era tido como a única ferramenta de planejamento familiar. Atualmente, a Rússia é o país com a maior quantidade de interrupções voluntárias da gravidez: calcula-se que, em média, são feitos 1 milhão de abortos voluntários por ano no país.
EUA	Desde 1973, o aborto é legal em todos os estados americanos.

(Portal Uol)

Na madrugada do dia 30 de dezembro de 2020, o Senado argentino aprovava a lei de descriminalização do aborto. O projeto, de autoria do governo do presidente Alberto Fernandez, foi sancionado pelo Executivo em janeiro de 2021, garantindo a todas as mulheres em solo argentino o direito de interromperem a gravidez até a 14ª semana de gestação. Com a decisão, a Argentina tornou-se o 6º país latino-americano a legalizar o aborto – e o 67º no mundo. A interrupção, até então, era permitida apenas em caso de estupro ou quando a gravidez trazia risco à vida da mulher.

7. OUTROS TÓPICOS RELEVANTES ACERCA DE SAÚDE

Epidemia de sífilis

- O Brasil vive uma nova epidemia de sífilis, uma doença **sexualmente transmissível que parecia existir**, para a maior parte da população, apenas nos livros de história.
- A doença, causada por uma bactéria, pode levar a problemas de fertilidade e até a morte, se não tratada. A maior preocupação é com a transmissão de mulheres grávidas para os fetos.
- Os bebês podem sofrer **malformações no sistema nervoso, perder a visão ou a audição e até mesmo morrer**.
- O Ministério da Saúde divulgou dados recentes mostrando que o **número de pessoas infectadas no Brasil aumentou 32,7%** entre 2014 e 2015.
- "Esse aumento não está acontecendo só no Brasil, é um problema global", afirma Adele Benzaken, diretora do Departamento de DST, Aids e Hepatites Virais do Ministério da Saúde.
- A sífilis, de fato, é uma doença antiga. No século XV, causou uma das primeiras epidemias globais, com **milhares de mortes por toda a Europa**. A penicilina, o antibiótico usado para exterminar a bactéria, não havia sido descoberto à época.
- Eram feitos tratamentos à base de mercúrio. A descoberta da penicilina, em 1928, contribuiu para diminuir a disseminação da doença nas décadas seguintes. Um reforço importante ao combate à doença foram as campanhas para aumentar o uso do preservativo, que ganharam força com a descoberta do vírus da Aids, na década de 1980.
- No Brasil, a sífilis saiu dos holofotes a ponto de **nem ser obrigatório que serviços de saúde avisassem o Ministério da Saúde quando encontrassem um caso**. A notificação só passou a ser obrigatória em 2010.
- As causas para o aumento recente dos casos ainda estão em investigação. Mas algumas mudanças comportamentais ajudam a entender por que a bactéria voltou a assustar.
- Um dos principais motivos é, ironicamente, o fato de a **aids ter deixado de assustar**.
- Com o sucesso dos tratamentos antirretrovirais, que afastaram da doença o rótulo de fatal, as gerações mais jovens relaxaram nos hábitos de prevenção.

- Os jovens de 13 a 15 anos estão **se protegendo menos na hora do sexo,** segundo um levantamento do Instituto Brasileiro de Geografia e Estatística (IBGE). Em 2012, **75% dos entrevistados usaram preservativo em sua última relação sexual.** Em 2015, apenas **66% fizeram uso da camisinha.**

Fonte: ‹http://epoca.globo.com/saude/noticia/2016/11/por-que-o-brasil-vive-uma-epidemia-de-sifilis.html›.

Padrão alimentar – pesquisa do IBOPE

Os adeptos da alimentação vegetariana, aqueles que excluem a carne do cardápio, somam 30 milhões (14% da população brasileira), segundo pesquisa do Ibope encomendada pela Sociedade Vegetariana Brasileira e divulgada em maio de 2018. Já os que se declaram como não vegetarianos chegam a 81%.

Bebê gerado pelo DNA de três pessoas

- Cientistas anunciaram o nascimento do primeiro bebê no mundo com uma nova **técnica de fertilização in vitro com "três pais",** segundo a revista "New Scientist". O bebê Abrahim Hasan tem 5 meses e nasceu no México. Uma outra técnica de fertilização com o DNA de três pessoas já foi utilizada de forma experimental no passado nos Estados Unidos, mas o método foi abandonado depois de recomendações de órgão regulatório.
- A fertilização in vitro que usa DNA de três pessoas – do pai, da mãe e de uma doadora – foi aprovada **somente no Reino Unido até o momento.** No caso de Abrahim, cujos pais são da Jordânia, o local escolhido para o nascimento foi o México porque, segundo o médico John Zhang, líder da equipe que realizou o procedimento, o país "não tem regras" a respeito desse tipo de técnica.
- Essa técnica de fertilização é usada para prevenir as chamadas doenças mitocondriais, provocadas por defeitos genéticos transmitidos pela mãe. Ela consiste em utilizar o espermatozoide do pai, o óvulo da mãe e a mitocôndria de uma doadora. Por isso a criança é concebida com o DNA de três pessoas.

Fonte: G1

Terapia para prevenção de enxaqueca

Os Estados Unidos aprovaram a primeira terapia de prevenção exclusiva para a enxaqueca. Trata-se de uma injeção mensal, que pode ser combinada com outros tratamentos existentes. O medicamento tem o nome comercial de Aimovig – e é produzido pela Amgen, empresa americana com sede na Califórnia.

Anvisa e os medicamentos à base de maconha

- A Anvisa (Agência Nacional de Vigilância Sanitária) aprovou, em novembro de 2016, critérios para permitir o **registro, a venda e o uso de medicamentos** à base de compostos da maconha no Brasil.

- A medida ocorre diante do pedido feito pela empresa GWPharma para comercializar, no país, um medicamento composto por CBD (canabidiol) e THC (tetrahidrocanabinol), dois princípios ativos da maconha.
- A aprovação dos novos critérios abre espaço para que a Anvisa conceda o registro do medicamento, que deve ser o primeiro à base de maconha a chegar às farmácias do país. O produto é indicado para tratamento de esclerose múltipla. No exterior, o produto é chamado de Sativex. Por aqui, o remédio, composto por 25 mg/ml de canabidiol e de 27 mg/ml de THC, deve chegar ao mercado com o nome de **Mevatyl.**
- A mudança atinge a portaria 344/1998 da Anvisa, que define **quais substâncias são proibidas no país e quais liberadas para uso,** e em quais casos. Medicamentos com canabidiol e THC acima de 30 mg/ml continuam na lista de proscritos, ou seja, de utilização proibida no país.
- Em 2021, ganhou força o debate sobre o uso medicinal da maconha (a própria Câmara dos Deputados discute tal questão no instante do fechamento da edição). Além disso, em agosto de 2021, o composto derivado da maconha, obteve sucesso num teste clínico para tratar a síndrome de "burnout", caracterizada por esgotamento físico e mental extremo, em um grupo de médicos e profissionais de saúde na linha de frente da resposta à Covid-19. Realizado no Hospital Universitário da USP de Ribeirão Preto (SP), o estudo reduziu sintomas de fadiga emocional em 25% nos voluntários, depressão em 50% e ansiedade em 60%.

Transtornos mentais em alta no Brasil

A **mortalidade por suicídio cresceu 30% no estado de** São Paulo de 2001 a 2014, segundo boletim SP Demográfico, da Fundação Seade, divulgado em setembro de 2016. Quando se relaciona o número de mortes com a população, as cidades de Marília **e** Ribeirão Preto **têm as maiores taxas de suicídio do estado, 8,6 e 7,5 por 100 mil habitantes,** respectivamente. Já Santos, São José dos Campos e Registro ficam entre as menores taxas, abaixo de 5,5 por 100 mil habitantes. A maior parte das mortes do estado é **majoritariamente de homens: 80%.** E, destes, 72,3% estavam na faixa etária entre 15 e 64 anos de idade. A morte por sufocação/enforcamento aparece em primeiro lugar tanto para homens (66,3%) quanto para mulheres (43,1%).

Um dos estudos mais completos sobre o tema, feito pelos pesquisadores Daiane Borges Machado e Darci Neves dos Santos, da Universidade Federal da Bahia (UFBA), analisou dados do Sistema de Informações sobre a Mortalidade Brasileira (SIM), Datasus e IBGE entre os anos 2000 e 2012 no Brasil. As pessoas que **mais se suicidaram foram as menos escolarizadas,** indígenas (132% mais casos que na população em geral) e **homens maiores de 59 anos** (29% a mais que as outras faixas etárias). O Mapa da Violência de 2014 (levantamento mais recente) também **aponta uma alta de 15,3% entre jovens e adolescentes no Brasil, de 2002 a 2012.** O suicídio é predominante no sexo masculino, com **exceção da Índia e China**. Os homens brasileiros têm 3,7 vezes mais chances de se matar que as mulheres, de acordo com o estudo da UFBA.

Mortes associadas ao zika vírus

Desde o início do registro das más-formações associadas ao vírus da zika no Brasil (novembro de 2015), o país teve 351 mortes provocadas por infecção pelo vírus, mostrou um boletim epidemiológico do Ministério da Saúde (que contabilizou dados até 14 de abril de 2018) e foi divulgado em maio de 2018.

Como no início do surto, a maior parte das notificações ocorreu no Nordeste (59,8%); depois, a região Sudeste com (24,4%) e a Centro-Oeste (7,3%).). Consistente com os estados que registraram mais mortes, os cinco estados com maior número de casos notificados foram Pernambuco (16,7%), Bahia (16,1%), São Paulo (9,3%), Paraíba (7,2%) e Rio de Janeiro (7,1%).

Mortes por overdose aumentam nos EUA

Novos dados publicados no "New England Journal of Medicine" confirmaram o que as redes de doadores de órgãos já vinham observando há anos: que há cada vez mais casos de doações de órgãos de pessoas mortas pelo excesso no consumo de drogas. A informação foi divulgada pela agência France Presse. Os mortos por overdose representam atualmente cerca de 14% dos doadores americanos, contra 1% antes do começo da epidemia de drogas opioides, considerada atualmente uma emergência nacional pelo Congresso e pelo governo do presidente Donald Trump (em outubro de 2017, o presidente dos EUA, Donald Trump, declarou o abuso de opioides emergência de saúde pública nos EUA).

Identificação do sexo do bebê

Uma pesquisa brasileira publicada em maio de 2018 no "Prenatal Diagnostics" mostrou que um teste simples com sangue de vasos capilares – semelhante ao feito para monitorar a diabetes – poderá identificar o sexo do bebê no primeiro trimestre de gravidez. Hoje, exames de sangue mais complexos podem ser feitos nesse período para identificação do sexo do feto. Geralmente, contudo, famílias só vão saber se o bebê é menino ou menina após os primeiros três meses, quando a observação pelo ultrassom é possível.

Drogas mais ofensivas ao corpo humano

Álcool e o cigarro aparecem como grandes vilões com relação à saúde da população. Os pesquisadores reuniram a informação global disponível sobre a utilização de substâncias lícitas e ilícitas e sua associação a mortes e doenças. Em 2015, o uso abusivo do álcool alcançava 18.3% dos adultos (pelo menos um episódio de bebedeira pesada nos últimos 30 dias). Um em cada sete adultos fumava diariamente. Para as demais drogas, os percentuais eram bem mais baixos: 3.8% para maconha;

0.77% para anfetaminas; 0.37% para opioides; 0.35% para cocaína. Os Estados Unidos e o Canadá apresentaram as maiores taxas de dependência de maconha, cocaína e opiáceos, ao passo que Austrália e Nova Zelândia tinham índices mais altos de consumo de anfetaminas.

Quando se pensa no curso de toda uma vida, o excesso de bebida altera a pressão sanguínea, afeta o músculo cardíaco e aumenta o risco de desenvolver diabetes. Também enfraquece o sistema de defesa e, consequentemente, a capacidade de combater infecções, sem falar nos danos causados ao cérebro.

Sobre o cigarro, basta dizer que se trata da principal causa de morte evitável no mundo - é responsável por uma em cada dez mortes ocorridas no planeta. O Brasil tem prejuízo anual de R$ 56,9 bilhões com o tabagismo. Desse total, R$ 39,4 bi são gastos com despesas médicas e R$ 17,5 bi com custos indiretos ligados à perda de produtividade, causada por incapacitação de trabalhadores ou morte prematura. Em 2015, morreram no país 256.216 pessoas por causas relacionadas ao tabaco, 12,6% dos óbitos acima dos 35 anos.

Oxigênio em outra galáxia

Segundo estudo publicado na revista "Nature", em maio de 2018, cientistas de um programa internacional encontraram oxigênio em galáxia localizada a 13.28 bilhões de anos-luz de distância da Terra. O registro foi feito pelo supertelescópio ALMA (Atacama Large Milimeter Array) e é o ponto mais distante do Universo em que o gás foi registrado. O ano-luz é uma medida de distância utilizada em astronomia e indica o caminho percorrido pela luz no vácuo no período de um ano. Para se ter uma ideia da distância do ponto de oxigênio encontrado, o Sol está a 8 minutos-luz do nosso planeta. O feito foi alcançado por uma equipe internacional de astrônomos, coordenada por Takuya Hashimoto, pesquisador no Observatório Astronômico Nacional do Japão. A galáxia tem o nome de MACS1149-JD1 e, para identificar o gás, os cientistas primeiro verificaram a presença de uma luz infravermelha emitida pelo oxigênio.

CAPÍTULO X

TECNOLOGIA EM PAUTA

1. QUAL A RELEVÂNCIA DO DEBATE SOBRE TECNOLOGIA?

Atualmente, o tronco temático tecnologia é um dos mais oportunos para discussões em provas de atualidades. Isso se dá pela constante atualização (exemplo, novos golpes aplicados, operações da Polícia Federal para combater crimes virtuais). Além disso, é uma área desafiadora em várias dimensões:

- **Comportamento do usuário**
- **Responsabilidade do servidor**
- **Legislação vigente**
- **Regulamentações em falta (reconhecimento facial na segurança, por exemplo)**
- **Democratização do acesso (já que existem pessoas excluídas da internet)**
- **Relação com a democracia (cidadania digital)**

Ademais, o tema evidencia, sazonalmente, algumas discussões com maior intensidade:

- **Superexposição da privacidade**
- **Questão dos dados (Lei Geral de Proteção de Dados Pessoais)**
- **Fake News**
- **Anonimato Digital**
- **Dependência tecnológica**
- **Nomofobia**
- **Crimes virtuais (destaque para a problemática da pornografia infantil)**
- **Socialização**
- **Home office**
- **Educação a distância**
- **Empreendedorismo digital**

Recortes de destaque com relação ao debate tecnológico

- Sabendo que a tecnologia faz parte da nossa vida e que é inevitável interagir a mesma em diferentes instantes, o destaque deve ser dado aos fatos que são pertinentes (já que no contexto tecnológico é muita coisa acontecendo numa velocidade incomensurável).

- A questão da **tecnologia 5G** tem chamado a atenção (mesmo porque destaca a dualidade global China x EUA). Em agosto de 2021, o Governo Federal inaugurou primeira antena de internet 5G do sul do país em Londrina, no norte do Paraná. Na ocasião, o equipamento seria utilizado para testes. A antena foi instalada na área rural de Londrina, na área da Embrapa Soja. O espaço é conhecido por ser um polo de desenvolvimento tecnológico para o campo. Outras duas cidades de São Paulo e Mato Grosso também receberam esse tipo de antena. Ao todo, o Governo Federal pretende instalar 20 equipamentos (G1, agosto de 2021).

- **A quinta geração de internet móvel, ou simplesmente 5G,** promete um salto tecnológico. Com a possibilidade de propagação por meio de ondas de rádio de frequência mais alta do que as atuais, vai permitir elevadas taxas de transmissão de dados e curto tempo de resposta – a chamada baixa latência. E, como não é possível fugir às leis da Física, a alta frequência resulta em um alcance menor. Por causa disso, as redes 5G também vão operar em faixas de baixa e média frequência para atender aos mais diversos consumidores. Mas os ganhos do 5G, em relação ao 4G, vão além. A nova tecnologia também permitirá que mais dispositivos estejam conectados ao mesmo tempo em uma determinada área, maior conectividade entre os aparelhos e maior eficiência energética dos equipamentos. Para os usuários convencionais, tudo isso significa acesso à banda larga móvel avançada, com velocidade até cem vezes maior que a atual. Para as empresas, a conexão com baixíssima latência e alta confiabilidade permitirá o controle remoto de maquinário industrial, a conectividade no campo, a realização de cirurgias remotas e, no futuro, até mesmo a circulação de carros autônomos. Além disso, com o 5G será possível ampliar e popularizar a chamada Internet das Coisas, que consiste na conexão de objetos e dispositivos do dia a dia com a internet. Por enquanto, 65 países contam com a nova tecnologia. China, Estados Unidos e Filipinas lideram a lista com mais cidades conectadas (Jovem Pan, agosto de 2021).

- Em agosto de 2021, Google e Facebook anunciaram planos de implantar um **novo cabo submarino de internet conectando Cingapura, Japão, Guam, Filipinas, Taiwan e Indonésia. O projeto, apelidado de Apricot,** prevê um cabo de cerca de 12.000 quilômetros que estará operacional em 2024, sujeito à aprovação das autoridades regulatórias, afirmaram ambas as empresas em comunicados separados. No início de 2021, as empresas anunciaram outro projeto de cabo chamado Echo, que conecta Estados Unidos, Cingapura,

Guam e Indonésia. Google e Facebook suspenderam este ano o progresso de um projeto de cabo submarino que conectaria a Califórnia e Hong Kong devido às tensões entre os Estados Unidos e a China. O Departamento de Justiça dos Estados Unidos recomendou em 2020 que o cabo proposto pelo Google e pelo Facebook evitasse Hong Kong (France-Presse, agosto de 2021).

- Em tempos de open banking, PIX, 5G e internet das coisas é difícil acompanhar tantas transformações. Mas sem sombra de dúvidas, uma das questões mais comentadas diz respeito aos **golpes/crimes virtuais que cresceram nos últimos tempos** (principalmente por conta da pandemia, com mais pessoas dependendo de serviços no contexto da internet). Assim, o Brasil endureceu as penas para esse tipo de golpe no ciberespaço. Desde maio, os crimes cibernéticos como fraude, furto e estelionato praticados com o uso de dispositivos eletrônicos como celulares, computadores e tablets passaram a ser punidos com penas mais duras. Conforme a nova redação do Código, o crime de invasão de dispositivo informático passará a ser punido com reclusão, de um a quatro anos, e multa, aumentando-se a pena de um terço a dois terços se a invasão resultar em prejuízo econômico. Antes, a pena aplicável era de detenção de três meses a um ano e multa. A penalidade vale para aquele que invadir um dispositivo a fim de obter, adulterar ou destruir dados ou informações sem autorização do dono, ou ainda instalar vulnerabilidades para obter vantagem ilícita. Já se a invasão provocar obtenção de conteúdo de comunicações eletrônicas privadas, segredos comerciais ou industriais, informações sigilosas ou o controle remoto não autorizado do dispositivo invadido, a pena será de reclusão de dois a cinco anos e multa. Essa pena era de seis meses a dois anos e multa antes da sanção da nova lei. Na pena de reclusão, o regime de cumprimento pode ser fechado. Já a detenção é aplicada para condenações mais leves e não admite que o início do cumprimento seja no regime fechado (Agência Senado, maio de 2021).
- Outro problema persistente no contexto tecnológico diz respeito à pornografia infantil. Em 2021, mais uma fase da **Operação Luz na Infância** foi realizada para coibir esse tipo de prática. A oitava fase aconteceu em 2021. A Operação 'Luz na Infância" foi iniciada em 2017. Nas sete fases anteriores foram cumpridos mais de 1.450 mandados de busca e apreensão. E presos cerca de 700 suspeitos de praticarem crimes cibernéticos de abuso e exploração sexual contra crianças e adolescentes no Brasil e nos países que participam da ação. A oitava fase ocorreu simultaneamente no Brasil, Argentina, Estados Unidos, Paraguai, Panamá e Equador. A pena prevista na legislação brasileira para quem armazena esse tipo de conteúdo varia de um a quatro anos de prisão. O compartilhamento pode dar de três a seis anos e de quatro a oito anos de prisão pela produção de conteúdo relacionado aos crimes de exploração sexual (Governo Federal, junho de 2021).

- Em agosto de 2021, o **TikTok anunciou uma série de mudanças nas configurações dos perfis de menores de idade.** As opções de mensagens diretas serão desabilitadas por padrão em novas contas e o horário de notificações do app também será restrito . As medidas ampliam a decisão de tornar as contas de usuários com menos de 16 anos privadas na hora do cadastro. A plataforma foi a primeira a adotar essa política – recentemente, o Instagram e YouTube anunciaram mudanças similares. Dentre as alterações destacam-se:
  - A opção de mensagens do aplicativo será desabilitada por padrão para novos usuários entre 16 e 17 anos. Ainda será possível habilitá-las pelas configurações e as contas existentes receberão um aviso para que revisem as configurações de privacidade. As mensagens diretas não estão disponíveis nos perfis de pessoas com menos de 16 anos.
  - Contas de 13 a 15 anos não receberão notificações no celular a partir das 21h e contas de 16 a 17 anos terão as notificações desativadas a partir das 22h.
  - Quando adolescentes com menos de 16 anos forem publicar um vídeo, uma janela vai pedir para escolher quem poderá assisti-lo – as opções são "seguidores" ou "amigos" para as contas privadas. Perfis públicos podem escolher "todos".
  - O TikTok permite habilitar uma opção para que outras pessoas possam fazer download do vídeo para enviar para outras redes sociais. Se usuários de 16 a 17 anos ativarem o recurso, uma janela vai solicitar uma confirmação. A opção de downloads não está disponível nas contas de menores de 16 anos.

(G1, agosto de 2021)

- Um dos grandes alcances das redes sociais diz respeito às vias de mobilização para as mais variadas pautas (o ativismo virtual tem destaque na defesa de causas de relevância social). Ainda assim, a mesma rede potencializa comportamentos agressivos e discursos de ódio, deteriorando as relações no ciberespaço e exigindo medidas que combatam tal prática.

- Em agosto de 2021, o **Instagram anunciou atualizações em ferramentas que ajudam a limitar comentários e mensagens ofensivos na rede social**. As mudanças acontecem um mês após a final da Eurocopa 2020, que foi disputada entre Itália e Inglaterra. A rede social disse que houve um pico de ofensas direcionadas aos jogadores ingleses, que perderam campeonato. As opções disponibilizadas dão mais controle aos próprios usuários em seus perfis. Dentre as alterações, destacam-se:
  - Limites: com o recurso ativado nas configurações do app, o usuário poderá ocultar comentários e encaminhar mensagens recebidas de

seguidores recentes ou de contas que ele não segue para a pasta "Solicitações ocultas".

- Mensagens ocultas: quando esse recurso for ativado, solicitações de mensagens (aquelas que são enviadas por contas que o usuário não segue) que contiverem palavras, frases e emojis ofensivos serão filtradas automaticamente. É possível ativar e desativar os filtros de solicitações de mensagens no menu "Privacidade", dentro das configurações do app.
- Alertas de comentários mais incisivos: desde 2019, o Instagram notifica as pessoas quando um comentário delas pode ser considerado ofensivo, antes que ele seja publicado. A partir de agora, o alerta também vai mostrar um aviso sobre o que pode acontecer se a pessoa decidir postar o comentário ofensivo, como a remoção do comentário ou até mesmo da conta.

(G1, agosto de 2021)

- Em agosto de 2021, o **Facebook afirmou ter removido centenas de contas falsas ligadas a uma agência de publicidade que pagou para que influenciadores espalhassem desinformação sobre as vacinas** contra a Covid-19 fabricadas pela Pfizer e AstraZeneca. Uma rede de 65 perfis no Facebook e 243 perfis Instagram foram vinculadas à Fazze, uma empresa de marketing digital com filiais na Rússia e no Reino Unido. A rede social não comentou sobre a possível motivação por trás da campanha. A agência de marketing usou contas falsas para espalhar alegações que desacreditavam a segurança das vacinas. Um desses perfis alegou que a vacina da AstraZeneca transformaria uma pessoa em um chimpanzé, por exemplo. O relatório do Facebook não indica se o Brasil era um dos alvos da campanha, mas uma reportagem da BBC indicou que um YouTuber brasileiro foi recrutado para fazer posts colocando em xeque a segurança da vacina da Pfizer. O YouTuber, conhecido como Everson Zoio, publicou um vídeo em seu Instagram levantando dúvidas sobre a segurança do imunizante. O vídeo foi deletado quando a história veio à tona. Além de remover as contas da rede, o Facebook também baniu a agência Fazze de suas plataformas (G1, agosto de 2021).
- O **TikTok foi o aplicativo mais baixado do mundo em 2020**, ultrapassando o Facebook e suas plataformas de mensagens, afirmou a rastreadora de mercado App Annie, em agosto de 2021. O aplicativo de vídeos cresceu em popularidade, apesar dos esforços do ex-presidente americano Donald Trump para bani-lo ou forçar uma venda a investidores americanos, de acordo com a empresa de pesquisa. O TikTok, propriedade da empresa chinesa ByteDance, é estimado em ter um bilhão de usuários em todo o mundo, incluindo mais de 100 milhões no Estados Unidos. Seus vídeos curtos são especialmente populares entre os jovens usuários de smartphones. O presidente americano Joe Biden revogou em junho as ordens executivas de seu antecessor, que buscavam proibir o TikTok e o WeChat (também de propriedade chinesa)

dos mercados dos EUA por questões de segurança nacional, mas ordenou uma revisão dos riscos potenciais de serviços de Internet estrangeiros. Enquanto o debate político sobre a sensação dos vídeos compartilhados crescia, o TikTok saiu da quarta posição entre os aplicativos mais baixados em 2019 e alcançou o primeiro lugar em 2020, de acordo com os dados da App Annie. O TikTok ultrapassou o Facebook e dois dos maiores aplicativos de mensagens americanos, Messenger e WhatsApp, segundo a mesma fonte (G1, agosto de 2021)

- Em agosto de 2021, o presidente Jair Bolsonaro (sem partido) nomeou os 23 representantes do **conselho consultivo da Autoridade Nacional de Proteção de Dados (ANPD), órgão responsável por fiscalizar e regulamentar a Lei Geral de Proteção de Dados (LGPD).** A LGPD determina que os membros do chamado Conselho Nacional de Proteção de Dados Pessoais e da Privacidade (CNPD) não serão remunerados. Seus mandatos duram 2 anos. O grupo se reunirá três vezes ao ano ou sempre que for convocado por seu presidente. Os membros deverão propor diretrizes para a atuação da ANPD e opinar em itens da política nacional de proteção de dados (G1, agosto de 2021).
- Desde o dia 1º de agosto de 2021, **empresas e órgãos públicos que infringirem a Lei Geral de Proteção de Dados (LGPD) podem ser multados.** As penalidades vão desde advertências até pagamentos iguais a 2% do faturamento, até um limite de R$ 50 milhões. A LGPD também pode proibir que essas empresas e órgãos públicos mantenham atividades relacionadas ao tratamento de dados. A Lei Geral de Proteção de Dados foi aprovada em 2018 e entrou em vigor em setembro de 2020. A LGPD estabelece uma série de regras sobre os processos de coleta, armazenamento e compartilhamento de informações e tem a função de proteger os dados pessoais de todo cidadão que esteja no Brasil. O cidadão precisa ser informado de como os dados fornecidos a empresas e órgãos públicos serão usados, e então concordar com o compartilhamento dessas informações. A LGPD determina que o cidadão é o titular dos seus dados, e não as empresas e órgãos públicos que têm as informações registradas. O texto prevê consentimento do usuário para coletar, alterar, excluir ou compartilhar um dado, assim como também dispõe que as instituições adotem medidas segurança para evitar violação de informações e que notifiquem o titular em caso de incidentes. As exigências da LGPD valem tanto para as lojas físicas quanto para virtuais, situadas no país ou no exterior que ofereçam serviços para pessoas no Brasil (InfoMoney, agosto de 2021).
- Em maio de 2021, a **Amazon informou que o uso policial de uma tecnologia de reconhecimento facial da empresa, chamada Rekognition, continuará proibido por tempo indeterminado.** Em junho de 2020, a companhia anunciou que estava aplicando uma suspensão de um ano para o uso dessas ferramentas pela polícia, alegando que a pausa poderia dar ao Congresso dos Estados

Unidos tempo para decretar garantias contra o uso indevido do reconhecimento facial. A empresa confirmou nesta terça-feira a prorrogação dessa proibição "até novo aviso", sem dar mais detalhes. A ação do ano passado foi tomada em meio a protestos generalizados contra a brutalidade policial e preocupações sobre possíveis falhas da tecnologia de reconhecimento facial, especialmente ao analisar as características dos afro-americanos. Anúncios semelhantes foram feitos por outras grandes empresas de tecnologia. **A Microsoft disse que não venderia seus sistemas para a polícia, enquanto IBM encerrou a área de pesquisa em reconhecimento facial (G1, maio de 2021).**

- Em agosto de 2021, o **Google anunciou que vai permitir que menores de idade ou seus responsáveis solicitem a remoção de suas fotos dos resultados das buscas.** Um formulário para fazer o pedido de remoção estará disponível na página de suporte da empresa. A companhia destaca que essa remoção não significa que a foto será removida da internet, mas que deixará de ser mostrava nos resultados do Google Imagens. Foi anunciado ainda que menores de 18 anos terão seus novos envios de vídeos no YouTube pré-definidos como privados – nessa configuração, o conteúdo só pode ser visto pelo próprio usuário ou pessoas que ele autorizar (G1, agosto de 2021).
- Uma notícia pegou o mundo financeiro de surpresa no início de junho de 2021. **El Salvador, o pequeno país de 6,5 milhões de habitantes na América Central e que tem o dólar americano como moeda oficial, é o primeiro país do mundo a adotar oficialmente uma criptomoeda como moeda corrente** em seu território (bitcoin). A partir de agora, os salvadorenhos e as instituições podem fazer transações oficiais, usando as duas moedas. A criptomoeda é um tipo de dinheiro, com as mesmas funções que as moedas que circulam ao redor do mundo. A diferença, neste caso, é que as criptomoedas são totalmente virtuais, sem emissão física pelos bancos centrais. Além disso, com o bitcoin – principal moeda virtual – é possível transferir fundos de uma conta para outra sem precisar de um terceiro para realizar esta tarefa. O conceito de criptomoeda surgiu em 1998, quando Wei Daí, renomado engenheiro de computação, sugeriu usar a criptografia para controlar a emissão e as transações realizadas com um novo tipo de dinheiro, o que dispensaria a necessidade da existência de uma autoridade central, como instituições privadas ou governamentais, assim como acontece com as moedas convencionais (Jornal da USP, junho de 2021).
- Um aumento "dramático" nas enchentes da maré alta ocorrerá daqui a pouco mais de uma década nos Estados Unidos, de acordo com a Nasa. O rápido aumento começará em meados da década de 2030, quando um ciclo lunar amplificará o aumento do nível do mar causado pela crise climática, revelou um novo estudo liderado pelos membros da equipe da Nasa na Universidade do Havaí que estuda a ciência da mudança do nível do mar. Apenas os litorais do extremo norte, como o do Alasca, terão pelo menos mais uma

década de descanso porque os processos geológicos de longo prazo estão levando ao aumento dessas áreas terrestres. O estudo, publicado na revista científica Nature Climate Change, é o primeiro a levar em consideração todas as causas oceânicas e astronômicas conhecidas para inundações, disse a agência em um comunicado à imprensa (CNN, julho de 2021).

- Depois de a Tesla anunciar e desistir de aceitar bitcoins como forma de pagamento, a **Amazon também foi relacionada em uma reportagem como uma das empresas que poderia aceitar a criptomoeda no futuro, algo que a gigante do varejo nega.** Em junho de 2021, uma publicação do jornal London's City A.M. dizia que a Amazon poderia aceitar a forma de pagamento até o final do ano. Em resposta, a empresa negou. O presidente da Tesla, Elon Musk, disse que a montadora de carros elétricos provavelmente vai reiniciar a aceitação de bitcoin, após conduzir uma auditoria sobre a quantidade de energia renovável usada para minerar a moeda (G1, agosto de 2021).

- No dia 16 de agosto de 2021, dezenas de milhares de páginas da Wikipedia amanheceram com imagens gigantescas de suásticas em preto e branco em um fundo vermelho – um dos símbolos do nazismo. O vandalismo no template do site foi revertido minutos após ser notado por alguns usuários, além da escritora Ann Colter. As páginas mais atingidas foram de celebridades, escritores e figuras públicas. Foi constatado que, em vez de direcionar o conteúdo de qualquer página da Wikipedia em particular, o hacker por trás do acontecimento teve como alvo um template de artigo específico usado por mais de 50 mil páginas diferentes da Wikipedia. Entre elas estavam os descritivos do presidente dos Estados Unidos, Joe Biden, da cantora Jennifer Lopez e do autor do Discworld, Terry Pratchett. Um porta-voz da Fundação Wikimedia, que controla a Wikipedia, disse ao Gizmodo US que a "ação particularmente vil" é "inaceitável" e "viola uma série de políticas da Wikipedia". "Os administradores voluntários já consertaram o vandalismo, bloquearam a conta responsável e avaliarão a situação para ver se há necessidade de recurso adicional. Ao longo dos anos, várias ferramentas e processos foram desenvolvidos para detectar e reverter rapidamente atividades indevidas na plataforma. A maior parte delas é corrigida em cinco minutos", completou (Giz modo, agosto de 2021).

- A corrida espacial dos bilionários ganhou força em 2021. Em busca da expansão do turismo espacial, as viagens ao espaço ampliaram o debate sobre os limites da tecnologia.

- A **Virgin Galactic, do bilionário Richard Branson** (que fez uma viagem em julho de 2021), anunciou que as próximas viagens ao espaço da empresa custarão a partir de US$ 450.000 por pessoa. Além de Branson, o bilionário Jeff Bezos também está na corrida por levar civis ao espaço. Apenas 9 dias após seu rival, o fundador da Amazon também participou de viagem com sua empresa **Blue Origin. Bezos,** que faturou o equivalente a R$9,3 mil por segundo em 2020, viajou seu irmão, Mark Bezos; a piloto Wally Funk, de 82 anos, que se tornou a pessoa mais velha a ir ao espaço; e o holandês Oliver Daemen, de 18 anos, o mais jovem a ir ao espaço e a primeira pessoa que pagou por isso. Além disso, Bezos fez um agradecimento a quem comprou na Amazon, pois indiretamente contribuiu para a concretização da viagem.

- Em agosto de 2021, um novo capítulo da corrida espacial ganhou corpo: **a empresa de Bezos, Blue Origin, entrou com um processo federal para contestar um contrato firmado entre a sua rival Space X e a Nasa,** no qual a agência espacial americana concede à empresa de Elon Musk exclusividade para pousar na lua. A Blue Origin afirmou que é uma "tentativa de remediar as falhas no processo de aquisição encontradas no Sistema de Aterrissagem Humana da Nasa", disse a empresa em um comunicado. A guerra entre a SpaceX e a Blue Origin – que são propriedade de dois dos homens mais ricos do mundo, Elon Musk e Jeff Bezos, respectivamente - também incluiu uma batalha de relações públicas. A Blue Origin chamou os planos da SpaceX de usar seu veículo Starship, um foguete experimental massivo sendo testado no sul do Texas, para o programa HLS de "imensamente complexo e de alto risco.". Enquanto isso, Musk, CEO da SpaceX, criticou as afirmações da Blue Origin no Twitter por semanas, dizendo que "se o lobby e os advogados pudessem colocá-lo em órbita, [o CEO da Blue Origin, Jeff] Bezos, estaria em Plutão [agora]." (CNN, agosto de 2021).

- O **bilionário Richard Branson, dono do Virgin Group, vendeu cerca de US$ 300 milhões** (R$ 1,5 bilhão no câmbio no dia 16 de agosto) em ações do seu braço aeroespacial, a Virgin Galactic. O empresário aproveitou a alta nos papéis da companhia com a abertura comercial dos seus voos espaciais. Com isso, a participação de Branson caiu para cerca de 46,3 milhões de ações, ou 18% dos papéis em circulação. Em um comunicado, a Virgin disse que os lucros das vendas "apoiarão o portfólio global de lazer, férias e viagens do Virgin Group, que continua a ser afetado pelo impacto da pandemia de Covid-19" (IstoÉ, agosto de 2021).

- Em junho de 2021, **Elon Musk anunciou que investirá até US$ 30 bilhões em internet via satélite da Starlink.** O objetivo do serviço é fornecer conexão de alta velocidade em regiões remotas do planeta, sem a necessidade infraestruturas terrestres. A empresa já lançou mais de 1.500 satélites e tem mais de 69.000 usuários ativos (France-Presse, junho de 2021).

▶ Outra área de destaque é a tecnologia implementada na dimensão da segurança pública. Dessa forma, chama atenção os seguintes recortes na atualidade:

- **O reconhecimento facial é um método que identifica ou verifica a identidade de uma pessoa usando a imagem do rosto.** Acontece da seguinte forma: uma câmera inteligente capta uma face e consegue reconhecer características como a distância entre os olhos, a largura do queixo e o comprimento da boca. A imagem capturada é lida por um software, que faz como se fosse uma assinatura facial, semelhante à digital de um dedo. Essa assinatura é comparada com outras já de um banco de imagens ou de assinaturas de pessoas que se pretende identificar. Se for compatível, a pessoa é reconhecida. Essa aplicação tem sido difundida pelo setor público nos últimos anos. Segundo um estudo do Instituto Igarapé, o reconhecimento facial com esse caráter mais público é usada no país desde 2011. Até 2019 foram ao menos 47 casos de implementação de reconhecimento facial em 15 estados. O uso ganhou incentivo em 2019, quando o então ministro da Justiça e Segurança Pública, Sergio Moro, baixou uma portaria que incentiva a adoção do reconhecimento facial na segurança pública (Folha de S. Paulo, agosto de 2021).

- Em agosto, o Aeroporto Internacional Juscelino Kubitschek participou de testes para o uso do reconhecimento facial de passageiros. O terminal é o sexto do país a experimentar o programa "Embarque + Seguro", do governo federal, que dispensa o uso de documentos em papel pelos passageiros (G1, agosto de 2021).

- Em agosto, a **Bahia fez uma nova captura de mais criminoso utilizando o sistema de reconhecimento facial.** Segundo a Secretaria de Segurança Pública, foi o 213º alcançado com o apoio da ferramenta tecnológica. O objetivo é ampliar a tecnologia para mais 77 cidades da Bahia (Uol, agosto de 2021).

▶ Em agosto, o **Facebook anunciou que bloquearia contas do WhatsApp relacionadas aos talibãs, depois que o grupo radical islâmico assumiu o controle do Afeganistão.** "Os talibãs foram sancionados como organização terrorista pela lei estadunidense e nós os banimos de nossos serviços de acordo com nossas políticas de Organizações Perigosas", disse um porta-voz do Facebook à AFP. O Facebook disse que montou "uma equipe de especialistas dedicados ao Afeganistão, que são falantes nativos dos idiomas dari e pashtun e têm conhecimento do contexto local" para ajudar a aplicar suas políticas (AFP, agosto de 2021).

▶ IMPORTANTE!

Vale lembrar que o tronco temático tecnologia tende a sofrer amplas alterações (políticas de privacidade das redes sociais; legislações aprovadas; situações específicas envolvendo personagens de destaque, etc.)

Exemplo 1: a **vencedora do Big Brother Brasil 21, Juliette Freire, entrou oficialmente para o Guinness World Records – o livro dos recordes**. A paraibana bateu o recorde mundial de post no Instagram que bateu 1 milhão de curtidas em menos tempo. A publicação que garantiu o recorde foi a comemoração pela vitória no BBB 21, no 4 de maio. O conteúdo levou apenas **três minutos para chegar em um milhão de curtidas**. O recorde anterior era da cantora Billie Eilish, que tinha alcançado a marca em 5 minutos.

Exemplo 2: O anúncio de Lionel Messi como novo reforço do Paris Saint-Germain gerou repercussão recorde nas redes sociais. Um levantamento feito pela consultoria Arquimedes a pedido da CNN identificou 16,2 milhões de menções ao craque argentino em sete dias, sendo 4,2 milhões em24 horas. Para efeito de comparação, a média diária de citações ao jogador se aproxima de 300 mil. Considerado o melhor jogador do mundo por seis vezes, o jogador encerrou o ciclo de 15 anos no Barcelona, time espanhol.

Exemplo 3: LeBron James adicionou mais um recorde para a sua coleção. O novo camisa 6 do Los Angeles Lakers se tornou o primeiro atleta da NBA a atingir a marca de US$ 1 bilhão (R$ 5,2 bilhões na cotação atual) em ganhos enquanto ainda joga, de acordo com o site Sportico. O astro chega aos 10 dígitos em faturamento após o lançamento do filme "Space Jam: um novo legado", no qual ele é a principal estrela.

SUBMUNDO DA DEEP/DARK WEB

- A internet propicia aos seus usuários uma **variedade de informações na busca de entretenimento, lazer e cultura** transmitidos pelos navegadores padrões (Google, Bing e Yahoo) na rede. Porém, o que muitos não sabem é que o Google e, outros mecanismos de busca, não mostram todos os conteúdos e informações presentes nas redes mundiais de computadores.
- Com a efervescente revolução tecnológica e, por conseguinte, a **difusão dos meios de comunicação e informação aos diferentes cantos da sociedade,** a procura por novas experiências nos ambientes digitais acarretam impactos e consequências na navegação em territórios desconhecidos, resultantes de ataques de hackers e infestação vírus na rede de computadores. A segurança digital é um passo discutido de maneira intensa por grandes nações.
- **Há outros mecanismos de buscas para acesso as informações na Internet além dos navegadores padrões?** Sim, a Deep Web ("web profunda") é um deles e representa 90% da Internet. O que torna complexa a questão relaciona-se com o fato de que **a Deep Web pode ser acessada tanto para conteúdos legítimos e pessoais, como para conteúdos ilícitos** como a pirataria, venda de armas, sites de pedofilia, construção de bombas, venda de drogas e documentos falsificados, experiências com seres humanos, etc.
- A "Deep Web" tornou-se um termo geral para se referir a todo um conjunto de sites e servidores da internet que não são acessíveis por links padrões - normalmente são iniciados com www - inseridos nos navegadores. Seu funcionamento é por base de fóruns, dificultando o rastreamento de autoridades, e sua estética difere de layouts estruturados como encontramos nos sites comuns da internet.
- Originalmente, os sites que não aparecem nos mecanismos de busca, em especial o Google, e para o funcionamento **necessitam de outros mecanismos de buscas e ferramentas adicionais** para serem encontrados referem-se ao

termo "Deep Web". Com a popularização do termo, sua definição tornou-se mais compacta para se referir aos sites que necessitam do uso de programas específicos (Tor, Freenet e I2P) para serem acessados.

- Em grande parte, **a Deep Web existe, assim como a própria internet, devido à força militar dos Estados Unidos.** Neste caso, o Laboratório de Pesquisas da Marinha do país, que desenvolveu o The Onion Routing (TOR) para tratar de propostas de pesquisa, design e análise de sistemas anônimos de comunicação. Com a liberação para uso não governamental, desenvolveu-se novos projetos com o TOR.

COMO FUNCIONA A DEEP WEB?

- Quando um usuário acessa um site normalmente em seu computador, tem-se uma **conexão a um tipo de servidor e sua identificação por meio do IP** (Internet Protocol) da máquina. Com o TOR – software que **impede que suas atividades online fiquem registradas e sejam bisbilhotadas por quem quer que seja**– o processo de identificação do usuário não acontece. Entra em cena uma rede anônima de computadores que fazem pontes criptografadas até o site desejado. Entretanto, com o desenvolvimento tecnológico de ferramentas e softwares, os usuários da deep web, atualmente, não conseguem o pleno anonimato.
- Estima-se que o espaço virtual da Deep Web seja 400 vezes maior **do que a busca na internet** em navegadores com o Google. A deep web é considerada um território perigoso para navegar na internet, pelo fato que seus dados podem ser corrompidos e apropriados por hackers e vírus. Recentemente no Brasil e outros países do mundo, a deep web é alvo de investigações policiais.
- Com **programas específicos que decodificam os computadores** e, por conseguinte, os perfis dos usuários, o anonimato não tem ficado alheio às leis da sociedade, ou seja, a ideia de que o indivíduo pode ser anônimo no espaço virtual tem sido desmistificada pelo setor de segurança virtual. Usuários que usam do anonimato para acessar determinados conteúdos na rede, tais como grupos de pedofilia, vendas de armas, assassinatos de aluguel, entre outros, são sentenciados como cyber criminosos e respondem pelos seus atos na rede.
- Dados indicam que mais de **25% das buscas entre a Deep Web** e a internet padrão são com fins de exploração infantil e pornografia.
- Entre os exemplos que mais chocam, está a possibilidade de **"encomendar" um assassinato por cerca de US$ 180 mil** (cerca de R$ 700 mil).

MERCADORIAS MAIS VENDIDAS NA DEEP WEB:

- Maconha
- Ritalina e Xanax, mais conhecido como Alprazolam
- Ecstasy
- LSD, a metanfetamina, os cogumelos, a heroína, sementes e videogames

No Brasil, pela pouca quantidade de sites em português, as investigações policiais direcionam-se a grupos de pedofilia. De acordo com o relatório da Trend Micro, **a maior parte das URLs na rede está em russo (41.40%) e inglês (40.74%)**. Em português há 1,25% das páginas.

Os três exemplos revelam recortes midiáticos que ganham expressão no momento da mídia (em seguida, acabam passando e caindo no esquecimento). Por isso, é preciso estar atento a esse movimento (principalmente no que diz respeito a engajamento em redes sociais, na questão econômica e etc.)

CAPÍTULO XI

VIOLÊNCIA ESCOLAR E A PROBLEMÁTICA DO BULLYING

Antes que se discorra sobre o tema de maneira específica, é necessária uma atenção para o que vem a ser o *bullying*, e a intensidade com que vem ocorrendo em todas as escolas do Brasil e do mundo. Trata-se de um ato que perpassa da agressão física até a agressão psicológica, podendo gerar traumas "irreversíveis". O termo *bullying* compreende todas as **formas de agressão, intencionais e repetitivas,** que ocorrem sem motivo evidente, e são tomadas por um ou mais estudantes com outro, causando traumas físicos e/ou psicológicos, sendo executadas dentro de uma relação desigual de poder. Essa denominação *bullying*, nasce do termo "bully", que em inglês significa **brigão, valentão.**

- **Desenho crítico do tema:** ressalta-se ainda que o *bullying* é um problema mundial, que acontece em toda e qualquer escola, sendo que o tema ganhou espaço de debate nos últimos anos, devido a casos extremos que extrapolaram o caráter social/escolar, **transgredindo os limites aceitos em um ambiente** e tornando a harmonia do espaço escola pouco saudável e extremamente conflituoso. Trata-se ainda de um problema que **afeta toda uma estrutura e não somente partes componentes do processo,** haja vista que muitas vezes os próprios familiares não conseguem identificar o bullying nas crianças ou adolescentes.

- **Terreno da violência e seus reflexos:** nesse âmbito, é importante observar a questão da prática de bullying, e como esta interfere na vida adulta de quem é agressor, de quem é vítima ou de quem simplesmente convive com o problema. Trata-se de uma análise não somente educacional, mas sim de uma preocupação com o aluno enquanto ser humano, enquanto participante de uma sociedade que se desmorona a cada dia com mais e mais problemáticas. De fato, a escola pode ser considerada como uma instituição que solidifica o ser enquanto cidadão ou enquanto indivíduo de ordem racional capaz de refletir sobre temas sociais. Com isso, a vida adulta surge de um desenvolvimento do ser enquanto criança, **desde sua convivência familiar, até sua convivência escolar**. Por isso, indivíduos que praticam o bullying, podem acabar se tornando indivíduos **antissociais e violentos,** capazes de cometer atitudes delituosas e delinquentes. Enquanto aqueles que sofrem o bullying, podem tornar-se indivíduos com **autoestima frágil, com dificuldades em se relacionar socialmente, freando o próprio desenvolvimento enquanto seres humanos.** Além do que, em casos extremos, o bullying pode gerar a fobia escolar, ou até mesmo a fobia social.

- **Raízes históricas do debate:** historicamente falando, o tema ganha espaço de debate quando nos Estados Unidos da América, o **índice de suicídio de alunos aumentou consideravelmente.** O aumento deste índice colocou para os pesquisadores questões que até então eram trabalhadas como "normais". **Retrata-se assim a questão de entender atitudes de bullying não como brincadeiras, "zoeira" (fuga do senso comum dentro de uma produção textual),** como os adolescentes mesmo dizem, mas sim como um ato cruel, que gera problemas e causa traumas. O bullying não deve ser explicado como insegurança da adolescência. Ele pode interferir na **concentração, motivação, rendimento escolar, causando até os males chamados de psicossomáticos** como diarreia, febre, vômito, dor de estômago e etc., gerando perda da vontade de frequentar a escola (evasão escolar).
- **Dados que se cruzam:** O olhar deste estudo atenta-se ainda para os índices divulgados pelo Cemeobes (Centro Multidisciplinar de Estudos e Orientação sobre Bullying Escolar), que conclui que **45% dos estudantes brasileiros já se incluem na prática do bullying.** Índice este acima da média mundial, que varia entre 6% e 40%. Outra estatística importante, é **que 80% dos que cometem o bullying sofreram algum tipo de violência em casa ou na própria escola, fazendo uma reprodução desta violência.** Sem contar que a mídia influência de maneira negativa neste processo, sendo com filmes violentos que colocam a hegemonia do aluno sendo alcançada pelo uso da força, ou jogos virtuais e de vídeo games que cada vez mais tornam nossas crianças agressivas (ainda que não existam constatações científicas – essa é uma análise comportamental de especialistas da área). Um exemplo de jogo que foi retirado do mercado é o "bully", da Rockstar, onde você pode brigar com o inspetor da escola, bater em alunos, beijar garotas ou até mesmo garotos (outra polêmica do jogo), sem contar na destruição que o aluno pode realizar no ambiente físico da escola. Ainda segundo pesquisa da Unifesp, as meninas são as maiores vítimas de bullying. **O bullying afeta 13% das crianças e adolescentes no ambiente escolar, sendo as meninas as que mais sofrem com o problema. Entre elas, 13,8% relatam já ter sido alvos da prática. Já entre os meninos, essa parcela é de 12,1%. As informações fazem parte do II Levantamento Nacional de Álcool e Drogas (Lenad), pesquisa feita pela Unifesp, divulgada em 2014.**
- **Proposta de soluções para a prática:** neste ponto, pausa uma preocupação que deve ser trabalhada de maneira a se buscar soluções. Se estas ações podem atrapalhar no desenvolvimento social e moral do indivíduo, o olhar

deve ser atento, pois estamos relatando um problema que **não atinge única e exclusivamente um indivíduo, mas também a sociedade.** Os reflexos do bullying ultrapassam a escola e deixam de atrapalhar apenas aquele que sofre ou pratica. O papel da escola torna-se corrompido, e a sociedade sofre com a **caracterização de indivíduos problemáticos e errôneos, que podem cometer falhas ou desestruturar espaços sociais.** Por isso, a análise da prática do bullying, bem como seus reflexos na sociedade, deve perpassar o todo, ou seja, o contexto social e a realidade na qual tais personagens e elementos estão inseridos.

- O tema ganha grande debate já que não se diz dialogável apenas com educadores, mas ressalva-se a questão da saúde do aluno, o seu bem-estar enquanto **parte integrante do processo escolar (lembrem-se que as bancas examinadoras gostar de estabelecer esta ampla relação entre indivíduo-sociedade),** sendo uma problemática a ser debatida com médicos, psicólogos, sociólogos etc. O diagnóstico do bullying pode auxiliar no entendimento de determinados problemas que o aluno venha a demonstrar ao longo de sua trajetória escolar e, consequentemente, sua vida adulta. Leva-se em consideração na análise, a realidade social assistida para que a observação perpasse **aspectos econômicos, sociais, culturais, identificando raízes múltiplas de desvios funcionais da própria vida do aluno.** O aparato reflexivo é bastante amplo e deve ser levado em consideração quando o assunto se refere ao processo e **desenvolvimento de aprendizagem de cada aluno.**

- **Cyberbullying nas redes sociais:** cada vez mais, **as redes sociais são utilizadas para os jovens.** Assim sendo, com relação às práticas de violência e agressão, estes espaços têm sido propícios para o **desenvolvimento de ações transgressoras de perseguição.** Estas perseguições, em alguns casos, acabam resultando em **ações irreversíveis que prejudicam a sociedade como um todo.** A falsa ideia de que existe **o anonimato dentro do ambiente virtual é o que garante a propagação destas formas de violência.** Outro ponto importante é a relação que os jovens alimentam com a internet na atualidade. **Muitas vezes, a rotina do jovem se faz atrelada aos espaços de convívio virtual.** Desta forma, a vida real acaba se confundindo com a virtual. É natural que a internet tenha trazido novos hábitos para os indivíduos, refletindo nas formas de interação. Esse elemento que "aprisiona" alguns e liberta outros, explica a **disseminação e o potencial de "viralização"** de determinados fatos, acontecimentos e situações. Os nativos digitais se veem reféns de todo esse processo e a propagação do ódio se torna simples e facilitada por esses mecanismos. Além disso, o cyberbullying acaba apresentando **um leque maior, chegando a diferentes espaços com velocidade e dinamismo,** o que pode perpetuar a prática da violência (são comuns os casos de intimidações e exposição da privacidade de jovens de maneira maldosa). O compromisso com a atuação virtual, o discernimento sobre os papeis exercidos nestes espaços e, principalmente, o respeito às diferenças são pontos relevantes para superar o problema da violência.

CYBERBULLYING EM NOVE FORMAS MAIS COMUNS

O cyberbullying pode assumir muitas formas. No entanto, existem nove formas que são as mais comuns:

- ✓ **Injúria:** enviar repetidamente e-mail, scrap ou mensagem para uma pessoa dizendo que ela é "imbecil, asquerosa, nojenta".
- ✓ **Difamação:** enviar repetidamente e-mail, scrap ou mensagem para várias pessoas dizendo que "fulano é burro porque foi mal na prova".
- ✓ **Ofensa:** enviar mensagens eletrônicas repetidamente com linguagem vulgar.
- ✓ **Falsa identidade:** fazer-se passar por outra pessoa para obter vantagem ou por ato ilícito.
- ✓ **Calúnia:** publicar uma mensagem na comunidade virtual da escola dizendo "fulano roubou minha carteira".
- ✓ **Ameaça:** enviar repetidamente mensagens que incluem ameaças de danos físicos, fazendo a vítima temer por sua segurança.
- ✓ **Racismo:** preconceito ou discriminação em relação a indivíduos considerados de outra raça.
- ✓ **Constrangimento ilegal:** perseguição; pudor que sente quem foi desrespeitado ou exposto a algo indesejável.
- ✓ **Incitação ao suicídio:** instigar, impelir, suscitar alguém a dar a morte a si mesmo.

Importante ressaltar os compromissos das partes que integram a sociedade no enfrentamento ao problema. Desde fevereiro de 2016 está em vigor no Brasil uma lei que **obriga escolas e clubes a adotarem medidas de prevenção e combate ao bullying.** Observe o texto na íntegra:

Íntegra da lei

"LEI Nº 13.185, DE 6 DE NOVEMBRO DE 2015.

Institui o Programa de Combate à Intimidação Sistemática (Bullying)

A PRESIDENTA DA REPÚBLICA Faço saber que o Congresso Nacional decreta e eu sanciono a seguinte Lei:

Art. 1º Fica instituído o Programa de Combate à Intimidação Sistemática (Bullying) em todo o território nacional.

§ 1º No contexto e para os fins desta Lei, considera-se intimidação sistemática (bullying) todo ato de violência física ou psicológica, intencional e repetitivo que ocorre sem motivação evidente, praticado por indivíduo ou grupo, contra uma ou mais pessoas, com o objetivo de intimidá-la ou agredi-la, causando dor e angústia à vítima, em uma relação de desequilíbrio de poder entre as partes envolvidas.

§ 2º O Programa instituído no *caput* poderá fundamentar as ações do Ministério da Educação e das Secretarias Estaduais e Municipais de Educação, bem como de outros órgãos, aos quais a matéria diz respeito.

Art. 2º Caracteriza-se a intimidação sistemática (bullying) quando há violência física ou psicológica em atos de intimidação, humilhação ou discriminação e, ainda:

I - ataques físicos;

II - insultos pessoais;

III - comentários sistemáticos e apelidos pejorativos;

IV - ameaças por quaisquer meios;

V - grafites depreciativos;

VI - expressões preconceituosas;

VII - isolamento social consciente e premeditado;

VIII - pilhérias.

Parágrafo único. Há intimidação sistemática na rede mundial de computadores (cyberbullying), quando se usarem os instrumentos que lhe são próprios para depreciar, incitar a violência, adulterar fotos e dados pessoais com o intuito de criar meios de constrangimento psicossocial.

Art. 3º A intimidação sistemática (bullying) pode ser classificada, conforme as ações praticadas, como:

I - verbal: insultar, xingar e apelidar pejorativamente;

II - moral: difamar, caluniar, disseminar rumores;

III - sexual: assediar, induzir e/ou abusar;

IV - social: ignorar, isolar e excluir;

V - psicológica: perseguir, amedrontar, aterrorizar, intimidar, dominar, manipular, chantagear e infernizar;

VI - físico: socar, chutar, bater;

VII - material: furtar, roubar, destruir pertences de outrem;

VIII - virtual: depreciar, enviar mensagens intrusivas da intimidade, enviar ou adulterar fotos e dados pessoais que resultem em sofrimento ou com o intuito de criar meios de constrangimento psicológico e social.

Art. 4º Constituem objetivos do Programa referido no *caput* do art. 1º:

I - prevenir e combater a prática da intimidação sistemática (bullying) em toda a sociedade;

II - capacitar docentes e equipes pedagógicas para a implementação das ações de discussão, prevenção, orientação e solução do problema;

III - implementar e disseminar campanhas de educação, conscientização e informação;

IV - instituir práticas de conduta e orientação de pais, familiares e responsáveis diante da identificação de vítimas e agressores;

V - dar assistência psicológica, social e jurídica às vítimas e aos agressores;

VI - integrar os meios de comunicação de massa com as escolas e a sociedade, como forma de identificação e conscientização do problema e forma de preveni-lo e combatê-lo;

VII - promover a cidadania, a capacidade empática e o respeito a terceiros, nos marcos de uma cultura de paz e tolerância mútua;

VIII - evitar, tanto quanto possível, a punição dos agressores, privilegiando mecanismos e instrumentos alternativos que promovam a efetiva responsabilização e a mudança de comportamento hostil;

IX - promover medidas de conscientização, prevenção e combate a todos os tipos de violência, com ênfase nas práticas recorrentes de intimidação sistemática (bullying), ou constrangimento físico e psicológico, cometidas por alunos, professores e outros profissionais integrantes de escola e de comunidade escolar.

Art. 5º É dever do estabelecimento de ensino, dos clubes e das agremiações recreativas assegurar medidas de conscientização, prevenção, diagnose e combate à violência e à intimidação sistemática (bullying).

Art. 6º Serão produzidos e publicados relatórios bimestrais das ocorrências de intimidação sistemática (bullying) nos Estados e Municípios para planejamento das ações.

Art. 7º Os entes federados poderão firmar convênios e estabelecer parcerias para a implementação e a correta execução dos objetivos e diretrizes do Programa instituído por esta Lei.

Art. 8º Esta Lei entra em vigor após decorridos 90 (noventa) dias da data de sua publicação oficial.

Brasília, 6 de novembro de 2015;
194º da Independência e 127º da República.

DILMA ROUSSEFF
Luiz Cláudio Costa
Nilma Lino Gomes"

O "Programa de Combate à Intimidação Sistemática" tem por objetivo prioritário evitar instrumentos punitivos e promover um processo de conscientização sobre o tema. De certa forma, a falta de conhecimento sobre o assunto pode resultar na prática, propagação ou aceitação de tais formas de violência. Para tal, a revisão maior se dá na esfera comportamental e atitudinal dos alunos, oportunizando-os para a análise da realidade em que vivem e o debate crítico.

Neste processo a lei abarca a comunidade como um todo. A instrução dos profissionais da educação é elemento de destaque, assim como a integração da família para auxiliar no diagnóstico, prevenção e enfrentamento.

Vale destacar que o ordenamento jurídico brasileiro já prevê penas para esses tipos de violência e perseguição. Insultos verbais, apelidos pejorativos, ofensa moral, com teor sexual, exclusão social, chantagem ou tentativa de manipulação psicológica, ataque físico ou material (destruir pertences) estão previstos na lei, e são passíveis de pena, valendo inclusive para o meio virtual, incluindo quaisquer atitudes com o intuito de criar constrangimento psicológico ou social que resultem em sofrimento ou ofensa.

Algumas campanhas internacionais visam debater o tema de maneira mais concreta. O grande problema é demonstrar aos agressores que a perseguição e violência simbólica contra as vítimas pode trazer traumas tão problemáticos quanto a própria violência física. Alguns famosos e ídolos de jovens e adolescentes relataram ter sofrido bullying, revelando o peso para a vida de uma criança e ou adolescente.

Dentre os astros que sofreram com essa violência estão: Tom Cruise (que sofria dislexia e era rechaçado pelos colegas), Megan Fox (que relatou que tinha a impressão de que o Ensino Médio nunca acabaria); Demi Lovato (desenvolveu distúrbios alimentares); Madonna (que era chamada de "monstro cabeludo"); Jessica Alba (por não usar as roupas da moda, pode usar aparelhos e ser de família mestiça); Cauã Reymond recebia apelidos por conta de sua boca grande; Luan Santana era chamado de frango, por ser magro.

Uma brasileira famosa também relatou sofrer bullying na época de sua infância. Gisele Bündchen, de 35 anos, é a modelo mais famosa e bem paga do mundo hoje. Mas antes de alcançar o sucesso, passou por situações desagradáveis. Ao jornal "The New York Times", a top de 1,80 contou que sofria bullying na infância por ser alta e magra.

Algumas campanhas já são realizadas há algum tempo. A Secretaria da Educação do Estado de São Paulo, em parceria com o canal de desenhos Cartoon Network, atua na prevenção do bullying nas mais de cinco mil escolas da rede estadual com o lema "Chega de Bullying: Não Fique Calado" (projeto desenvolvido desde 2011).

> **▸ IMPORTANTE!**
>
> Outros países já lidam com o bullying de maneira mais específica, buscando alternativas que possam apresentar resultados satisfatórios. Esse é o caso da Finlândia. O bullying se tornou uma grande preocupação na sociedade finlandesa no início da década de 1990, após um estudante de 14 anos atirar em colegas na escola secundária na cidade de Rauma, em janeiro de 1989. Mudanças foram feitas na legislação para tentar evitar novos casos. O país lançou o programa KiVa, implementado em 90% das escolas do país. O nome do programa vem de Kiusaamista Vastaan, que significa "contra o abuso escolar". Trata-se de um método que busca criar respeito e empatia entre crianças em idade escolar. A grande diferença em relação a outras iniciativas é que, para evitar que o bullying aconteça, o KiVa tem como foco os espectadores, ou seja, os potenciais observadores das agressões. Para isso, o projeto utiliza-se de três etapas: prevenção, intervenção e monitoramento. São escolhidos três funcionários para serem agentes KiVa: adultos que serão referência quando um problema acontecer e precisar ser discutido. Todas as escolas que aplicam o KiVa precisam oferecer, mensalmente, pelo menos duas aulas de 45 minutos sobre assuntos relacionados ao programa. Os pais são partes importantes do processo e recebem instrução para lidar com a situação. O KiVa já foi adaptado para Holanda, Reino Unido, Espanha, Estônia, Suécia e Itália.

Vários são os exemplos de casos recentes em que jovens atentaram contra a própria vida por conta de serem vitimizados pela prática dessa perseguição constante. Não é à toa que os dados de organismos internacionais mostram uma **preocupação com relação aos casos de suicídio entre jovens.** Além de todas as causas que explicitam a questão do suicídio, este pode ocorrer por motivações diversificadas, o bullying/cyberbullying tem chamado a atenção.

Segundo estatísticas da Organização Mundial da Saúde (OMS), tirar a própria vida já é a segunda principal causa da morte (atrás dos acidentes de trânsito) em todo mundo para pessoas de 15 a 29 anos de idade - ainda que, estatisticamente, pessoas com mais de 70 anos sejam mais propensas a cometer suicídio. No Brasil, o índice de suicídios na faixa dos 15 a 29 anos é de 6,9 casos para cada 100 mil habitantes, uma taxa relativamente baixa se comparada aos países que lideram o ranking - Índia, Zimbábue e Cazaquistão, por exemplo, têm mais de 30 casos. O país é o 12º na lista de países latino-americanos com mais mortes neste segmento.

De acordo com a OMS, **800 mil pessoas cometem suicídio todos os anos.** E para cada caso fatal há pelo menos outras 20 tentativas fracassadas. Grupos envolvidos com a questão também argumentam que o suicídio deveria se tornar uma questão de saúde pública. No entanto, apenas 28 países têm estratégias nacionais de prevenção. A Organização Mundial da Saúde (OMS) diz que para **evitar o bullying é fundamental que as escolas tenham programas baseados na prevenção de violência** assim como intervenções terapêuticas para ajudar crianças e adolescentes a controlar a raiva e outros problemas de comportamento.

Para o professor Yves de La Taille, titular do Instituto Psicologia da USP (Universidade de São Paulo), o ensino e a discussão de valores morais e da ética na escola tende a ser uma alternativa concreta. A sustentação crítica do professor tem relação com os modelos sociais que são aplicados: atualmente, a sociedade incentiva os vencedores, o sucesso, o consumo, o empreender, o que desfigura a ética e moral.

CURIOSIDADE

- Ponto importante no debate sobre a infância diz respeito ao "Marco Legal da Primeira Infância", um conjunto de regras direcionadas para crianças de 0 a 6 anos (em vigor desde início de 2016). Dentre as medidas encontra-se a ampliação da licença paternidade (casos específicos), divisão de responsabilidades entre pai e mãe, criação de centros de atendimento à família e uma melhor assistência para mães que estão presas. A lei padroniza aspectos educacionais dos profissionais que atendem crianças e também a infraestrutura das instituições que atendam esse público. Essa preocupação com as crianças durante os primeiros anos de vida pode auxiliar no combate às formas de violência, como é o caso do bullying dentro das escolas (espaço que as crianças irão dividir com outras após o convívio inicial com a família).

- Os casos registrados de bullying registrados em escolas estaduais de São Paulo aumentaram 8% em 2017, em relação ao ano anterior. Os números foram fornecidos pela Secretaria de Educação do estado. Em 2017, o órgão recebeu a denúncia de 564 casos, 80 a mais do que em 2016. O número de vítimas de bullying pode ser maior, porém, pois, muitas vezes, as crianças e adolescentes não denunciam a prática.

- Em agosto de 2021, O TikTok lançou a campanha #CultiveGentileza, um movimento global de conscientização sobre a perseguição online. Com uma série de vídeos criativos, a plataforma pretende incentivar a gentileza como um gesto comum no cotidiano da rede. Segundo o TikTok, a decisão foi motivada pela experiência negativa que algumas pessoas enfrentam, que persistem mesmo quando elas fecham o aplicativo. A conta @masterclassbr terá um conjunto de vídeos animados para retratar histórias reais de seis criadores de conteúdo com "experiências diversas". A ideia é oferecer diferentes perspectivas sobre formas de combater o bullying. Um dos enfoques destacados pela plataforma é o impacto não intencional desse comportamento nos outros. Muitas vezes, a pessoa que intimida a outra não faz por maldade, e nem percebe que está fazendo algo terrível — os vídeos podem alertá-la sobre o comportamento inadequado.

Esses são os temas listados pelo TikTok:

- "Bloqueie os agressores": @milkymichii revela como ela lida com duetos rudes e não gentis.
- "Por que você faria isso?": @recokh compartilha como suas inseguranças estão por trás do desejo de ser cruel com os outros e como navegar por esses sentimentos.
- "Comentários que quero guardar": @kellyemmrich mostra como superar os comentários negativos, concentrando-se nas comunidades positivas sobre ela.
- "Afaste-se": @amyrightmeow dá conselhos sobre o que fazer quando as pessoas intencionalmente deturpam seus pensamentos.
- "Poder das Palavras": @rosie.gif explora o impacto que as "microagressões" podem ter e pede para que as pessoas pensem antes de postar e compartilhar.
- "O que não queremos ver": @king.science incentiva as pessoas a tratarem umas às outras com cuidado e compaixão.

(Canal Tech, agosto de 2021)

CAPÍTULO XII

CENÁRIO ESTADUNIDENSE EM PAUTA

Certamente, um dos temas que mais se repetiu nos últimos meses em provas de atualidades foi a corrida eleitoral nos EUA, assim como as medidas de Donald Trump já no comando da Casa Branca. O que chama a atenção é a quantidade de acontecimentos que circundam o presidente dos EUA (da saída da Unesco à retirada do acordo nuclear com o Irã; dos escândalos das eleições com suspeita de fraudes, ao atrito com jogadores da NBA e NFL).

- O momento de **transição política, de Trump para Biden deu início a uma ano de 2021 bastante tenso** (associado a questão econômica de destaque - retração do PIB (Produto Interno Bruto) em 2020 de 3,5%). Os ataques ao Capitólio colocaram a grande democracia estadunidense na capa dos principais jornais do mundo e um questionamento pairava: quais seriam os rumos da democracia? (Foram mais de 500 pessoas acusadas de participarem dos ataques e algumas barreiras de proteção só foram retiradas 6 meses após o dia 6 de janeiro). O tempo avançou e a situação se amenizou, com Trump reconhecendo a derrota, apenas da resistência. O curso do ano de 2021 (tendência nas provas de atualidades), se demostra importante sobre vários aspectos no contexto estadunidense e, consequentemente global.

- Em fevereiro de 2021, o presidente dos **Estados Unidos Joe Biden anunciou a retomada do país ao Acordo do Clima de Paris** (acordo firma na COP-21, em 2015, que busca reduzir os impactos da ação humana com relação ao aquecimento global - o esforço é para que não haja uma elevação de 1,5ºC no comparativo com a era pré-industrial - destaque para o fato de que os anos de 2016 e 2020 já registraram recordes de temperatura, o que preocupa especialistas). O ex-presidente do país havia retirado a nação estadunidense alegando que o acordo representava aspectos desfavoráveis à economia americana.

- Em março de 2021, o presidente dos EUA **Joe Biden promulgou um pacote de estímulo fiscal de 1,9 trilhão de dólares - o maior montante desde a Grande Depressão, em 1929.** A lei inclulu novos pagamentos diretos de US$

1.400 a pessoas com renda inferior a US$ 75.000 ao ano, quantia superior aos depósitos de US$ 600 e US$ 1.200 dos pacotes anteriores.

- Em março de 2021, o **estado de Nova Iorque se tornou o 15º a legalizar a maconha.** O gabinete do governador afirmou que a entrada em vigor da lei pode representar US$ 350 milhões (cerca de R$ 2 bilhões) por ano em impostos e criar dezenas de milhares de postos de trabalho. A lei permitirá a maiores de 21 anos comprar maconha e cultivar plantas para o consumo pessoal, com um plano para que parte dos recursos arrecadados seja destinado ao tratamento contra a dependência química e a campanhas de educação. Nova York também eliminará de forma automática os antecedentes de pessoas condenadas por crimes relacionados à maconha que não serão mais criminalizados. No mês de junho de 2021, a justiça mexicana descriminalizou o uso recreativo da maconha, o que abriu espaço para a respectiva legalização por parte do poder legislativo.
- Uma das bandeiras de destaque do presidente Joe Biden foi a retomada econômica com medidas anunciadas pelo governo, estimulando diferentes setores, além da campanha de vacinação bem-sucedida (uma das questões centrais para a retomada da atividade econômica segundo especialistas). Apesar da vacinação em ritmo satisfatório, no mês de junho a nação estadunidense atingiu a marca de 600 mil mortes (era até então o país com maior número absoluto de mortes, mas com tendência de redução na ocasião).
- Em maio de 2021, o **presidente dos EUA sancionou uma lei para proteger os cidadãos asiáticos de crimes de ódio.** As ocorrências cresceram no contexto da pandemia com a estigmatização sobre sua origem (até o fechamento desta edição a causa mais provável, segundo a própria Organização Mundial da Saúde, seria a causa animal – não descartando a questão do vazamento de laboratório, mas tratando tal hipótese como menos fortalecida). Pessoas de ascendência asiática constituem cerca de 5,9% da população dos Estados Unidos.
- O presidente dos Estados Unidos (EUA), Joe Biden, e a vice-presidente, Kamala Harris, sancionaram uma lei que **tornou o dia 19 de junho feriado nacional, para celebrar o fim da escravidão dos americanos negros.** A data, conhecida como juneteenth, marca o dia, em 1865, quando um general da União informou a um grupo de pessoas no Texas que eles haviam sido libertados dois anos antes pela Proclamação da Emancipação do então presidente Abraham Lincoln, durante a Guerra de Secessão norte-americana. A questão de extrema simbologia percorreu o mundo devido à escalada da violência contra a população negra e os próprios protestos antirracistas que ganharam força após a morte de George Floyd em maio de 2020.
- Também em junho de 2021, **o ex-policial responsável pela morte de George Floyd foi condenado a 22 anos e 6 meses de prisão.** O júri havia condenado

o ex-policial por três crimes: assassinato não-intencional em segundo grau, assassinato em terceiro grau e homicídio culposo. Os promotores chagaram a pedir por uma sentença de 30 anos de prisão, o dobro do limite permitido para alguém sem antecedentes criminais. O próprio presidente Joe Biden chegou a afirmar que a decisão parecia "apropriada". Os protestos antirracistas se tornaram evidentes após o impulsionamento do movimento Black Lives Matter.

- Em junho, um fato inédito ganhou os noticiários. Pela primeira vez na história, **uma mulher trans foi anunciada ao concurso de Miss EUA**. Representando Nevada, Kataluna Enriquez ampliou o debate sobre representatividade da comunidade trans em diferentes segmentos sociais (em 2018, a Espanha levou ao Miss Universo primeira candidata trans do evento). Lembrando ainda que em janeiro de 2021, o presidente Joe Biden nomeou Rachel Levine, mulher trans, para ser assistente de secretária de saúde. Outra ação do governo Biden foi a retirada do veto de pessoas trans ao Exército dos EUA.

- Em julho de 2021, uma **onda de calor atingiu o Canadá e os Estados Unidos**. Na cidade de Las Vegas a temperatura chegou a 47,2ºC, uma marca que havia sido registrada pela primeira vez em 1942 e voltou a se repetir três vezes desde 2005.

- Em julho de 2021, um fato inédito chamou a atenção em Nova Iorque. **O estado se tornou o primeiro Estado dos Estados Unidos a declarar uma ordem de emergência para desastres com o objetivo de lidar com o aumento da violência armada**. A norma permite canalizar US$ 138,7 milhões (cerca de R$ 720 milhões) para programas de prevenção e intervenção contra a violência armada. A medida de Cuomo surge em meio ao aumento do número de mortes por arma de fogo em todo país. Quase 200 assassinatos ocorreram e um único fim de semana. Em março, o FBI (a polícia federal americana) divulgou dados preliminares do ano de 2020 mostrando um aumento de 25% nos assassinatos em relação ao ano anterior. Os EUA atingiram o patamar de 6,22 homicídios por 100 mil habitantes, o maior desde 1998 (6,28). É a primeira vez que o país ultrapassa a marca de 20 mil assassinatos desde 1995. Mas os dados consolidados só devem ser divulgados pelo FBI em setembro de 2021.

- O ex-presidente dos EUA, Donald Trump, continua sendo tema relevante para prova de atualidades. Em julho de 2021, o ex-presidente anunciou processos contra Facebook, Twitter e Google. A justificativa seria a restrição de seus perfis nas redes sociais (no Twitter, por exemplo, um dos principais veículos de comunicação com o público, o presidente tinha cerca de 89 milhões de seguidores). Em junho de 2021, o Facebook anunciou o bloqueio do perfil de Trump até 2023.

A maneira mais eficiente de estudar atualidades é ampliar o alcance dos temas e dominar os conteúdos da maneira como eles aparecem em prova. Da questão mais simples até a mais aprofundada, encontraremos fatos e acontecimentos (em raros momentos a banca se ocupa de conhecimentos gerais – abordagem histórica e geográfica). Dessa forma, serão sistematizados tópicos de diversas áreas do Brasil e do mundo.

Outro aspecto importante para entender a dinâmica eleitoral dos EUA é a compreensão do sistema de voto indireto. Veja o esquema abaixo:

1. **O que é o Colégio Eleitoral?**

   Nas eleições presidenciais dos EUA, o **presidente e vice-presidente não são eleitos diretamente pelo voto** dos cidadãos. Na verdade, os eleitores escolhem o Colégio Eleitoral. Este órgão é composto por um total de 538 delegados provenientes de todos os Estados, incluindo Washington DC.

2. **Como se decide quem e quantos são os delegados?**

   Os partidos políticos são responsáveis por definir quem vai desempenhar esse papel em cada Estado, por meio da **elaboração de uma lista de potenciais delegados**. O número de delegados correspondente a cada Estado é calculado proporcionalmente à sua população e ao número de parlamentares que os representam (tanto na Câmara dos Representantes e como no Senado). **Califórnia, o Estado mais populoso do país, tem 55 delegados.** Washington D. C. e alguns Estados pequenos têm apenas três. Os residentes em territórios dos EUA como Porto Rico e Guam não votam nas eleições presidenciais e, portanto, não possuem representação no Colégio Eleitoral.

3. **Como o voto dos cidadãos influi na definição do Colégio Eleitoral?**

   Depois que os cidadãos votam no seu candidato presidencial, no dia da eleição, os votos são contabilizados em nível estadual. Em 48 estados e em Washington DC, rege o sistema de "o vencedor leva tudo", em referência aos votos do Colégio Eleitoral de cada Estado. Ou seja, o **candidato que obtiver a maioria dos votos populares em um Estado fica com todos os delegados atribuídos a esse território.** Isso significa que **apenas os delegados** de seu partido representarão o Estado no Colégio Eleitoral.

4. **Existem exceções ao regime de "o vencedor leva tudo" nos Estados?**

   Sim, os Estados de **Maine e Nebraska.** Em ambos os casos, os delegados são atribuídos a um ou outro candidato presidencial usando um sistema proporcional chamado Congressional District Method. Neles, os **votos são divididos.** No Maine, duas das cadeiras no colégio eleitoral vão para o vencedor no Estado, e as outras duas vão para o vencedor em cada um dos distritos do Estado (cada distrito tem direito a uma cadeira). Isto significa que se um candidato presidencial não ganha na contagem total do Estado, ele pode obter delegados que o apoiem se conseguir vencer em um ou mais distritos.

5. **Os delegados podem mudar seu voto?**

   De acordo com a Constituição dos Estados Unidos, os **delegados não são obrigados a votar de acordo com a vontade dos cidadãos.** Em alguns Estados, eles são livres para apoiar o candidato que quiserem, enquanto em outros são obrigados a votar no candidato que prometeram apoiar. No entanto, na prática - e por tradição -, os **eleitores tendem a respeitar a decisão do povo e do seu partido.** Na maioria dos casos, os integrantes do Colégio Eleitoral votam de acordo com a maioria de seus estados. Na história dos EUA **houve apenas nove casos em que os delegados votaram contra a vontade do seu Estado.** Esses são chamados "delegados dissidentes", que potencialmente poderiam causar uma verdadeira dor de cabeça no caso de uma eleição apertada. No entanto, de acordo com o Serviço de Investigação do Congresso dos Estados Unidos, até agora os delegados que mudam de lado não conseguiram complicar o resultado de qualquer eleição presidencial. Até hoje só houve uma abstenção: um delegado do distrito de Columbia, em 2000.

6. **Quantos votos o candidato precisa no Colégio Eleitoral para se tornar presidente?**

Dos 538 votos, um **candidato precisa de 270 para ganhar a Presidência (metade mais um).** Esse é o "número mágico".

7. **O que acontece se nenhum candidato atingir o "número mágico"?**

No caso improvável de **que nenhum dos candidatos obtenha 270 votos no Colégio Eleitoral,** o encarregado de decidir o vencedor é a Câmara de Representantes, que deve escolher o novo presidente a partir dos três candidatos com mais apoio. O Senado, por sua vez, deve realizar um processo similar para eleger um vice-presidente entre os dois candidatos mais votados. A única vez que isso aconteceu foi nas eleições de 1824, quando John Quincy Adams foi escolhido pela Câmara dos Representantes depois que nenhum candidato presidencial obteve a maioria dos votos no Colégio Eleitoral. E um empate é improvável. Mais uma vez, isso só aconteceu uma vez. Foi em 1800, quando Thomas Jefferson e Aaron Burr tiveram o mesmo número de votos. A Câmara dos Representantes teve de intervir e elegeu Jefferson como presidente.

8. **Quando e onde o Colégio Eleitoral se reúne?**

A votação do Colégio Eleitoral tem lugar na capital de cada Estado entre meados de novembro e meados de dezembro. O resultado é formalmente declarado pelo Senado em 6 de janeiro e o **novo presidente toma posse em 20 de janeiro.** No entanto, na maioria dos casos, o novo presidente é anunciado no mesmo dia das eleições, durante a noite, após a apuração dos votos populares. Isso porque, na prática, os delegados seguem a decisão da maioria em seus Estados, e após a contagem de votos, já é possível saber o resultado.

9. **É possível que um candidato presidencial ganhe o voto popular, mas perca no Colégio Eleitoral?**

Em 2000, Gore ganhou o voto popular, mas Bush ganhou no Colégio Eleitoral, o que levantou um **debate sobre uma reforma eleitoral.** Embora seja raro, é possível: aconteceu cinco vezes nos Estados Unidos. A última vez foi exatamente nas eleições que colocaram Trump como presidente. Apesar de ganhar no Colégio Eleitoral, o presidente eleito americano, Donald Trump, perdeu no voto popular — e por uma margem bastante significativa. Os números do voto popular mostram que o republicano ficou atrás da rival democrata Hillary Clinton em 2,8 milhões de votos — maior diferença do que qualquer outro presidente na História dos EUA. Isso é mais de cinco vezes maior do que a margem pela qual George W. Bush perdeu para Al Gore em 2000, que fica com a segunda posição na diferença histórica de voto popular para um candidato que ainda assim tornou-se presidente. Trump chegou a destacar que sua derrota no voto popular teria se dado por fraudes na votação.

10. Como surgiu a ideia de votação indireta pelo Colégio Eleitoral nos EUA?

A ideia de definir a Presidência por meio de um corpo de delegados surgiu no século 18 e é atribuída aos chamados "pais fundadores" dos EUA. Naquele momento, realizar uma campanha eleitoral em todo o país era quase impossível devido ao tamanho do país e às dificuldades de comunicação. Simultaneamente, os EUA não tinham uma identidade nacional formada. Os Estados ficaram temerosos por seus direitos e o voto popular era temido por sua imprevisibilidade. Foi por isso que os criadores da Constituição 1787 rejeitaram a ideia de que o presidente fosse eleito pelo Congresso ou pelo voto popular. Eles argumentaram que, em ambos os casos, os cidadãos escolheriam seu candidato local e os grandes Estados acabariam por dominar a política dos EUA. "O sistema eleitoral americano é um grande compromisso", explica Leeper a BBC. "Ele foi projetado para alcançar um equilíbrio difícil entre os interesses dos Estados e as instituições centrais, incluindo a vontade nacional e a local."

Fonte: G1

CAPÍTULO XIII

RECORTES DO CENÁRIO ATUAL: DOSSIÊ DE ATUALIDADES

A variedade de discussões no âmbito atual demonstra uma densidade e um volume de informações incomensurável. Alguns fatos noticiados exigem maior debruçar para o entendimento e desmembramento dos detalhes, assim como outros partem de pressupostos simplistas e reducionistas, o que tende a facilitar o entendimento. Realmente, esgotar os acontecimentos é algo improvável e utópico, ainda mais na atual dimensão de ampla disseminação de conteúdo. A velocidade no trânsito das informações permite que uma série de acontecimentos seja absorvida em caráter simultâneo. Entretanto, é possível fixar alguns fatos de modo isolado, buscando a compreensão essencial. Veja alguns tópicos reunidos abaixo:

- Em fevereiro de 2021, foi lançado o primeiro satélite considerado 100% nacional (com críticas com relação a tal aspecto). O lançamento do Amazonia 1, que faz parte da missão Amazon, foi lançado da Índia (a base de Alcântara no Maranhão não tinha tecnológica suficiente para tal lançamento). Desenvolvido pelo Instituto Nacional de Pesquisas Espaciais - INPE, o projeto custou cerca de R$400 milhões e teve seu término ameaçado por cortes na área científica. O objetivo do satélite é promover monitoramento da região amazônica.

- Brasil ocupará assento não permanente no Conselho de Segurança das Nações Unidas no biênio 2022-2023. Será a 11ª vez que o país integrará o mais importante órgão responsável pela segurança coletiva internacional. A última vez foi no biênio 2010-2011. No Conselho de Segurança, o Brasil buscará traduzir em contribuições tangíveis a defesa da paz e da solução pacífica das controvérsias, entre outros princípios inscritos na Constituição Federal de 1988 e na Carta das Nações Unidas. **O Conselho de Segurança é formado por 15 países com direito a voto.** Sendo que apenas Estados Unidos, França, Grã-Bretanha, China e Rússia são membros permanentes e têm poder de veto. Os outros 10 assentos são temporários.

- Depois de mais de três meses, em julho de 2021, o navio porta-contêineres Ever Given foi liberado pelas autoridades portuárias do Egito. O navio de 400 metros e capacidade de 200 mil toneladas virou notícia ao bloquear o canal de Suez, importante rota comercial pela disposição geográfica estratégica. Na época, a retirada do navio contou até mesmo com a maré, além do trabalho intenso de rebocadores.

- Em julho de 2021, **Cuba voltou a ser destaque na imprensa internacional.** O governo teria derrubado o acesso à internet criando instabilidade para aplicativos. A explicação seria a tentativa de conter protestos que tomara as ruas do país e teriam sido articulados pelo ambiente virtual. Segundo a imprensa, teriam ocorrido cortes de energia em algumas áreas de Havana. Milhares de pessoas foram às ruas por todo o país aos gritos de 'liberdade!' e 'abaixo a ditadura!', para expressar frustração por meses de crise, restrições devido à Covid e o que acusam ser negligência do governo. O presidente chegou a afirmar que a culpa da situação desfavorável enfrentada pelos cubanos seria o embargo econômico imposto pelos EUA. O PIB (Produto Interno Bruto) do país encolheu 11% em 2020, agravando a crise da nação. O turismo, responsável por cerca de 10% do PIB da ilha também foi afetado drasticamente pela pandemia. Os artistas, como os cantores, intelectuais e escritores do movimento San Isidro, têm sido protagonistas dessa demanda, com reuniões e transmissões na luta por liberdade de expressão. Um de seus integrantes, Maykel Castillo Pérez, está preso desde abril, acusado de traição à pátria, e é um dos nomes de dissidentes e presos políticos por quem os coletivos artísticos reclamam. Outros foram presos durante algumas semanas e depois soltos. Adaptada. (Folha de S. Paulo).

- Em maio de 2021, o **Chile elegeu os parlamentares responsáveis pela nova Constituição do país.** Após meses de grandes protestos que transformaram o Chile entre 2019 e 2020, a nova Carta substituirá a atual, herdada da ditadura de Augusto Pinochet (1973-1990). Em 18 de outubro de 2019, Santiago foi cenário de confrontos violentos entre as forças de segurança e manifestantes que protestavam contra o aumento do preço da passagem de metrô. O presidente do país, Sebastián Piñera, declarou estado de emergência na capital e designou um militar como titular da Segurança Pública. Em 19 de outubro, milhares de pessoas protestaram em Santiago contra a desigualdade, e novos confrontos foram registrados, apesar da suspensão do aumento do preço da passagem. Pela primeira vez desde o fim da ditadura de Pinochet em 1990, milhares de soldados foram mobilizados nas ruas, e um toque de recolher noturno foi decretado em Santiago. Membro da etnia mapuche, a acadêmica indígena Elisa Loncón caminhava oito quilômetros para chegar à escola na infância; hoje é professora e linguista com duas pós-graduações e dois doutorados e foi eleita para presidir comissão que irá redigir nova Constituição do país, substituindo documento da era Pinochet. Adaptada. (G1)

- O esporte acompanhou pautas de ampla relevância social ao longo de 2021. **Na Eurocopa, a questão racial tornou-se evidente no protesto de atletas antes**

do início das partidas ao se ajoelharem em gesto típico de mobilização para a pauta antirracista (seleções como a Croácia e a Rússia não compactuaram de tal prática por alegações específicas). Na própria Eurocopa, uma decisão da Uefa chamou a atenção: o veto à iluminação do estádio de Munique, durante jogo da Alemanha contra a Hungria. O gesto seria uma crítica a lei da Hungria que criou restrições de informações sobre a comunidade LGBT no país do conservador Viktor Órban. A decisão da Uefa esteve pautada em princípios políticos que não seriam de alçada da entidade. Outro evento de destaque para o ano de 2021 é a realização dos jogos olímpicos do Japão (lembrando que até o fechamento da edição o evento não havia acontecido).

- A **África do Sul** enviou para as ruas o exército para reprimir a violência desencadeada pela **prisão do ex-presidente Jacob Zuma.** Jacob Zuma foi condenado por faltar ao depoimento judicial no inquérito que investiga corrupção durante os 9 anos dele na presidência no país.

- Em julho de 2021, a ONU destacou que a pandemia de Covid-19 contribuiu, em 2020, para o aumento do número de pessoas que passam fome e terá efeitos de longo prazo na segurança alimentar. Esse agravamento da fome no mundo, o mais importante nos últimos 15 . Nos, compromete mais do que nunca a meta das Nações Unidas de erradicar a fome no mundo até 2030, segundo o relatório da FAO publicado nesta segunda-feira (12). O alerta foi destaque no relatório da Organização da ONU para a Alimentação e a Agricultura (FAO) – lembrando que a Vunesp costuma apresentar várias questões sobre entidades da ONU, programas e demais organizações associadas.

- Em julho de 2021, o **ministro do Supremo Tribunal Federal, Marco Aurelio Mello,** se aposentou. A aposentadoria compulsória (75 anos) abriu um vaga (a indicação é do presidente da república e a aprovação deve acontecer por sabatina no Senado). Lembrando que é preciso ser brasileiro nato, ter entre 35 e 65 anos de idade, notório saber jurídico e reputação ilibada para ser Indicado (até o fechamento da edição tínhamos apenas a indicação não oficializada de André Mendonça para a vaga).

- O deputado estadual por São Paulo, **Fernando Cury (Cidadania), foi punido com afastamento de seis meses sem salário e gabinete, por assediar a deputada Isa Penna (PSOL) em dezembro de 2020.** A decisão foi tomada pela Assembleia Legislativa de São Paulo (Alesp) em abril de 2021. O plenário aprovou a punição de forma unânime com 86 votos. Por ter sido uma punição inédita para tal situação de assédio, o caso ganhou ampla repercussão.

- Em abril de 2021, A Assembleia Legislativa de São Paulo tirou da pauta a votação do projeto que pretende **proibir a veiculação de propagandas no estado com a presença de LGBTs.** A deputada Marta Costa (PSD), autora do PL 504, argumentou que os materiais podem atuar como "má influência" e "incentivo a prática inadequada". A Procuradoria-Geral de Justiça do Estado de São Paulo emitiu um parecer em que explica tecnicamente a ilegalidade da proposta. No Brasil, a ética publicitária é fiscalizada em nível federal desde 1980 pelo Conselho Nacional de Autorregulamentação Publicitária (Conar), que tem a missão de impedir a publicidade enganosa ou abusiva, que cause constrangimento ao consumidor ou a empresas, ao mesmo tempo em que defende a liberdade de expressão comercial. Lembrando que a Hungria, país marcado pelo conservadorismo nos últimos anos, aprovou um projeto similar.

- A instalação de **câmeras no uniforme de policiais militares fez com que a letalidade nas ações caísse, pela primeira vez, para zero em junho de 2021 nos 18 batalhões em que o equipamento foi utilizado** no estado de São Paulo. Ou seja, ninguém morreu em confrontos com policiais que estavam utilizando esse equipamento. Parte das câmeras começou a ser utilizada em 2020. Dos 18 batalhões com câmeras nos uniformes, 12 estão na capital: são aqueles responsáveis pelo policiamento em áreas como o Centro, a Freguesia do Ó, Jaçanã, São Mateus, Itaquera, Pinheiros, Ipiranga, Paraíso, Capão Redondo e Morumbi, em todas as regiões da cidade. Policiais das Rondas Ostensivas Tobias de Aguiar (Rota), que começou a utilizar as câmeras em maio deste ano, e a Rocam, que é policiamento por motos, também passaram a usar as câmeras e não registraram mortes no mês de junho. (G1)

- Em maio de 2021, o **governador de São Paulo João Doria, sancionou legislação que criou o programa Bolsa do Povo.** O programa prevê o pagamento de benefícios de até R$ 500 para cerca de 500 mil pessoas em todo o estado, segundo o governo paulista. O Bolsa do Povo irá incorporar os programas Renda Cidadã, Via Rápida, Bolsa-Trabalho, Ação Jovem, Bolsa Talento Esportivo e o auxílio-moradia emergencial (Aluguel Social). O programa Bolsa-Trabalho poderá chegar a um salário-mínimo, com jornada fixada entre 4 e 8 horas por dia, cinco dias na semana.

- Uma das questões mais esperadas para a prova do TJ-SP diz respeito ao cenário da covid-19. Seria bastante óbvio um item muito "comum", amplamente divulgado. Nesse sentido, é possível que a banca se esquive apresentando uma temática bem detalhista. Exemplo: primeira cidade do país a decretar lockdown com imposições mais rígidas: Araraquara / SP. Cidade que participou de ação do Butatan para atestar a eficiência da vacinação: Serrana/ SP. Cidade que participou de projeto similar, mas em parceria com a Fiocruz: Botucatu / SP. As cidades de Batatais / SP e Taquaritinga / SP acompanharam um isolamento inteligente – ação do Butatan para tentar conter a disseminação do vírus. Algumas cidades de São Paulo avançaram em punições para quem "escolhesse" vacina no momento da vacinação (direcionando as pessoas para o fim da fila). A nível de nação, é importante destacar alguns acontecimentos: a Sérvia anunciou que pagaria o equivalente a 120 reais para cada cidadão que se vacinasse. Nos EUA, o estado de Washington ofereceu cigarros de maconha para os vacinados. Ingressos para jogos, cerveja, lagosta, cupons de compras, piercings dourados estiveram entre os brindes oferecidos em diferentes partes do globo. O caso da França foi bastante interessante: em julho, o governo anunciou a restrição de presença em bares e restaurantes apenas para vacinados – com isso, em poucas horas, as filas de agendamento para vacinação cresceram consideravelmente. No Peru, em março de 2021, foi anunciado o pagamento de pensão para os chamados órgãos da covid-19 (crianças e adolescentes que perderam o pai ou mãe e receberão o equivalente a R$300 até completarem 18 anos).

Outro ponto importante com relação a vacinação diz respeito a alguns termos que podem causar confusão:

- Covax Facility: aliança internacional pela vacina – iniciativa da Organização Mundial da Saúde, da Aliança Gavi e da CEPI que articula a compra e distribuição de vacinas para países com maiores dificuldades (o Brasil chegou a ser beneficiado com doses do consórcio internacional).

- Covaxin: vacina de origem indiana envolvida em denúncias de um suposto esquema fraudulento por integrantes do governo federal (até o fechamento da edição, a CPI da pandemia levantada depoimentos pertinentes ao tema para o devido esclarecimento).

- CarnivacCov: primeira vacina contra a covid-19 para animais anunciada pelo governo russo (lembrando que a primeira vacina para seres humanos a ser registrada, ainda em 2020, também foi da Rússia – Sputinik V.

- "Fura-fila" das vacinas: pessoas que fraudaram o esquema de vacinação para benefício próprio.

- "Sommelier de vacina": pessoas que questionam determinadas vacinas por questões ideológicas ou afins, recusando-se a receber determinadas doses.

➢ Um estudo publicado no periódico científico Heliyon aponta que o uso generalizado de equipamentos de proteção individual (EPIs) **colocou em circulação bilhões de descartáveis, o que pode causar um aumento expressivo no volume de plástico destinado às costas marinhas e ao fundo do mar.** De acordo com a pesquisa, a quantidade de resíduos plásticos gerada no planeta desde o início da pandemia até o fim de 2020 foi em torno de 1,6 milhão de toneladas por dia. O trabalho estima, ainda, que cerca de 3,4 bilhões de máscaras sejam descartadas diariamente em todo o mundo. Segundo o Instituto Akatu, ONG voltada para o consumo consciente, desde o início da pandemia, mais de 12 bilhões de máscaras foram jogadas fora no Brasil. O tempo de decomposição pode chegar a 500 anos, em média, dependendo do tipo de material utilizado. (CNN Brasil)

➢ O cabo submarino de fibra ótica entre Brasil e Portugal inaugurado em 1º de junho deve oferecer internet rápida e estável para usuários. O **EllaLink,**

como é conhecido, é o primeiro de alta capacidade a ligar os dois países. Os usuários vão se beneficiar da estrutura após operadoras de internet, bem como serviços de streaming, de nuvem e financeiros, como bancos e bolsas de valores, adquirirem parte da capacidade de tráfego. O cabo também será utilizado por instituições de pesquisa e redes corporativas. Em resumo, o novo cabo traz duas melhorias: Alta velocidade e baixa latência, que é o tempo que uma informação leva para sair de um ponto ao outro. Isso é útil para serviços que têm um tráfego intenso de dados e exigem um tempo de resposta curto, como jogos online e transmissões ao vivo; Segurança: a conexão direta entre Brasil e Portugal diminui riscos, já que os dados não precisam passar por equipamentos de outros países, como os Estados Unidos. (G1)

- Foi incinerada **36,5 toneladas de maconha** apreendidas em julho de 2021 pela Polícia Militar Rodoviária do Mato Grosso do Sul na rodovia MS-266, próximo ao município de Deodápolis, durante Operação Hórus. Os tabletes estavam escondidos em uma carreta carregada de soja. Essa foi a maior apreensão de entorpecentes da história do país. Coordenada pela Secretaria de Operações Integradas do Ministério da Justiça e Segurança Pública, a ação integra o Programa Nacional de Segurança nas Fronteiras e Divisas (Vigia). A rodovia MS-266 é uma rota conhecida do tráfico e segue em direção a estados como São Paulo e Paraná. (Agência Brasil)

- Em maio de 2021, a ação policial contra traficantes na favela do Jacarezinho, na zona norte do Rio, deixou mais de 25 mortos. Foi a operação mais letal da história da polícia civil do RJ. Polícia Civil do Rio de Janeiro afirmou que agiu dentro da lei e criticou o que chamou de "ativismo judicial", que resultaria no fortalecimento do tráfico no estado. Ainda em maio, a Polícia Civil estabeleceu sigilo de 5 anos sobre informações de todas as operações do RJ após decisão do Supremo.

- O Partido Comunista da China anunciou que **aumentará de dois para três o limite de filhos por casal, numa tentativa de aumentar a taxa de natalidade e desacelerar** o envelhecimento da população. A mudança foi anunciada três semanas após a divulgação dos dados do censo do país, que mostraram que a população chinesa cresceu no ritmo mais lento desde os anos 1960. (DW Brasil)

- Mais de um século após as atrocidades cometidas na então colônia Sudoeste Africano Alemão, a Alemanha reconheceu que os crimes cometidos contra os povos herero e nama são um genocídio. O presidente da Alemanha, Frank-Walter Steinmeier, pedirá perdão pelos crimes, ocorridos entre 1904 e 1908, ao Parlamento da Namíbia, país africano que sucedeu a antiga colônia Sudoeste Africano Alemão. (DW Brasil).

- Em maio de 2021, um relatório divulgado pela **Organização Meteorológica Mundial (OMM), vinculada à ONU, afirmou que há 90% de chances de que ao menos um ano de 2021 até 2025 seja o mais quente de todos os já registrados,** e 40% de chances de que a temperatura média exceda os níveis pré-industriais em 1,5ºC, limite recomendado pelo Acordo de Paris para evitar efeitos mais catastróficos das mudanças climáticas. (DW Brasil)
- Em maio de 2021, a oposição de Belarus acusou o governo do país de ter desviado um avião ao aeroporto de Minsk para prender Roman Protasevich (foto), um jornalista crítico ao regime do presidente Alexander Lukashenko. O voo da Ryanair partiu da Grécia com destino à Lituânia, mas foi redirecionado para pousar em Belarus. Países europeus condenaram o ato e exigiram esclarecimentos do governo belarusso. (DW Brasil)
- Em junho de 2021, o Brasil foi citado pela primeira vez no Conselho de Direitos Humanos da ONU como um caso de risco de genocídio, devido aos crescentes crimes contra as populações indígenas. A menção foi feita por Alice Wairimu Nderitu, conselheira especial para prevenção de genocídio, em relatório apresentado em sessão regular do conselho. (DW Brasil).
- Em eleições realizadas em junho, o partido de ultradireita Reunião Nacional (RN), de Marine Le Pen, falhou no objetivo de conquistar um governo regional na França pela primeira vez ao perder em Provence-Alpes-Côte d'Azur, cuja capital é Marselha, e onde a sigla tinha chances de sagrar-se vitoriosa. Partido do presidente Emmanuel Macron também foi derrotado e não conquistou nenhuma das 13 regiões. (DW Brasil)
- Em junho de 2021, o ministro do Meio Ambiente, **Ricardo Salles, pediu demissão do cargo**. A exoneração foi publicada no Diário Oficial da União, nomeando como novo titular Joaquim Álvaro Pereira Leite, então secretário da Amazônia e Serviços Ambientais do ministério. Esse é um dos tópicos mais difíceis de acompanhar em se tratando de Brasil – nos últimos anos foram muitas trocas de ministérios dentro de um mesmo mandato (fique atento ao que pode mudar até a data da prova).
- Em junho de 2021, o Parlamento Europeu aprovou um certificado digital de vacinação contra a covid-19 que permitirá que pessoas da União Europeia (UE) se desloquem entre os países do bloco sem a necessidade de quarentena ou de exames extras para o coronavírus. A medida, anunciada às vésperas das férias de verão, foi uma tentativa de salvar a indústria de viagens da Europa de mais uma temporada desastrosa.(DW Brasil)
- Em junho de 2021, a FDA, **agência regulatória do governo dos EUA, aprovou o primeiro fármaco capaz de combater a doença de Alzheimer.** O medicamento Aduhelm remove do cérebro as placas prejudiciais chamadas beta-amiloides nos pacientes no estágio inicial da doença, de modo a impedir as

ações dessas placas, que acarretam perda de memória e na incapacidade das pessoas de cuidarem de si próprias. (DW Brasil)

- Os ministros de Finanças dos países sete principais países industrializados anunciaram a intenção de adotar um imposto empresarial global mínimo de 15%. A medida visa forçar as multinacionais, sobretudo as gigantes de tecnologia, a contribuírem mais para os cofres estatais dos países mais atingidos pela pandemia. O Grupo dos Sete (G7) é o grupo dos países mais industrializados do mundo, composto por: Alemanha, Canadá, Estados Unidos, França, Itália, Japão e Reino Unido, embora a União Europeia também esteja representada. (DW Brasil)

- Em julho de 2021, Richard Branson se tornou o primeiro bilionário a fazer parte de uma missão espacial tripulada a bordo de um veículo que ajudou a financiar. Fundador da Virgin Galactic, ele viajou a mais de 80 quilômetros de altitude, limite estabelecido nos EUA para a fronteira espacial – ainda que exista um debate bastante polêmico sobre tal questão. Com o feito, Branson saiu na frente de seus concorrentes Elon Musk e Jeff Bezos na área do turismo espacial – com viagens previstas para ocorrer (até o fechamento da edição, apenas Branson havia concretizado o feito). (DW Brasil)

- Pouco depois de o Japão anunciar um novo estado de emergência na região de Tóquio para frear o avanço da pandemia, os organizadores dos Jogos Olímpicos de 2020 na capital japonesa decidiram banir a presença de público no megaevento. A medida, amplamente aguardada, foi adotada após negociações entre o governo japonês, organizadores e representantes dos Jogos Olímpicos e Paralímpicos. (DW Brasil)

- No dia 07 de julho, o presidente do Haiti, **Jovenel Moïse, foi assassinado por um grupo armado que invadiu sua casa na capital Porto Príncipe, nas primeiras horas da madrugada. A primeira-dama do país ficou ferida no ataque**. Moïse, de 53 anos, governava por decreto há mais de um ano, depois que o país não conseguiu realizar eleições, numa crise que levou à dissolução do Parlamento. Até o fechamento da edição alguns suspeitos haviam sido detidos. (DW Brasil). Em agosto, um terremoto de escala 7,2 na escala Ritcher somava quase 2 mil mortes até o dia 17 de agosto (fechamento da edição).

- Importante destaca que as questões que se ocupam da abordagem política são descritivas, voltando-se para os fatos (nesse caso, pouco importa o posicionamento pessoal do examinador, do candidato ou de quem quer que seja). Nesse sentido, uma notícia é importante. O **presidente Jair Bolsonaro foi considerado pela organização Repórteres Sem Fronteiras um dos 37 líderes mundiais "predadores da liberdade de imprensa"**, ao lado de nomes como os de chefes de Estado da Síria, Bashar al-Assad, e da Venezuela, Nicolás Maduro. Bolsonaro foi incluído na lista devido às suas ações contrárias aos meios de comunicação, que incluem insultos, humilhações e ameaças. (DW Brasil)

- Em julho de 2021, por ocasião dos 50º aniversário de Julian Assange, seus apoiadores promoveram um piquenique diante do Parlamento britânico, em protesto pela deportação do fundador da plataforma Wikileaks. O Departamento de Justiça dos EUA prometeu a um tribunal do Reino Unido não torturar Julian Assange, caso ele seja extraditado. Segundo o Wall Street Journal (WSJ), o cofundador do WikiLeaks não pode ser colocado em prisões de segurança máxima ou em confinamento solitário, pois, mesmo sendo punições comuns nos Estados Unidos, ambas as medidas são consideradas crimes em países mais desenvolvidos. (DW Brasil ; Terra)

- Um legado terminou. Em seu último compromisso oficial em solo britânico, a chanceler federal da Alemanha, **Angela Merkel se reuniu com o primeiro-ministro, Boris Johnson, e visitou rainha Elizabeth 2ª. Sua 22ª viagem ao país desde que se tornou chanceler, há 16 anos**, visava aliviar as tensões geradas pela saída do Reino Unido da União Europeia. (DW Brasil)

- Em julho de 2021, os **príncipes William e Harry inauguraram uma estátua em homenagem à mãe, a Princesa Diana,** nos jardins do Palácio de Kensington, em Londres, no dia em que ela completaria 60 anos. A estátua foi encomendada em 2017 pelos dois irmãos e reflete o trabalho da princesa e o impacto que teve em várias áreas, como a remoção de minas terrestres em Angola e o apoio a pessoas com HIV. (DW Brasil)

- Um tribunal dos Estados Unidos emitiu, em julho de 2021, **a primeira sentença de prisão contra um invasor do Capitólio.** Paul Allard Hodgkins, de 38 anos, foi sentenciado a oito meses de prisão, após se declarar culpado de participação no ataque. Ele foi uma das centenas de apoiadores do ex-presidente Trump que em 6 de janeiro invadiram a sede do Congresso americano. (DW Brasil)

- Candidata de direita à presidência do Peru, Keiko Fujimori admitiu, no dia 19 de julho de 2021, a derrota para seu rival nas eleições, Pedro Castillo. Depois de alegar fraude e entrar com recursos contra o resultado, ela afirmou que reconhece os resultados "porque é o que manda a lei", mas classificou a vitória do adversário como "ilegítima".

- Em julho de 2021, a União Europeia, bloco formado por 27 países, lançou um plano para diminuir a emissão de carbono e combater as mudanças climáticas. A proposta é "descarbonizar" a economia do bloco com medidas que atingem o bolso dos moradores e de empresas. O pacote anunciado por Ursula Von Der Leyen, presidente da Comissão Europeia, quer reduzir em 55%, até 2030, a emissão de carbono. **Os pontos principais do pacote são:** O fim da venda de automóveis movidos a gasolina e a diesel, incentivo à produção de veículos elétricos, criação de impostos para combustíveis utilizados em aviões e no transporte marítimo, e principalmente, uma nova taxa para empresas estrangeiras que exportam produtos para o bloco, como concreto e aço. **Segundo Ursula, a emissão de carbono precisa ter um preço para produtores e consumidores, para escolherem tecnologias limpas.** (TV Cultura)

➢ Um consórcio internacional de veículos de imprensa identificou que diversos governos do mundo usam uma ferramenta antiterrorista para monitorar e acessar de forma ilegal mensagens, câmera e microfone de celular de jornalistas, ativistas e empresários. O programa **"Pegasus" é o principal produto de uma empresa israelense chamada NSO.** Especialistas em segurança digital afirmam que o software é o programa de vigilância mais avançado do mundo. Ao hackear um smartphone, ele pode acessar todas as informações do aparelho, ligar e desligar a câmera e o microfone de forma remota e secreta, além de acompanhar a localização da pessoa em tempo real (TV Cultura).

➢ O presidente da Coreia do Sul, Moon Jae-in, desistiu de viajar a Tóquio para acompanhar a abertura dos Jogos Olímpicos e para ter o primeiro encontro oficial com o primeiro-ministro do Japão, Yoshihide Suga, informou o gabinete do governo. O motivo foi um incidente diplomático entre os dois países que colecionam rivalidades: um diplomata da embaixada do Japão em Seul havia afirmado, segundo reportagem, que o presidente sul-coreano estava "se masturbando" ao descrever suas tentativas de melhorar relações entre os dois países. Essa declaração saiu na imprensa e repercutiu mal na Coreia do Sul. O gabinete de Moon afirmou que ele ficou "cético" sobre a viagem após o comentário "inaceitável" do diplomata japonês (G1)

➢ A **operação "Leshy" da Polícia Federal**, deflagrada em junho e divulgada por autorização da Justiça Federal, prendeu um biólogo russo acusado de tráfico de animais. Ele faz parte de uma complexa rede internacional de tráfico de animais silvestres, com atuação em países como Alemanha, República Tcheca, Polônia, Itália, Espanha, Finlândia, Bielo-Rússia, Madagascar, Emirados Árabes Unidos, África do Sul, Nova Zelândia, Austrália, Japão, México, Argentina, Equador, Rússia, Brasil, e países do sudeste asiático. O russo já tinha sido preso pelo menos outras três vezes com animais silvestres nativos do Brasil, em 2017, no aeroporto de Amsterdã – Holanda; e duas vezes neste ano, no aeroporto de Guarulhos/SP, em janeiro, e no Rio de Janeiro, em junho; sempre com grandes quantidades de lagartos, aranhas, sapos, cobras e insetos. A operação se deu por determinação da 1ª Vara Federal da Seção Judiciária de Guarulhos/SP, e teve ainda o apoio do Instituto Brasileiro do meio Ambiente - Ibama, Polícia Rodoviária Federal - PRF e Interpol. O nome da operação se refere ao deus da mitologia eslava, LESHY, protetor das florestas e dos animais selvagens. No folclore eslavo, acredita-se que Leshy seja trapaceiro e confunda os viajantes que adentram as florestas para caçar os animais. No Brasil, seria semelhante ao Curupira e ao Caipora (CNN Brasil).

➢ Em julho de 2021, a Polícia Federal (PF) afirmou que já havia realizado mais de **100 operações para reprimir o desvio e a utilização indevida de verba pública federal destinada ao enfrentamento da Covid-19** em todo o país. De acordo com a PF, o volume investigado já alcançava a cifra de R$ 3,2 bilhões. Os estados com valores mais expressivos sob investigação são Pará (R$ 1,4 bi), Rio de Janeiro (R$ 850 milhões), Pernambuco (R$ 198 milhões), São Paulo (R$ 118 milhões), Minas Gerais (R$ 100 milhões), Rondônia (R$ 92 milhões) e Piauí (R$ 82 milhões). O Amapá é o estado com maior número de operações (11), seguido por Maranhão (10), Pernambuco (8), Sergipe (8), Rio de Janeiro (7), São Paulo (6), Piauí (6), Pará (6) e Rondônia (4) (CNN Brasil, julho de 2021)

➢ A **Amazônia Legal brasileira registrou 8.381 km² de desmatamento no acumulado dos últimos 11 meses, de agosto de 2020 até junho de 2021**, a maior devastação para o período em dez anos, segundo o Instituto do Homem e Meio Ambiente da Amazônia (Imazon). O desmatamento nos últimos 11 meses também é 51% maior que o registrado no período anterior, de agosto de 2019 a junho de 2020, quando o bioma apresentou 5.533 km² de devastação. (G1)

1. RAPIDINHAS – PRINCIPAIS RECORTES DA ATUALIDADE

- Impeachment de Witzel por esquema fraudulento na pandemia
- Submarino que desapareceu na Indonésia
- Compromissos da cúpula dos líderes pelo clima (evento nos EUA)
- Os protestos em Cuba que ganharam força
- Anulação de condenações do ex-presidente Lula pelo Supremo Tribunal Federal
- Reforma constitucional da Rússia ampliando poderes de Putin
- Trocas nos ministérios do Brasil e Forças Armadas
- União Europeia impondo sanções à China
- Acordo comercial entre Mercosul e União Europeia que precisa ser ratificado por todos os congressos envolvidos
- Finlândia que aparece em 1º lugar no ranking dos países mais felizes do mundo
- Tensões políticas na Bolívia e Peru

- o Proibição do "uso de burca" na Suíça
- o Eutanásia em vigor na Espanha
- o Viagem do papa Francisco ao Iraque
- o Recuperação econômica de diversos setores
- o Prorrogação do pagamento do auxílio emergencial
- o Desabamento na Flórida que matou mais de 90 pessoas em julho
- o Onda de violência na África do Sul
- o Aproximação entre Coreia do Sul e China
- o 100 anos do Partido Comunista Chinês (PCC)
- o Pandemia e o agravamento da insegurança alimentar segundo FAO
- o Operação Luz na Infância 8 (combate à pornografia infantil)
- o Desempenho do PIB brasileiro
- o Medicamentos para combater a covid-19
- o Nigeriana assume a OMC – Organização Mundial do Comércio
- o Assessor especial do presidente Bolsonaro e o gesto supremacista branco
- o Denúncias de fraudes em Santa Catarina, Pará e Amazonas (referente à covid-19)
- o Negacionismo científico em tempos de pandemia
- o Origem da pandemia em suspeita
- o Amazon alcança a marca de empresa mais valiosa do mundo
- o Alterações na legislação de trânsito (abril de 2021)
- o Criminalização do stalking (perseguição)
- o Agravamento das punições contra crimes virtuais
- o Trabalhos da CPI da covid-19
- o Lei Aldir Blanc e o socorro aos artistas
- o Caso Dr. Jairinho
- o Violência contra a mulher em tempos de pandemia
- o Mercado de criptomoedas

- Decisões do Supremo Tribunal Federal
- Operações da Polícia Federal
- Agências de classificação de risco
- Dados do IBGE sobre desemprego
- Taxa Selic
- Balança comercial em pauta (superávit ou déficit)
- Lucro das instituições bancárias
- Privatização em discussão
- Youtube e as mudanças na política
- Corrida espacial em debate
- Representatividade feminina em discussão
- Resultados do Oscar e Globo de Ouro
- Presos brasileiros são incluídos na "Difusão Verde" da Interpol
- Premiação do Nobel
- Intervenção cirúrgica no papa Francisco
- Decisões do Vaticano
- Morte do prefeito de São Paulo Bruno Covas
- Problemática da covid-19
- Fungo negro em discussão
- Continuidade do Pronampe
- Médicos cubanos no Brasil
- Década da ONU para Restauração dos Ecossistemas e Preservação dos Oceanos
- COP 26
- Brasil e a relevância para a produção agropecuária global -dados da Embrapa
- Cota para trans na Argentina
- Impactos da Lei Geral de Proteção de Dados
- Derrubada de estátuas e a questão escravagista

- Dados do Anuário Brasileiro de Segurança Pública (publicação em julho de 2021)
- Censo demográfico em 2022
- Decisões do Supremo Tribunal Federal
- Discussão sobre o voto impresso
- Eleições 2022
- Casos de corrupção envolvendo a compra das vacinas
- Questão do Taleban no Afeganistão

2. TOP 10 ATUALIDADES

1) Brasil no Conselho de Segurança da ONU
2) Resultado do PIB do Brasil
3) Reviravolta na Justiça sobre o Massacre do Carandiru
4) Uso de câmeras em uniformes policiais
5) 10 anos da Guerra da Síria
6) Acnur e a situação dos refugiados
7) Decisões do Supremo Tribunal Federal
8) Trocas nos ministérios do Brasil
9) 30 anos do Mercosul
10) Situação da Venezuela

CAPÍTULO XIV

EXERCÍCIO INÉDITOS

Uma das boas formas de preparação para a prova de atualidades é a realização de exercícios inéditos. Dessa forma, reuni alguns dos principais acontecimentos para que o treino seja possibilitado. No final, você encontra o gabarito. Lembrando da importância de responder os itens, topicalizando as principais informações para um momento de revisão. Vamos ao treino?

01. (Prof. Rodolfo Gracioli) "No dia 28 de fevereiro, o satélite brasileiro Amazônia-1 foi lançado à órbita. As primeiras imagens do satélite foram recebidas no dia 3 de março. O equipamento é coordenado pelo Instituto Nacional de Pesquisas Espaciais (Inpe) e faz parte da Missão Amazônia, que busca monitorar a agricultura e o desmatamento no território brasileiro". (Fonte: Usp Atualidades - março de 2021).

O lançamento do satélite aconteceu:

a) Base de Alcântara, no Maranhão.
b) Sriharikota, na Índia
c) Cabo Canaveral, EUA.
d) Baikonur, no Cazaquistão
e) Pequim, na China

02. (Prof. Rodolfo Gracioli) Analise os textos e assinale a alternativa correta:

Texto I

O Ministro da Saúde renunciou ao cargo depois de ter sido acusado de criar um centro de vacinação para privilegiar os amigos. O escândalo veio a público quando um jornalista disse ter tomado vacina contra Covid-19 após ligar para o chefe da pasta, que ele disse conhecer há muito tempo, afirmaram duas fontes do governo. (Fonte: CNN - fevereiro de 2021)

Texto II

A ministra da Saúde renunciou na sexta-feira (12) em meio a polêmica após a denúncia de que o ex-presidente foi vacinado contra a Covid-19 meses antes de começar a imunização no país, informou a televisão pública. (Fonte: G1 - fevereiro de 2021)

Os trechos referem-se, respectivamente:

a) Cuba e Venezuela
b) Peru e Bolívia
c) Argentina e Paraguai
d) Peru e Venezuela
e) Argentina e Peru

03. (Prof. Rodolfo Gracioli) A Colômbia foi o primeiro país das Américas a ser beneficiado com o Covax. Assinale a alternativa que descreve corretamente o Covax:

a) Fundo de investimentos criado pelo FMI para países em desenvolvimento reoxigenarem a economia abalada pela pandemia.
b) Programa assistencialista elaborado pelo Banco Mundial para enfrentamento da fome resultando dos drásticos efeitos econômicos da pandemia da covid-19.
c) Projeto da OMS de distribuição de testes rápidos de covid-19 com o intuito de ampliar as medidas restritivas nas áreas mais afetadas, minimizando os danos econômicos em países pobres.
d) Programa criado pela OMS junto a entidades filantrópicas para ampliar a distribuição dos imunizantes para a Covid-19 e garantir que nações de baixa renda não sejam negligenciadas.
e) Imunizante produzido pela Rússia que passou a ser distribuído gratuitamente, apesar de questionamentos de organismos internacionais sobre sua real eficácia no enfrentamento à covid-19.

04. (Prof. Rodolfo Gracioli) Sobre decisões recentes do Supremo Tribunal Federal, assinale a alternativa incorreta:

a) Por 9 a 1, o Supremo decidiu que o direito ao esquecimento é 'incompatível com a Constituição'.
b) Supremo formou maioria contra-argumento de 'legítima defesa da honra' em casos de feminicídio.
c) Maioria do STF decidiu que 'cota de tela' para cinema nacional é constitucional.
d) Maioria do STF barrou, em todas as hipóteses, a compra de vacinas por estados e municípios.
e) O ministro Luís Roberto Barroso decidiu que mulheres transexuais e travestis femininas poderão escolher se desejam cumprir penas a que sejam condenadas em presídios masculinos ou femininos.

05. (Prof. Rodolfo Gracioli) "PF prende hackers suspeitos de participação no vazamento de dados de 223 milhões de brasileiros" – Fonte: G1, março de 2021.

De acordo com a investigação, Marcos Roberto Correia da Silva, de 24 anos, preso em Uberlândia, é conhecido como "Vandathegod" e é responsável pela divulgação de informações de 223 milhões de brasileiros. A operação que prendeu o hacker foi:

a) Operação Luz na Infância
b) Operação Darkweb
c) Operação Deepwater
d) Operação Fiscela
e) Operação Sombra

06. (Prof. Rodolfo Gracioli) Com relação ao resultado do PIB – Produto Interno Bruto do Brasil em 2020, assinale a alternativa correta:

a) Apesar da retração de mais de 4%, o setor da agropecuária teve resultado positivo de 2%.
b) Com o resultado de 2020, o Brasil assinala dois anos seguidos de retração econômica.
c) Os setores de "serviços" e "consumo das famílias" representaram ligeira queda em 2020.
d) Apesar do resultado de retração de 1,4%, o valor ficou dentro do esperado pelos economistas.

e) O setor de serviços, que representa 70% do PIB, foi o menos afetado pela pandemia, graças ao auxílio.

07. (Prof. Rodolfo Gracioli) Em março de 2021, a Agência Nacional de Vigilância Sanitária aprovou o primeiro medicamento para tratamento da Covid-19. Sobre o tema, assinale a alternativa correta:

a) O antiviral foi o primeiro medicamento aprovado para uso em pacientes hospitalizados. Ele não é vendido em farmácias, mas substitui a vacina.
b) No Brasil, será usado apenas em adolescentes com mais de 40 kg hospitalizados com pneumonia, em ventilação mecânica.
c) Nos EUA, é usado desde novembro de 2020, com aplicação apenas em centros médicos. OMS desaconselhou o uso.
d) O remdesivir deve ser armazenado em temperatura de -20° C e tem prazo de validade de 6 anos.
e) Para tratar os casos hospitalizados da Covid-19, ele deve ser administrado por no mínimo 15 dias e, no máximo, 30 dias.

08. (Prof. Rodolfo Gracioli) Em março de 2021, a Câmara do México aprovou a legalização da maconha. Sobre a questão, assinale a alternativa correta:
a) A legalização aborda apenas a utilização para fins medicinais, impedindo o uso recreativo.
b) Caso se concretize, o México será o primeiro país do mundo a legalizar para fins medicinais e recreativos.
c) Será permitido o porte de até 28g por pessoa, sendo o cultivo caseiro limitado a 8 plantas.
d) Um ponto questionado do projeto é a idade limite para o consumo: a partir dos 14 anos com a autorização dos responsáveis.
e) Em episódio inédito, a Câmara do México aprovou por unanimidade o projeto, visando o combate ao tráfico de drogas no país.

09. (Prof. Rodolfo Gracioli) "Ao contrário do restante do Brasil, onde a vacina tem chegado primeiro aos grupos prioritários, na cidade, as doses chegaram para toda a população adulta porque, em 2020, a cidade foi escolhida para participar de um estudo inédito do Instituto Butantan – o Projeto S". (Fonte: G1 – março de 2021).

A cidade do interior de São Paulo em questão é:
a) Araraquara
b) Ribeirão Preto
c) Jaú
d) Serrana
e) Limeira

10. (Prof. Rodolfo Gracioli) "A nigeriana Ngozi Okonjo-Iweala, ex-ministra das Finanças do país africano, foi nomeada hoje (15) para chefiar a entidade. Ela tornou-se a primeira mulher e africana a liderar a organização" (Fonte: Agência Brasil – fevereiro de 2021). A entidade em questão é:

a) OMS – Organização Mundial da Saúde
b) Acnur – Alto Comissariado da ONU para Refugiados
c) OIT – Organização Internacional do Trabalho

d) PMA – Programa Mundial de Alimentos
e) OMC – Organização Mundial do Comércio

11. (Prof. Rodolfo Gracioli) Pela primeira vez na história, um papa visitou o país em questão. O papa se encontrou com a alta autoridade religiosa de uma parte do mundo xiita, o Grande Aiatolá Ali Sistani. Vale destacar que foi a primeira viagem do papa desde o início da pandemia. O país em questão foi:

O lançamento do satélite aconteceu:

a) Irã
b) Iraque
c) Síria
d) Jordânia
e) Marrocos

12. (Prof. Rodolfo Gracioli) "Centenas de manifestantes exigem a liberdade de rapper preso na Espanha" (Fonte: Uol – março de 2021). O país vivenciou uma ebulição de protestos desde a prisão do rapper. A condenação por nove meses de prisão se deu:

a) Por críticas ao modelo negacionista de enfrentamento à pandemia por parte do governo espanhol, além de retratar as fraudes envolvendo a vacinação com agentes públicos furando a fila oficial prevista na legislação.
b) Por apologia ao terrorismo. Ele descreveu o rei emérito Juan Carlos I como um "mafioso", fez apologia a pessoas envolvidas em ataques e acusou a polícia de torturar e matar migrantes e manifestantes.
c) Por acusação de estupro de vulnerável. O jovem rapper foi flagrado em situação de violência sexual contra uma fã, após a realização de show na cidade de Madri – o escândalo por encoberto pela imprensa local.
d) Por críticas às decisões da Suprema Corte. O rapper atacou decisões referentes aos escândalos de tráfico de influências envolvendo pessoas ligadas ao governo espanhol, além de sugerir a desobediência civil.
e) Por denunciar escândalo de corrupção envolvendo grandes empresários. O rapper criticou a revogação da prisão de ex-empresários do setor petrolífero envolvidos em amplo esquema de compra de sentenças.

13. (Prof. Rodolfo Gracioli)

Texto I

"O ministro do Supremo Tribunal Federal, submeteu nesta sexta-feira (12/3) ao Plenário da corte sua decisão que decretou a incompetência da 13ª Vara Federal Criminal de Curitiba para julgar processos envolvendo o ex-presidente Lula e anulou as condenações do petista" (Fonte: Conjur – março de 2021)

Texto II

"Por 3 votos a 2, a Segunda Turma do Supremo Tribunal Federal declarou em julgamento nesta terça-feira (23) que o ex-juiz federal Sergio Moro agiu com parcialidade ao condenar o ex-presidente Luiz Inácio Lula da Silva no caso do triplex do Guarujá"› (Fonte: G1 – março de 2021)

O ministro do STF responsável pela decisão inicial e o (a) ministro (a) responsável por mudar o voto na decisão da Segunda Turma, respectivamente, foram:

a) Luís Roberto Barroso e Rosa Weber

b) Ricardo Lewandowski e Luiz Edson Fachin
c) Luiz Fux e Cármen Lúcia
d) Gilmar Mendes e Rosa Weber
e) Luiz Edson Fachin e Cármen Lúcia

14. **(Prof. Rodolfo Gracioli)** Sobre decisão referente às Olimpíadas de Tóquio, marcadas para julho e agosto de 2021, destaca-se:

a) Participação exclusiva de atletas asiáticos nas modalidades coletivas, com o intuito de evitar o riso de contaminação.
b) O veto às modalidades coletivas que deverão ser realizadas no ano de 2022, em calendário a ser definido pela organização.
c) A proibição de torcedores estrangeiros durante o evento, devido ao risco de contaminação.
d) O veto à atletas de países com alto índice de média móvel no período de 30 dias anteriores ao evento (julho).
e) A proibição exclusiva da imprensa internacional e a obrigação da testagem em massa para torcedores estrangeiros.

15. **(Prof. Rodolfo Gracioli)** "EUA voltam oficialmente ao Acordo de Paris sobre o clima" (Fonte: Uol – fevereiro de 2021). Sobre uma das ações de maior impacto do governo Biden, assinale a alternativa incorreta:

a) Desde que quase 200 países assinaram o pacto de 2015 para evitar a mudança climática catastrófica, os EUA foram o único a sair.
b) O Brasil assumiu como objetivo cortar as emissões de gases de efeito estufa em 37% até 2025, com o indicativo de redução de 43% até 2030.
c) O ex-presidente Donald Trump retirou os EUA do Acordo do Clima, seguindo decisão da China, de Xi Jingping, grande concorrente na dimensão comercial.
d) O principal objetivo do acordo é reduzir as emissões de gases de efeito estufa para limitar o aumento médio de temperatura global a 2ºC, quando comparado a níveis pré-industriais.
e) Não há obrigatoriedade no cumprimento das metas estabelecidas. Porém, por ser um acordo internacional, é um fator importante na agenda da política externa dos países que o ratificaram.

16. **(Prof. Rodolfo Gracioli)** "Os cidadãos aprovaram com uma pequena maioria neste domingo (7) a proibição de esconder o rosto com o véu integral islâmico - a burca - em lugares públicos, um sinal contra o Islã radical de acordo com os defensores do projeto, uma iniciativa xenófoba e sexista para os críticos da iniciativa. Manifestantes encapuzados em manifestações também serão proibido" (Fonte: G1 – março de 2021)

Qual país em questão?

a) França
b) Alemanha
c) Dinamarca
d) Suíça
e) Finlândia

17. **(Prof. Rodolfo Gracioli)** Observe os textos e faça a respectiva correlação.

Texto I

A Agência Nacional de Segurança Viária do país determinou que quem quiser uma carteira de habilitação deverá fazer um curso sobre gênero e estudar temas como masculinidades, patriacardo, feminicídios e acesso de mulheres ao setor de transporte. (Fonte: G1 – fevereiro de 2021)

Texto II

Quase 11 mil menores de idade que ficaram órfãos de pai ou mãe no país devido à Covid-19 receberão uma pensão mensal equivalente a R$ 313 nas próximas semanas, informou o governo. (Fonte: G1 – março de 2021)

Texto III

O parlamento do país aprovou a legalização da eutanásia. País é o quinto do mundo em regulamentar a medida, depois de Bélgica, Holanda, Luxemburgo e Canadá. Apenas pacientes do país ou residentes poderão dar entrada com pedido para pôr fim à vida. (Fonte: G1 – março de 2021).

Os trechos dizem respeito, respectivamente:

a) Chile, Bolívia e Alemanha
b) Uruguai, Argentina e Portugal
c) Argentina, Peru e Espanha
d) Paraguai, Chile e Suíça
e) Colômbia, Bolívia e Dinamarca

18. (Prof. Rodolfo Gracioli) "A Alemanha se alinhou antes de sua primeira eliminatória do Grupo J contra a Islândia, em Duisburg, vestindo camisas com a mensagem "Direitos Humanos". A Noruega fez um protesto semelhante na quarta-feira (24) antes de sua partida em Gibraltar, quando os jogadores apareceram com camisas com a mensagem "Direitos humanos, dentro e fora de campo"". (Fonte: Agência Brasil – março de 2021).

Os protestos se dão:

a) Pela onda de sequestros de garotas, na Nigéria, em ações truculentas promovidas pelo grupo terrorista Boko Haram.
b) Pelo veto da permissão do casamento entre pessoas do mesmo sexo no Japão, local das próximas Olimpíadas.
c) Pelas denúncias de assédio sexual por parte de integrantes do Comitê Olímpico Internacional, contra atletas de diferentes modalidades.
d) Pela postura negacionista de líderes políticos no enfrentamento à pandemia, com destaque para o atual presidente do Brasil.
e) Pela situação enfrentada pelos operários da Copa do Catar (cerca de 6500 operários morreram desde o início das obras).

19. (Prof. Rodolfo Gracioli) "Com a queda de 4,1% do PIB, o Brasil deixou o grupo das dez maiores economias do mundo". Os dados apresentados são da agência de classificação de risco Austin Rating. Os países que ultrapassaram o Brasil foram:

a) Argentina, Uruguai e Rússia.
b) Coreia do Sul, Cingapura e Noruega
c) Chile, Áustria e Espanha
d) Portugal, Uruguai e Canadá
e) Canadá, Coreia do Sul e Rússia.

20. **(Prof. Rodolfo Gracioli)**

Texto I

"O Instituto Butantan, em São Paulo, anunciou, nesta sexta-feira (26), que está desenvolvendo nova candidata a vacina contra a Covid-19. A vacina é a primeira, contra qualquer doença, a ser desenvolvida completamente no Brasil".

Texto II

"O ministro da Ciência, Tecnologia e Inovações, Marcos Pontes, anunciou nesta 6ª feira (26. mar.2021) que foi protocolado na Anvisa (Agência Nacional de Vigilância Sanitária) o pedido de autorização para testes clínicos em humanos da vacina brasileira contra a covid-19. O ministério divulgou um comunicado (íntegra – 676 KB) a jornalistas com informações sobre o imunizante".

Trata-se, respectivamente:

a) Susvac e Brazilianvac
b) Brasilianvac e Suzanamune
c) Butanvac e Versamune
d) Brazilian-V e Uspvac
e) BRvac e Govmune

21. **(Prof. Rodolfo Gracioli)** "O bloqueio provocado pelo meganavio Ever Given, encalhado no Canal de Suez deve provocar uma série de consequências para a economia global se não for resolvido rapidamente. O Canal de Suez é responsável por cerca de 10% do comércio marítimo internacional. Por dia, US$ 9,5 bilhões em mercadorias são transportados pelo canal". (Fonte: G1 – março de 2021).

O canal é importante porque facilita a rota entre Mar Mediterrâneo ao Mar Vermelho. Portanto, conecta de forma mais rápida a Ásia, o Oriente Médio e a Europa. O canal localiza-se no território:

a) Marrocos
b) Nigéria
c) Egito
d) Argélia
e) Líbia

22. **(Prof. Rodolfo Gracioli)** Em 2021, comemora-se os 30 anos da cúpula do bloco. Estratégico para a região da América do Sul, o bloco atualmente apresenta visões divergentes na perspectiva dos países integrantes e seus respectivos líderes. O bloco em questão é:

a) Mercosul
b) Grupo de Lima
c) Alca
d) Nafta
e) Unasul

23. **(Prof. Rodolfo Gracioli)** "Centenas de meninas que foram sequestradas à mão armada em seu colégio interno na Nigéria foram libertadas, disseram as autoridades. As meninas foram sequestradas na sexta-feira (26) por homens armados que invadiram uma escola estatal no estado de Zamfara, no noroeste da Nigéria, disse a polícia". (Fonte: CNN – março de 2021).

O grupo terrorista que atua na região e reivindicou a autoria do sequestro foi:

a) Al Qaeda do Iêmen

b) Boko Haram
c) Al Shaabab
d) Estado Islâmico
e) Talibã

24. **(Prof. Rodolfo Gracioli)** "O assessor especial para assuntos internacionais do presidente Jair Bolsonaro, Filipe Martins, fez um gesto considerado obsceno durante uma sessão do Senado nessa 4ª feira (24.mar.2021). Ele diz que, na verdade, estava apenas ajeitando o próprio terno" (Fonte: Poder 360 – março de 2021).

O gesto do assessor seria ligado a:

a) Grupos paramilitares que exaltam as vias ilícitas para o poder
b) Grupos supremacistas brancos que exaltam o chamado "White Power"(poder branco).
c) Grupos contrários ao Supremo Tribunal Federal, exaltando a desobediência civil.
d) Grupos homofóbicos responsáveis pela perseguição de transexuais.
e) Grupos radicais islâmicos, como é o caso do Estado Islâmico.

25. **(Prof. Rodolfo Gracioli)** "Os dois países assinaram acordo para cooperação estratégica por 25 anos. Ambos sofrem sanções dos Estados Unidos atualmente e buscam aproximação". (Fonte: CNN – março de 2021)

O acordo, que leva para um dos países o projeto de Nova Rota da Seda, foi assinado entre:

a) Venezuela e Rússia
b) Síria e Mianmar
c) China e Irã
d) Coreia do Norte e Iraque
e) Afeganistão e Japão

26. **(Prof. Rodolfo Gracioli)** "Durante uma transmissão ao vivo no Instagram da Assembleia Legislativa do Estado do Rio de Janeiro (Alerj) sobre direitos dos animais, a apresentadora defendeu que remédios e cosméticos sejam testados em prisioneiros ao invés de animais. A declaração aconteceu na noite da última sexta-feira (26) e gerou uma enorme repercussão nas redes sociais. "Na minha opinião, existem muitas pessoas que fizeram muitas, muitas coisas erradas e estão aí pagando pelos seus erros num ad eternum, para sempre em prisões. Poderiam ajudar nesses casos", afirmou a apresentadora". (Fonte: TV Cultura – março de 2021).

A apresentadora envolvida na polêmica foi:

a) Eliana
b) Ana Maria Braga
c) Angélica
d) Xuxa Meneghel
e) Fátima Bernardes

27. **(Prof. Rodolfo Gracioli)** "Carlos Moisés, governador de Santa Catarina, será afastado do cargo por 120 dias após ter o segundo pedido de impeachment aceito pelo tribunal de julgamento". (Fonte: TV Cultura – março de 2021).

O pedido de impeachment está relacionado:

a) Fraudes envolvendo o auxílio emergencial por parte de familiares do governador que, mesmo não se enquadrando nos critérios, teriam sido beneficiados.

b) Esquema de "rachadinhas", com familiares servindo de "laranjas" para o pagamento de salários de cargos de assessoria.
c) Compra de 200 respiradores realizada no início da pandemia por R$ 33 milhões com dispensa de licitação.
d) Esquema de fraudes na campanha de vacinação. O governador teria beneficiado familiares e amigos, furando a fila.
e) Desvio de verbas do FUNDEB (Fundo de Manutenção e Desenvolvimento da Educação Básica) durante a gestão.

28. **(Prof. Rodolfo Gracioli)** "O Uber anunciou nesta terça-feira (16) que vai conceder direitos trabalhistas para todos seus mais de 70 mil motoristas cadastrados no país. A decisão ocorre após a gigante da tecnologia perder batalha na Suprema Corte em fevereiro. A partir desta quarta-feira (17), os motoristas terão direito a salário-mínimo e férias remuneradas, algo inédito no mundo para a empresa". (Fonte: G1 – março de 2021).

O país em questão é:

a) Reino Unido
b) França
c) Alemanha
d) Suíça
e) Dinamarca

29. 29- **(Prof. Rodolfo** Gracioli) Observe os fragmentos e faça a correspondência.

Texto I

"O Presidente morreu aos 61 anos devido a uma doença cardíaca, anunciou nesta quarta-feira (17/03) a vice-presidente do país. A morte ocorre em meio a boatos de que o presidente estaria infectado com o coronavírus. Negacionista da covid-19, ele não era visto em público desde o final de fevereiro. Ele alegava que o país estaria livre do coronavírus em virtude das orações". Adaptado. (Fonte: DW Brasil – março de 2021).

Texto II

"O Facebook suspendeu a página do presidente por violar as políticas contra a divulgação de informações falsas sobre o Covid-19 ao promover um remédio que ele afirma, sem evidências, pode curar a doença, disse um porta-voz da empresa no sábado (27). Em janeiro, o presidente descreveu o Carvativir, uma solução oral derivada do tomilho, como um medicamento "milagroso" que neutraliza o coronavírus sem efeitos colaterais, uma alegação que os médicos dizem não ser apoiada pela ciência". Adaptado. (Fonte: CNN – março de 2021).

Os trechos dizem respeito, respectivamente:

a) Etiópia e Bolívia
b) Angola e Peru
c) Moçambique e Colômbia
d) Tanzânia e Venezuela
e) Sudão do Sul e Paraguai

30. **(Prof. Rodolfo Gracioli)** Observe os fragmentos e faça a correspondência.

Texto I

"O país registrou a primeira vacina contra Covid-19 do mundo para animais, a Carnivac-Cov, anunciou a agência reguladora agrícola nesta quarta-feira (31). A agência reguladora diz que o imunizante é de vírus inativado e consegue proteger espécies vulneráveis e impedir mutações virais". (Fonte: G1 – março de 2021).

Texto 2

"A próxima Conferência da ONU sobre Clima (COP26), programada para acontecer em novembro de 2021 no país, pode ser adiada mais uma vez por conta da pandemia. Segundo a imprensa local, as autoridades locais estão discutindo alternativas possíveis caso a situação sanitária global siga sendo problemática nos próximos meses" (Fonte: Climainfo – março de 2021).

Os trechos em questão referem-se a quais países, respectivamente?

a) Dinamarca e País de Gales
b) Espanha e EUA
c) Alemanha e Bélgica
d) Rússia e Escócia
e) Suíça e Canadá

31. **(Prof. Rodolfo Gracioli)** Observe os fragmentos abaixo e realize a devida correspondência.

Texto I

"Somente os vacinados contra a Covid-19 ou pessoas que já tiveram a doença estarão autorizados a participar da peregrinação "umrah" no Ramadã, que, este ano, começa em meados de abril, anunciaram as autoridades do país nesta segunda-feira (5)" (Fonte: G1 – acesso em abril de 2021).

Texto II

"O país não participará dos Jogos Olímpicos de Tóquio para proteger seus atletas em meio à pandemia de Covid-19.Assim, seria o primeiro país a anunciar que não enviará atletas à capital japonesa para as Olimpíadas que têm a cerimônia de abertura marcada para 23 de julho deste ano" (Fonte: GE – acesso em abril de 2021).

Os trechos referem-se, respectivamente:

a) Israel e Coreia do Sul
b) Arábia Saudita e Coreia do Norte
c) Síria e Taiwan
d) Iraque e Indonésia
e) Irã e Hong Kong

32. **(Prof. Rodolfo Gracioli)** Sobre a pandemia, a nível de Brasil, assinale a alternativa incorreta:

a) O presidente do PTB, Roberto Jéfferson, gravou um vídeo defendendo o que ele identificou por "kit anti- satanás". Na ocasião, o político sugere uso da violência para resistir ao fechamento de templos religiosos.
b) O ministro da Ciência e Tecnologia, Marcos Pontes, anunciou que os testes com a vacina nacional Versamune terão início ainda no ano de 2021.
c) Segundo dados da Anvisa (Agência Nacional de Vigilância Sanitária), cresceu em mais de 500% as notificações sobre efeitos adversos de pessoas que fizeram uso da cloroquina.
d) Segundo laudo preliminar da Polícia Federal, as vacinas aplicadas em empresários de Minas Gerais, podem ter sido abastecidas com soro fisiológicos e foram administradas por falsa enfermeira.
e) Apesar de escalar em números de vítimas fatais pela covid-19, até os primeiros dias de abril, o país não havia superado 4 mil mortes em um período de 24 horas.

33. **(Prof. Rodolfo Gracioli)** "Batizado de "Comida na Mesa", o plano tem impacto estimado em 180 milhões de reais e, segundo o governador, irá financiar a ampliação de restaurantes populares, a compra de gás de cozinha e de cestas básicas".

O programa criado com o objetivo de minimizar os danos socioeconômicos da pandemia pertence a qual estado?

a) São Paulo
b) Espírito Santo
c) Amazonas
d) Maranhão
e) Piauí

34. **(Prof. Rodolfo Gracioli)** Recentemente, a Amazon, empresa que tem a marca do homem mais rico do mundo, Jeff Bezos, esteve envolvida em uma polêmica. A empresa chegou a admitir que:

a) Gerentes comerciais da matriz abusavam sexualmente de trabalhadoras asiáticas.
b) Explorava mão de obra análoga à escravidão em centros comerciais de países latino-americanos.
c) Fraudou esquemas de vacinação para beneficiar funcionários do alto escalão da empresa.
d) Um programa de trainee exclusivo para negros viola diretrizes da diversidade da própria empresa.
e) Motoristas urinavam em garrafas devido ao trabalho excessivo e carga horária intensa.

35. **(Prof. Rodolfo Gracioli)** Sobre a realidade estadunidense na contemporaneidade, assinale a alternativa incorreta:

a) Apesar de números favoráveis, até o início de abril o país havia vacinado apenas pessoas de 55 anos ou mais – devido aos desafios logísticos das vacinas.
b) Recentemente, ataques contra pessoas de origem asiática vem crescendo, o que gerou forte mobilização pelas redes sociais.
c) Nova York anunciou que uma das estratégias para recuperação econômica pós pandemia será a taxação de super ricos.
d) Apple anunciou que continuará proibindo a rede social de extrema-direita Parler. Google e Amazon são outras empresas que vetaram o Parler.
e) Recentemente, o governo estadunidense anunciou ter capturado o maior número de imigrantes na fronteira com o México.

36. **(Prof. Rodolfo Gracioli)** Faça a correspondência a partir da leitura dos fragmentos.

Texto I

"O presidente do país sancionou uma lei que permite que ele concorra a mais dois mandatos depois do fim de sua atual gestão, em 2024, segundo documento publicado em um site do governo nesta segunda-feira. Dessa forma, existirá a possibilidade de permanência até o ano de 2036, caso saia vencedor das eleições". Adaptado. (Fonte: G1 – acesso em abril de 2021).

Texto II

"Cientistas do país estão pesquisando como festejar em meio à pandemia de covid-19. Todos os 1.500 participantes desta festa testaram negativo para o coronavírus, e seus movimentos são rastreados durante a festa para os cientistas observarem o potencial de transmissão da covid-19 em um ambiente típico de festival" (Fonte: DW Brasil – acesso em abril de 2021).

O trechos referem-se, respectivamente:

a) Venezuela e França
b) Cuba e Alemanha
c) Síria e Bélgica
d) Rússia e Holanda
e) Coreia do Norte e EUA

37. **(Prof. Rodolfo Gracioli)** Recentemente, uma polêmica no programa televisivo BBB ganhou os noticiários. As redes sociais se inflamaram na discussão sobre a provável violação de um dos participantes ao tecer comentários sobre outro. No campeonato espanhol, a equipe do Valência abandonou a partida após ação de um dos atletas do time adversário ser considerada ofensiva.

As duas situações têm em comum um problema central:

a) Práticas homofóbicas
b) Xenofobia contra asiáticos
c) Racismo
d) Intolerância religiosa
e) Sexismo

38. **(Prof.Rodolfo Gracioli) Os** ministros Milton Ribeiro (Educação) e Damares Alves (Mulher, Família e Direitos Humanos) participaram de uma audiência nesta segunda (5) promovida pela Câmara sobre o tema. O tema é uma frente do governo Bolsonaro, que quer a regulamentação da prática no Congresso até julho deste ano". Adaptado. (Fonte: G1 – acesso em abril de 2021).

Na ocasião, o ministro da Educação chegou a defender a prática. O tema em questão era:

a) Supressão de questões de gênero do currículo.
b) Ensino Religioso como obrigatoriedade.
c) Artes marciais para meninas no currículo.
d) Banimento das disciplinas de Filosofia e Sociologia.
e) Homeschooling ou educação domiciliar.

39. **(Prof. Rodolfo Gracioli)** Em abril de 2021, alterações na legislação de trânsito entrarão em vigor a partir da lei 14.071/2020. Dentre as alterações, assinale a alternativa incorreta:

a) A Lei traz para a legislação do trânsito que crianças menores de 10 anos ou até 1,45m de altura devem estar sempre nos bancos traseiros e com dispositivos de retenção adequados para cada idade.
b) Motoristas com menos de 50 anos passam a renovar a CNH a cada 10 anos. De 50 a 70, a cada 5 anos e, acima dessa faixa etária, a cada 3 anos.
c) Fica proibido transportar criança menor de 10 anos ou sem condições de cuidar da própria segurança. Na legislação anterior, a proibição era de crianças menor de 7 anos.
d) A lei cria o Registro Nacional Positivo de Condutores, que vai cadastrar motoristas que não cometeram infração de trânsito sujeita à pontuação nos últimos 12 meses
e) Um dos pontos mais polêmicos foi a retirada da exigência do exame toxicológico para as categorias C, D e E, um dos pontos de defesa do presidente Jair Bolsonaro.

40. **(Prof. Rodolfo Gracioli)** Em março , o Brasil acompanhou intensas trocas ministeriais. Sobre o assunto, assinale a alternativa incorreta:

a) O então ministro das Relações Exteriores, Ernesto Araújo, assumiu a recém-criada pasta da Cidadania. Para seu lugar, o diplomata de carreira Carlos Alberto França assumiu em meio a críticas sobre a condução do governo frente à pandemia.

b) Anderson Torres assumiu o Ministério da Justiça e Segurança Pública no lugar de André Mendonça. Ao assumir, trocou a direção da PF e PRF.

c) A Casa Civil passou a ser comandada pelo general Luiz Eduardo Ramos, em substituição ao também general Walter Braga Netto.

d) Luiz Eduardo Ramos, que até então ocupava a Secretaria de Governo, foi substituído pela deputada federal Flávia Arruda (PL-DF).

e) Na Advocacia Geral da União, André Mendonça, então Ministro da Justiça e Segurança Pública, retornou como advogado-geral.

41. **(Prof. Rodolfo Gracioli)** "O governador de Nova York Andrew Cuomo assinou nesta quarta-feira (31) uma norma que legaliza o uso recreativo da maconha, aprovada no dia anterior pelos legisladores do estado". Sobre a legislação, assinale a alternativa incorreta:

a) O gabinete do governador afirmou que a entrada em vigor da lei pode representar US$ 350 milhões (cerca de R$ 2 bilhões).

b) A lei permitirá a maiores de 18 anos comprar maconha e cultivar plantas para o consumo pessoal.

c) Nova York também eliminará de forma automática os antecedentes de pessoas condenadas por crimes relacionados à maconha que não serão mais criminalizados.

d) A lei também vai eliminar as multas por posse de até 85 gramas da droga, novo limite de posse particular, e será ampliado o programa de uso medicinal da maconha.

e) O estado criará um gabinete responsável por supervisionar o setor (formado por cinco membros, três indicados pelo governador e os outros dois pela Câmara e pelo Senado).

42. **(Prof. Rodolfo Gracioli)** Em julho de 2021, o ministro do STF em questão irá se aposentar. Responsável por idealizar a TV Justiça, votar em favor da interrupção da gravidez em caso de fetos anencéfalos, o ministro também se envolveu em polêmicas: após decisão do ministro, o traficante André do Rap foi solto. O ministro em questão, indicado na época pela então presidente Fernando Collor, é:

a) Celso de Mello

b) Luiz Fux

c) Gilmar Mendes

d) Marco Aurelio de Mello

e) Ricardo Lewandowski

43. **(Prof. Rodolfo Gracioli)** O presidente Jair Bolsonaro sancionou, sem vetos, a lei que inclui o crime de perseguição no Código Penal. A prática é também conhecida como "stalking" e consiste em perseguir, reiteradamente, uma pessoa por qualquer meio.

Sobre a legislação em questão, assinale a alternativa incorreta:

a) Quem for condenado pelo crime, pode pegar de seis meses a dois anos de prisão e pagar multa. No caso de agravante, a pena pode chegar até 3 anos de prisão.

b) O projeto foi aprovado no Senado em 9 de março por decisão unânime em uma sessão dedicada à pauta feminina em homenagem ao Dia Internacional da Mulher.
c) Apesar de ser mais conhecida nos meios digitais, a criminalização da conduta vale apenas para situações físicas, o que gerou críticas de parlamentares.
d) O ato definido agora por lei consiste em seguir alguém reiteradamente e por qualquer meio, ameaçando a integridade física ou psicológica da vítima ou invadindo sua liberdade ou privacidade.
e) A pena de reclusão será aumentada em metade caso o crime seja cometido: contra criança, adolescente ou idoso; contra mulher por razões da condição do sexo feminino; por duas ou mais pessoas, ou com o emprego de arma.

44. (Prof. Rodolfo Gracioli) Observe os fragmentos para fazer a relação.

Texto I

Um grupo fez uma carreata na manhã de hoje em protesto contra a morte do soldado da PM (Polícia Militar) Wesley Soares Góes. Góes, 38, foi morto na noite de domingo (28) após atirar contra agentes que negociavam sua rendição. Ele foi baleado por policiais após ter um "surto psicótico". O governo disse que a operação seguiu todos os protocolos (Uol – março de 2021).

Texto II

"O governador sancionou a lei que proíbe a comercialização e o uso de coleira de choque em cães em todo o estado. Uma multa de cerca de R$ 740 será aplicada aos que não cumprirem a medida. A iniciativa em defesa dos animais coíbe também a prática cruel durante o adestramento dos cães". (O Globo – março de 2021).

Os trechos referem-se, respectivamente:

a) Bahia e Rio de Janeiro
b) Ceará e São Paulo
c) Pernambuco e Espírito Santo
d) Rio Grande do Norte e Minas Gerais
e) Sergipe e Rio Grande do Sul

45. (Prof. Rodolfo Gracioli) Em fevereiro de 2021, o país proibiu as transmissões do canal de TV BBC World News. Em março, o país anunciou que não exibiria a cerimônia do Oscar. Ainda em março, o país vetou o uso de carros Tesla por militares e autoridades do governo. Ademais, recentemente, o Ministério da Educação do país em questão publicou planos para "cultivar a masculinidade" em meninos do jardim de infância ao ensino médio. A iniciativa envolve, entre outras frentes, a contratação e a formação de mais professores de Educação Física.

O país em questão é:

a) Japão
b) Venezuela
c) China
d) Cuba
e) Síria

46. (Prof. Rodolfo Gracioli) No final do mês de março, o governo brasileiro modificou algumas pastas e cargos de representatividade. Sobre a questão, assinale a alternativa incorreta:

a) Ernesto Araújo deixou o Ministério das Relações, entrando o embaixador Carlos Alberto Franco França.

b) Luiz Eduardo Ramos, general da reserva, deixou a Secretaria do Governo da Presidência, entrando a deputada federal Flávia Arruda.
c) Braga Netto, general da reserva, deixou a Casa Civil e foi transferido para o Ministério da Defesa.
d) André Mendonça deixou o Ministério da Justiça e Segurança Pública e retornou para a AGU.
e) Ricardo Salles deixou o Ministério do Meio Ambiente e tornou-se diretor do Banco Mundial.

47. **(Prof. Rodolfo Gracioli)** "A cidade foi a primeira cidade do estado de São Paulo a restringir a circulação de pessoas - a não ser para ir trabalhar ou buscar atendimento médico. Em 21 de fevereiro foram fechados até serviços essenciais, como supermercados e postos de gasolina, e houve a suspensão do transporte público" (Fonte: G1 – março de 2021).

A cidade em questão é:
a) Ribeirão Preto
b) Jaú
c) Campinas
d) Araçatuba
e) Araraquara

48. **(Prof. Rodolfo Gracioli)** "O plenário do Senado aprovou nesta quarta-feira (31) um projeto que retoma a Lei Aldir Blanc, criada no ano passado para ajudar profissionais da área, durante a pandemia da Covid-19. O texto, que agora segue para a Câmara, permite a estados e municípios a utilização, até o fim deste ano, de recursos reservados para cumprir a lei, mas que, na prática, estão parados". (Fonte: G1 – março de 2021).

A lei Aldir Blanc prevê auxílio para os profissionais de qual categoria?
a) Setor cultural
b) Atletas em geral
c) Comerciantes e prestadores de serviços
d) Professores da rede pública
e) Agricultores familiares

49. **(Prof. Rodolfo Gracioli)** Com relação ao Papa Francisco e decisões do Vaticano, assinale a alternativa incorreta:
a) Recentemente, ao falar sobre o racismo, o papa Francisco chegou a comparar a problemática com um vírus, destacando que ele se transforma. sendo um problema sempre à espreita.
b) Recentemente, ao falar sobre as questões ambientais, o papa Francisco citou Shakespeare ("ver ou não ver, eis a questão").
c) Recentemente, o papa Francisco anunciou o corte de salários do alto escalão do Vaticano, devido a baixa econômica por conta da pandemia.
d) Em abril, o papa Francisco visitou um centro de vacinação para pessoas sem-teto. Na ocasião, o papa afirmou que tomar vacina é uma questão ética.
e) Com aval do Papa, Vaticano passou a permitir a bênção da uniões homoafetivas e classificou homossexualidade como uma forma de amor aceitável pelos dogmas.

50. **(Prof. Rodolfo Gracioli)** "Sete pastores evangélicos brasileiros da Igreja Universal do Reino de Deus no país foram notificados na quinta-feira (08/04) pelo governo local que devem deixar o país em no máximo oito dias. A ordem foi emitida pelo Serviço de Migração e Estrangeiros do

país, que cancelou os vistos de permanência dos pastores devido à "cessação da atividade eclesiástica em território nacional". Adaptado. (Fonte: DW Brasil – abril de 2021).

O país em questão é:

a) Moçambique
b) Etiópia
c) Egito
c) Nigéria
e) Angola

51. **(Prof. Rodolfo Gracioli)** "O vereador Jairo Souza Santos Júnior, conhecido como Dr. Jairinho, e Monique Medeiros, mãe de Henry Borel, deram entrada em presídios no Rio de Janeiro na tarde desta quinta-feira (8). A informação foi confirmada ao UOL pela Secretaria de Administração Penitenciária (Seap), que relata que Monique foi encaminhada ao Instituto Penal Ismael Sirieiro, em Niterói, enquanto Jairo foi para o presídio Pedrolino Werling de Oliveira, no Complexo de Gericinó". (Fonte: G1 – abril de 2021).

Sobre a situação envolvendo o vereador, assinale a alternativa incorreta:

a) Dr. Jairinho foi expulso do Partido Social Cristão após a prisão.
b) Dr. Jairinho foi afastado do Conselho de Ética da Câmara do Rio
c) Um software israelense (Cellebrite Premium) recuperou mensagens apagadas dos celulares do casal.
d) Herdeiro político do pai, Dr. Jairinho já foi citado por suposto envolvimento com milícia
e) Dr. Jairinho e mãe de Henry jogaram os celulares pela janela depois que a polícia chegou, no instante da prisão.

52. **(Prof. Rodolfo Gracioli)** "O país entrou para a história: trata-se da primeira potência mundial a adotar, de forma estruturada e oficial, uma moeda centralizada totalmente digital. O país já vinha ensaiando o projeto desde 2014 (o que inclusive gerou diversos golpes e rumores maliciosos ao longo destes últimos anos), mas foi só no final de 2020 que os testes foram finalizados com serviços selecionados. Agora, tudo indica que a moeda digital está pronta para começar a "circular" — se é que tal palavra pode ser empregada neste caso". Adaptado. (Fonte: Canal Tech – abril de 2021).

O país em questão que lançou essa moeda é:

a) EUA
b) Alemanha
c) Coréia do Sul
d) Rússia
e) China

53. **(Prof. Rodolfo Gracioli)** "O Brasil deverá cair mais uma posição na lista das maiores economias do mundo em 2021. Levantamento da agência de classificação de risco Austin Rating, a partir das novas projeções do Fundo Monetário Internacional (FMI) para a economia global, mostra que o país deverá ser ultrapassado pela nação em questão e deverá encerrar o ano que vem como a 13ª maior potência econômica do mundo". Adaptado. (Fonte: G1 – abril de 2021).

Segundo a projeção mais recente sustentada pelo FMI, o país que ultrapassaria o Brasil é:

a) Canadá
b) Coréia do Sul

c) Chile
d) Austrália
e) Uruguai

54. **(Prof. Rodolfo Gracioli)** Observe os fragmentos e faça a correspondência adequada.

Texto I

"A população do estado apresentou retração em março, o mês mais letal da pandemia. É a primeira vez na história que um estado brasileiro registra mais mortes que nascimentos. Foram 3.831 vidas a menos, de acordo com dados da Associação Nacional dos Registradores de Pessoas Naturais (Arpen/Brasil). O estado registrou, no total, 15.802 óbitos, contra 11.971 nascimentos em março. Os números levam em conta mortes por todas as causas e não apenas por Covid-19. Do total de vidas perdidas no mês, mais de 7 mil foram por complicações do novo coronavírus, segundo dados do governo estadual". Adaptado. (Fonte: CNN Brasil – abril de 2021).

Texto II

"O número de mortes ultrapassou pela primeira vez na história o de nascimentos na primeira semana de abril na região do Brasil, de acordo com dados da Associação Nacional dos Registradores de Pessoas Naturais disponibilizados no Portal da Transparência. Foram 13.998 registros de nascimentos de 1º a 8 de abril na região em questão, contra 15.967 registros de óbitos no mesmo período"". Adaptado. (Fonte: G1 – abril de 2021).

Os trechos dizem respeito, respectivamente, a qual estado (texto I) e macrorregião (texto II)?

a) Rio Grande do Sul; Sudeste
b) São Paulo; Sudeste
c) Santa Catarina; Sul
d) Rio de Janeiro; Nordeste
e) Paraná; Sul

55. **(Prof. Rodolfo Gracioli)** "Desde às 18h30 desta quinta-feira (8) cidades do estado voltaram a registrar um apagão total, com a suspensão do fornecimento de energia elétrica. Por volta de 19h40, o serviço começou a ser restabelecido, com retorno gradual em alguns bairros". Adaptado. (Fonte: G1 – abril de 2021).

O blecaute foi o quarto registrado, em 5 meses, no estado:

a) Acre
b) Tocantins
c) Goiás
d) Amapá
e) Rondônia

56. **(Prof. Rodolfo Gracioli)** Sobre o resultado da economia brasileira em 2020, assinale a alternativa incorreta:

a) A balança comercial brasileira registrou superávit de mais de 50 bilhões de dólares.
b) O PIB (Produto Interno Bruto) apresentou retração de 4,1%.
c) A inflação chegou a 4,52%, com destaque para o setor de alimentos liderando o índice.
d) Apesar da queda, os lucros dos principais bancos superou 61 bilhões de reais.
e) A Petrobrás registrou lucro recorde anual, superando 59 bilhões de reais.

57. (Prof. Rodolfo Gracioli) Sobre a decisão do Supremo Tribunal Federal (STF) com relação à realização de cultos e missas durante a pandemia, assinale a alternativa correta:

a) O veto à realização de eventos religiosos aconteceu de maneira unânime entre os ministros do STF, o que desagradou a chamada bancada evangélica.

b) A decisão foi marcada pela divergência de tom agressivo entre Rosa Weber (favorável ao veto) e Gilmar Mendes (contrário ao veto).

c) Apesar de indicado por Bolsonaro, Nunes Marques contrariou o governo ao se posicionar de modo favorável à proibição de cultos e missas.

d) A decisão pelo veto aconteceu com o voto desempate do presidente da Corte, ministro Luiz Fux, após intenso e longo debate.

e) Dias Toffoli não apresentou justificativa para o voto. Limitou-se a dizer que acompanhava o voto do ministro Nunes Marques, a favor da liberação.

58. (Prof. Rodolfo Gracioli) "O ministro do Supremo Tribunal Federal disse que consultou todos os integrantes da corte antes de ordenar a instalação de uma Comissão Parlamentar de Inquérito no Senado para apurar omissões do governo federal no combate ao novo coronavírus. Ao determinar a abertura de uma CPI no Senado, o ministro atendeu a um pedido feito pelos senadores Alessandro Vieira (Cidadania-SE) e Jorge Kajuru (Cidadania-GO)". Adaptado. (Fonte: Conjur – abril de 2021).

O ministro em questão, responsável pela decisão, foi:

a) Luiz Fux

b) Luis Edson Fachin

c) Ricardo Lewandowski

d) Gilmar Mendes

e) Luís Roberto Barroso

59. (Prof. Rodolfo Gracioli) Recentemente, a Seara esteve nos noticiários ao demitir um funcionário devido a uma ação considerada errônea pela empresa. O fato que gerou a demissão foi:

a) Comentário racista no perfil de um participante do Big Brother Brasil

b) Comentário homofóbico após beijo entre atores de telenovela da rede globo.

c) Comentário xenófobo contra atleta etíope da seleção alemã durante eliminatórias.

d) Comentário sexista pelo fato de a empresa ter sido assumida por uma mulher.

e) Comentário político partidário exaltando a intervenção militar.

60. (Prof. Rodolfo Gracioli) "O bilionário foi considerado o homem mais rico do mundo pelo quarto ano consecutivo, com uma fortuna avaliada em US$ 177 bilhões, segundo lista divulgada nesta terça-feira (6) pela revista Forbes. O bilionário faturou cerca de R$9,3 mil por segundo ao longo do ano de 2020". Adaptado. (Fonte: G1 – abril de 2021).

Atuante no setor tecnológico, o homem mais rico do mundo segundo o ranking da Forbes, foi:

a) Bill Gates

b) Mark Zuckerberg

c) Elon Musk

d) Jeff Bezos

e) Mukesh Ambani

61. **(Prof. Rodolfo Gracioli)** "O plenário do Supremo Tribunal Federal (STF) decidiu, por unanimidade, ser inconstitucional lei estadual que obrigue escolas e bibliotecas a manterem ao menos um exemplar da Bíblia em seus acervos. Com a decisão, foi derrubado trecho de uma lei do estado que impunha a obrigatoriedade".

A decisão refere-se a lei de qual estado?

a) Acre
b) Minas Gerais
c) Bahia
d) São Paulo
e) Amazonas

62. 62- **(Prof. Rodolfo** Gracioli) Sobre a decisão do Supremo Tribunal Federal (STF) com relação à restrição de cultos e missas durante a pandemia, assinale a alternativa incorreta:

a) O resultado da votação foi 9x2, sendo que divergiram os ministros Nunes Marques e Dias Toffoli.
b) Os ministros do julgaram uma ação do PSD. O partido pedia a derrubada de decreto estadual de São Paulo.
c) O ministro Dias Toffoli não apresentou justificativa para o voto. Limitou-se a dizer que acompanhava o voto do ministro Nunes Marques.
d) Alexandre de Moraes disse que o Estado não deve levar em conta questões religiosas para tomar suas decisões.
e) As críticas aconteceram por conta da decisão do STF acontecer em um momento de queda do número de mortes pela covid-19 no país.

63. **(Prof. Rodolfo Gracioli)** Sobre a decisão do Supremo Tribunal Federal com relação ao direito ao esquecimento, assinale a alternativa correta:

a) O tribunal negou o recurso extraordinário de familiares da vítima de um crime de grande repercussão que buscavam reparação pela reconstituição do caso, em 2004, no programa "Linha Direta", da TV Globo, sem a sua autorização.
b) STF concluiu que direito ao esquecimento é compatível com a Constituição Federal exclusivamente para casos que tenham acontecido há mais de 30 anos (período estabelecido como propício para manifestação do direito em si).
c) Os ministros do STF entenderam que a constitucionalidade do direito ao esquecimento se dá apenas na ótica de perseguição política, ideológica ou partidária, exigindo que os casos sejam analisados isoladamente.
d) A decisão pela constitucionalidade do direito ao esquecimento aconteceu de modo unânime entre os ministros. Sem nenhuma divergência, o tema foi facilmente dirimido no plenário.
e) A decisão do Supremo Tribunal Federal aconteceu após intensos debates e um longo voto de cada ministro. O voto de desempate foi dado pelo presidente do STF, Luiz Fux, em visão contrária ao direito ao esquecimento.

64. **(Prof. Rodolfo Gracioli)** Recentemente, um debate ganhou destaque nos noticiários: pedidos de impeachment contra ministros do Supremo Tribunal Federal. O responsável por dar andamento ao processo de impeachment de um ministro do STF é:

a) Secretário-Geral da ONU
b) Presidente da Câmara de Deputados

c) Presidente do Senado Federal
d) Procurador-Geral da República
e) Advogado Geral da União

65. (Prof. Rodolfo Gracioli) "O decano do Supremo Tribunal Federal (STF) informou à Presidência da Corte, por meio de ofício, que vai se aposentar no dia 5 de julho, uma semana antes de completar os 75 anos - limite máximo para permanecer como integrante do tribunal" (Fonte: STF – março de 2021).

O ministro em questão é:

a) Celso de Mello
b) Luiz Fux
c) Marco Aurélio Mello
d) Ricardo Lewandowski
e) Gilmar Mendes

66. (Prof. Rodolfo Gracioli) Dentre os critérios objetivos para se tornar ministro do STF, assinale a alternativa incorreta:

a) É preciso ter mais de 35 e menos de 65 anos de idade.
b) É preciso ter notável saber jurídico e reputação ilibada.
c) É preciso ser brasileiro nato.
d) É preciso a graduação em Direito com especialização em qualquer área.
e) É preciso indicação do presidente da república e aprovação (maioria absoluta) no Senado.

67. (Prof. Rodolfo Gracioli) Em abril de 2021, em caráter provisório, a ministra Rosa Weber suspendeu pontos de decretos de armas do governo federal. Dentre os pontos, destaque a alternativa correta:

a) Apesar da suspensão de alguns pontos alcançarem profissionais da área da segurança, os CACs não foram afetados pela decisão da ministra do STF.
b) A suspensão voltou-se exclusivamente para barrar a quantidade de munições que poderiam ser compradas por CACs, ponto de maior crítico dos opositores.
c) Apesar de suspender alguns pontos dos decretos por questões juridicamente equivocadas, Rosa Weber destacou a relevância da ampliação do acesso às armas para garantia da segurança.
d) Na decisão, a ministra afirmou que o presidente extrapolou as prerrogativas do Poder Executivo ao alterar, por decreto, trechos da legislação aprovada pelo Congresso.
e) Os pontos suspensos pela ministra alcançam majoritariamente a posse de armas. Com relação ao porte, foram mantidos os principais aspectos do decreto do governo federal.

68. (Prof. Rodolfo Gracioli) Recentemente, os ministros do Supremo Tribunal Federal proferiram decisão que altera a rotina dos guardas municipais. Sobre a questão, assinale a alternativa correta:

a) Com a decisão do STF, fica vetado o uso de armas de fogo por guardas municipais de municípios com menos de 50 mil habitantes.
b) Com a decisão do STF, os guardas municipais passaram a integrar o artigo 144 da Constituição, alcançando status de forças de segurança.

c) Com a decisão do STF, apenas os guardas municipais de municípios com população superior a 500 mil habitantes poderão andar armados constantemente.

d) Com a decisão do STF, fica garantido o uso de armas de choque por guardas municipais de todo o país, sendo proibido o uso de armas de fogo.

e) Com a decisão do STF, os guardas municipais de todos os municípios ganharam direito ao porte de armas de fogo, independente do quantitativo populacional.

69. **(Prof. Rodolfo Gracioli)** Sobre o decano do STF, o ministro Marco Aurélio Mello, assinale a alternativa incorreta:

a) Foi indicado pelo ex-presidente Fernando Collor de Mello, seu primo.

b) Foi o primeiro integrante da Justiça do Trabalho a atuar na Corte.

c) Foi a partir do voto do ministro que o Supremo decidiu ser possível a interrupção da gravidez de fetos anencéfalos (sem cérebro)

d) Permitiu aos transgêneros a possibilidade de alteração de registro civil sem mudança de sexo

e) Foi o principal crítico da decisão do ministro Gilmar Mendes que resultou na soltura do traficante André do Rap.

70. **(Prof. Rodolfo Gracioli)** Assinale a alternativa que apresenta, respectivamente, o presidente e vice-presidente do STF:

a) Dias Toffoli e Cármen Lucia

b) Gilmar Mendes e Edson Fachin

c) Luiz Fux e Rosa Weber

d) Nunes Marques e Ricardo Lewandoswki

e) Roberto Barroso e Marco Aurélio de Mello

71. **(Prof. Rodolfo Gracioli)** Sobre a pandemia no ano de 2021, assinale a alternativa correta:

a) Até o mês de abril, dois medicamentos haviam sido aprovados pela Anvisa para o tratamento da covid-19 (rendesivir e Regn-CoV2).

b) A vacina Covax Facility, de origem estadunidense, ganhou destaque pelo fato de ser de dose única, o que facilita as campanhas de imunização.

c) O Plano Nacional de Imunização acabou vetando a aplicação da vacina Coronavac após casos de coagulação relatados entre pacientes idosos.

d) Apesar de pequena cobertura na campanha de vacinação, a maior parte dos municípios conta com estrutura para armazenar doses de vacina.

e) Em abril, durante audiência pública no Senado, o vice- diretor do Conselho Federal de Medicina defendeu o uso do "tratamento precoce" contra a covid-19.

72. **(Prof. Rodolfo Gracioli)** Recentemente, a Apple anunciou que o aplicativo Parler seria liberado novamente para a appstore, após bloqueio em vários serviços tecnológicos. O aplicativo foi bloqueado por:

a) Permitir o vazamento de dados de contas bancárias que eram comercializadas na deepweb.

b) Permitir discursos de ódio, com destaque para o episódio da invasão no Capitólio.

c) Possibilitar que pedófilos atuem no anonimato por meio de criptografia específica.

d) Divulgar informações de políticos de extrema-direita envolvidos em escândalos.

e) Suposto envolvimento de executivos responsáveis pela rede social em episódios misóginos.

73. **(Prof. Rodolfo Gracioli)** Em abril de 2021, o Youtube anunciou mudanças na política da empresa para divulgação de vídeos sobre a pandemia. Sobre a questão, assinale a alternativa correta:

a) A empresa anunciou o banimento de publicidade de empresas farmacêuticas que divulguem vacinas específicas para o tratamento da covid-19.

b) A empresa anunciou a permissão de vídeos com terapias alternativas para a covid-19, ainda sem comprovação científica, por questões culturais locais.

c) A empresa anunciou que vai suspender temporariamente a conta de chefes de Estado de países com mais de 300 mil mortes pela covid-19.

d) A empresa anunciou a retirada de vídeos envolvendo sugestão de tratamentos ineficazes contra a covid-19, o que afetou publicação de Jair Messias Bolsonaro.

e) A empresa anunciou a exclusão de canais com menos de 10 mil seguidores que divulguem informações sobre campanhas de vacinação.

74. **(Prof. Rodolfo Gracioli)** Em abril de 2021, foi anunciado pelo Conselho Nacional de Justiça (CNJ), em parceria com a Unb (Universidade de Brasília) e o Pnud (Programa das Nações Unidas para o Desenvolvimento) o ESVirtual. Sobre o aplicativo, assinale a alternativa correta:

a) O aplicativo oferecerá suporte para mulheres vítimas de violência doméstica acompanharem processos e solicitarem auxílio de políticas públicas.

b) O aplicativo permitirá que crianças e adolescentes acessem cursos específicos de qualificação em plataformas interativas para todas as etapas.

c) O aplicativo permitirá que a população acompanhe a emissão de gases que intensificam o efeito estufa e oferecerá informações sobre sustentabilidade.

d) O aplicativo permitirá a integração de informações de programas sociais para facilitar o recebimento das parcelas previstas do auxílio emergencial.

e) O aplicativo oferecerá serviços e informações para pessoas egressas do sistema prisional (emissão de documentos, cursos de qualificação e vagas de emprego, etc.)

75. **(Prof. Rodolfo Gracioli)** Entrou em vigor em abril de 2021, alterações de impacto para a população brasileira previstas na lei 14.071/20. Sancionada em outubro de 2020, as mudanças passaram a valer no dia 12 de abril. A lei alterou pontos importantes do:

a) Estatuto da Criança e Adolescente

b) Código Penal

c) Código de Defesa do Consumidor

d) Código de Trânsito Brasileiro

e) Estatuto do Idoso

76. **(Prof. Rodolfo Gracioli)** Em abril de 2021, após se envolver em uma polêmica por ter divulgado áudios referentes a uma ligação com o presidente Bolsonaro, o senador Jorge Kajuru foi "convidado a se retirar" do Cidadania. Após o ocorrido, em qual partido Kajuru se filiou?

a) MDB

b) PSL

c) Podemos

d) PT

e) PSDB

77. **(Prof. Rodolfo Gracioli)** Em abril de 2021, o IBGE divulgou os dados mais recentes sobre o acesso à internet no Brasil. Sobre a questão, assinale a alternativa correta:

a) No Brasil, em 2019, mais de 90% da população brasileira tinha acesso à internet – destaque para o crescimento anual de mais de 18%.

b) Ainda que o uso de smartphones tenha crescido nos últimos anos, o computador pessoal continua sendo o meio mais utilizado para acessar a internet.

c) A região que apresentou maior percentual de conectividade foi o Sudeste, com mais de 90% da população de 10 anos ou mais conectada.

d) Quanto à finalidade do acesso, enviar mensagens de texto, áudio ou vídeo por aplicativos, aparece na primeira posição.

e) Entre os estudantes das redes de ensino, pública e privada, há um equilíbrio de acesso (ambos com percentual acima de 95%).

78. **(Prof. Rodolfo Gracioli)** Em abril de 2021, o YouTube suspendeu a conta do influente pastor de TV nigeriano T.B. Joshua por acusações de discurso de ódio. Na ocasião, as acusações envolviam:

a) Vídeos em que o pastor defendia a cura da homossexualidade.

b) Vídeos em que o pastor defendia o uso de suco místico para tratar a covid-19.

c) Vídeos em que o pastor ameaçava o diretor-geral da ONU com acusações infundadas.

d) Vídeos em que o pastor defendia a violência contra católicos, inclusive o papa.

e) Vídeos em que o pastor defendia a desobediência civil na Nigéria.

79. **(Prof. Rodolfo Gracioli)** "Líderes de 40 países se reúnem em uma cúpula para estabelecer novas metas de redução de emissões de gases responsáveis pelo efeito estufa e outras políticas de combate à mudança climática" (Fonte: G1 – Acesso em abril de 2021). Sobre os compromissos levantados durante o evento, assinale a alternativa incorreta:

a) EUA tem um plano para cortar em 50% os gases de efeito estufa até o ano de 2030.

b) China afirmou que o país vai limitar o consumo de carvão mineral como fonte de energia entre os anos de 2021 e 2025.

c) Canadá afirmou que o país já fez uma revisão de sua meta e que até 2030 o plano é cortar as emissões de 40% a 45% em relação ao nível de 2005.

d) O presidente Jair Bolsonaro disse que o Brasil se compromete a zerar até 2030 o desmatamento ilegal.

e) A Rússia afirmou que os objetivos da cúpula seriam destoantes do seu modelo econômico e retirou-se da cúpula formalmente.

80. **(Prof. Rodolfo Gracioli)** Em abril de 2021, o governo brasileiro divulgou dados atualizados sobre a Operação Acolhida. Sobre a operação em questão, assinale a alternativa correta:

a) Trata-se de uma ação que envolve o socorro às vítimas de tragédias ambientais – como Mariana/MG e Brumadinho/MG – além de todo apoio jurídico.

b) Trata-se de uma política pública voltada para a população em situação de rua com cursos de qualificação profissional e garantia de moradia.

c) Trata-se de um projeto voltado para famílias vulneráveis afetadas pela pandemia com o pagamento de adicional no valor do auxílio.

d) Trata-se de um programa social que acolhe mulheres vítimas de violência oportunizando moradia, qualificação e atendimento jurídico.

e) Trata-se de um programa de três eixos no atendimento aos venezuelanos que chegam no Brasil: acolhimento, abrigamento e interiorização.

81. (Prof. Rodolfo Gracioli) "O Congresso do país decidiu nesta sexta-feira (16) cassar os direitos políticos do ex-presidente por 10 anos pelo escândalo da vacinação irregular contra o coronavírus. Com isso, o político, que havia se elegido com o maior número de votos para o Parlamento, não poderá tomar posse". Adaptado. (Fonte: G1 – acesso em abril de 2021).

O país em questão é:

a) Argentina
b) Peru
c) Chile
d) Uruguai
e) Paraguai

82. (Prof. Rodolfo Gracioli) Em abril, em sua missão mais recente a Marte, a Agência Aeroespacial dos Estados Unidos (Nasa) realizou um novo feito:

a) Conseguiu identificar a presença de microbactérias similares a protozoários.
b) Conseguiu converter dióxido de carbono da atmosfera em oxigênio puro e respirável.
c) Conseguiu instalar o primeiro hotel espacial com capacidade para 400 pessoas.
d) Conseguiu categorizar a presença da água nos estados líquidos e gasoso.
e) Conseguiu lançar um drone de Marte para Júpiter sem nenhuma escala.

83. (Prof. Rodolfo Gracioli) Observe os fragmentos texto e faça a respectiva correspondência.

Texto I

"Torcedores de futebol poderão voltar aos estádios, enquanto bares, restaurantes e museus reabrem em um grande passo dado pelo país em direção ao fim das restrições impostas para conter o coronavírus. A grande condição para os cidadãos aproveitarem essas novas liberdades é provar que estão livres de infecções. Assim surge o coronapas, ou "passaporte corona"". (Fonte: BBC – acesso em abril de 2021)

Texto II

"O país proibiu a exportação do remédio antiviral remdesivir e seus ingredientes farmacêuticos ativos no momento em que a demanda pelo medicamento disparou por causa dos picos de infecções de Covid-19, gerando escassez em várias áreas do país. As autoridades culpam aglomerações e a relutância em usar máscaras pelo forte aumento de casos. Mas reuniões religiosas continuam acontecendo, e o primeiro-ministro e o ministro do Interior discursaram em comícios eleitorais para dezenas de milhares de pessoas, muitas sem máscaras e praticamente sem seguir regras de distanciamento social". (Fonte: Globo – acesso em abril de 2021).

Os trechos dizem respeito, respectivamente:

a) Suíça e China
b) Finlândia e Argentina
c) Dinamarca e Índia
d) Suécia e Coreia do Norte
e) Islândia e Paquistão

84. (Prof. Rodolfo Gracioli) Em abril, após atraso de alguns meses, o presidente Bolsonaro sancionou o orçamento para 2021. De modo geral, os bloqueios superavam 9 bilhões de reais. Os ministérios com maiores bloqueios orçamentário, de R$2,7 bilhões e R$1,4 bilhões, respectivamente, foram:

a) Saúde e Infraestrutura
b) Justiça e Segurança Pública e Cidadania
c) Relações Exteriores e Turismo
d) Ciência e Tecnologia e Defesa
e) Educação e Economia

85. **(Prof. Rodolfo Gracioli)** "Entrou em vigor nesta quinta-feira (22) o primeiro - e até o momento único - tratado sobre a causa. Chamado de Acordo de Escazú, o pacto foi firmado entre países da América Latina e do Caribe. O Brasil não aderiu ao compromisso". Adaptado. (Fonte: G1 – acesso em abril de 2021).

O tratado em questão diz respeito:

a) Proteção de ativistas que atuam em favor da causa LGBT.
b) Proteção de ativistas que atuam em defesa de questões raciais.
c) Proteção de ativistas que atuam em defesa de questões feministas.
d) Proteção de ativistas que atuam em favor de causas ambientais.
e) Proteção de ativistas que atuam em defesa das pessoas com autismo.

86. **(Prof. Rodolfo Gracioli)** "A Comissão de Direitos Humanos e Minorias da Câmara vai realizar uma audiência pública para debater projeto de lei que revoga a Lei de Segurança Nacional. A previsão é que ela ocorra na próxima quarta-feira (28)". Serão convidados nomes como o ex-candidato a prefeito de São Paulo Guilherme Boulos (PSOL-SP), o youtuber Felipe Neto, o jornalista Leonardo Sakamoto, a líder indígena Sônia Guajajara, e Rafael Borges, do Instituto Carioca de Criminologia. (Fonte: Folha de S. Paulo – acesso em abril de 2021).

Recentemente, a Lei de Segurança Nacional esteve nos noticiários por alguns episódios. Sobre a questão, assinale a alternativa incorreta:

a) A lei foi usada contra o youtuber Felipe Neto após utilizar o termo "genocida" para se referir ao presidente da república.
b) A lei foi utilizada contra o deputado federal Daniel Silveira após ele pedir a volta do AI-5 (ato institucional que fechou o Congresso em 1968).
c) A lei foi utilizada contra o candidato à prefeitura de São Paulo nas últimas eleições, Guilherme Boulos, por tweet contra o presidente da república.
d) A lei foi utilizada contra o jornalista Ricardo Noblat por publicação de charge onde o presidente aparecia junto a uma suástica, símbolo do nazismo.
e) A lei foi utilizada contra o governador do estado de São Paulo, João Dória, após críticas contra o presidente pela gestão da pandemia.

87. **(Prof. Rodolfo Gracioli)** Em abril de 2021, Cuba voltou aos noticiários após anúncio importante que tende a alcançar a perspectiva política. O anúncio em questão foi:

a) Abertura econômica para empresas transnacionais que deverão cumprir regras específicas.
b) Raúl Castro anunciou que deixará a liderança do Partido Comunista de Cuba.
c) O estreitamento dos laços comerciais com os EUA, após acordo na área de mineração e siderurgia.

d) Reestruturação constitucional que abarcará a mudança do sistema político para o parlamentarismo.
e) Extinção do termo "socialismo" da constituição e a inclinação ideológica para o capitalismo.

88. 88- (Prof. Rodolfo Gracioli)

Texto I

Em abril de 2021, o desaparecimento de um submarino mobilizou forças de segurança de diferentes países pela urgência em socorrer a embarcação com 53 tripulantes. Países como Austrália, Cingapura e Malásia auxiliaram nas buscas.

Texto II

O ministro dos transportes do país, que estava no cargo de 2019, morreu em um acidente de trânsito no dia 23 de abril. O presidente do país reagiu à notícia lembrando a competência do ministro à frente da pasta.

Os trechos dizem respeito, respectivamente:

a) Indonésia e Argentina
b) Tailândia e Chile
c) Grécia e Bolívia
d) China e Peru
e) Bangladesh e Equador

89. (Prof. Rodolfo Gracioli) Dentre as decisões recentes do Supremo Tribunal Federal, assinale a alternativa incorreta:

a) Por unanimidade, o STF decidiu pela inconstitucionalidade de lei do Amazonas que obrigada escolas e bibliotecas a ter um exemplar da Bíblia.
b) Por 9x2, os ministros do STF decidiram pela manutenção de veto à realização de missas e cultos durante a pandemia.
c) O STF formou maioria para declarar suspeição de Sergio Moro no julgamento do caso envolvendo o ex-presidente Sérgio Moro.
d) Por 10 votos a 1, o STF determinou a instalação no Senado de uma Comissão Parlamentar de Inquérito sobre a pandemia da covid-19.
e) Por 6 votos a 5, o STF decidiu pela liberação do "tratamento precoce", com a responsabilidade compartilhada entre médicos e pacientes.

90. (Prof. Rodolfo Gracioli) Em março de 2021, o clássico de futebol paulista Corinthians x Palmeiras, evidenciou um feito inédito. Na ocasião:

a) A partida foi arbitrada pela primeira vez por uma mulher, Edina Alves Batista.
b) As equipes entraram unidas pela campanha contra tratamento precoce.
c) Ambos os times jogaram com uniforme com as cores de representatividade LBTS.
d) A partida contou com uma mobilização inicial contra o racismo no futebol.
e) A partida foi interrompida para um gesto de homenagem às vítimas da covid-19.

91. (Prof. Rodolfo Gracioli) "O presidente dos Estados Unidos, Joe Biden, disse nesta quarta-feira (14) que começará a retirar tropas do país em 1º de maio para encerrar a guerra mais longa de seu país, rejeitando os apelos para que as forças norte-americanas permaneçam para garantir uma resolução pacífica para o conflito interno local. Em um discurso na Casa Branca, Biden estabeleceu a meta de retirar todos os 2.500 soldados no país até 11 de setembro.

Ao sair de cena sem uma vitória clara, os EUA se abrem a críticas de que uma retirada representa uma confissão de fracasso de fato para a estratégia militar norte-americana". Adaptado. (Fonte: Agência Brasil – acesso em maio de 2021).

Joe Biden anunciou a retirada das tropas estadunidenses de qual país?

a) Iraque
b) Síria
c) Irã
d) Afeganistão
e) Líbano

92. **(Prof. Rodolfo Gracioli)** "Uma instalação da empresa White Martins responsável pelo enchimento de cilindros de oxigênio explodiu na manhã de hoje na cidade em questão. O incidente, ocorrido por volta das 10h30, deixou ao menos cinco feridos. De acordo com o Corpo de Bombeiros, uma das vítimas foi ferida com maior gravidade. Das cinco vítimas, três foram encaminhadas para o IJF (Instituto Dr. José Frota). Os pacientes, de 19, 43 e 45 anos de idade, estavam estáveis, em avaliação clínica, acompanhados pelas equipes multiprofissionais do hospital e realizando exames de imagem". Adaptado. (Fonte: Uol – acesso em abril de 2021).

A explosão aconteceu na cidade de:

a) Fortaleza
b) Natal
c) João Pessoa
d) Recife
e) Maceió

93. **(Prof. Rodolfo Gracioli)** Em abril de 2021, o presidente dos EUA Joe Biden, fez uma declaração oficial que gerou reações pelo mundo. Na declaração, o presidente Biden reconheceu:

a) Um massacre em massa contra jovens negros nos últimos anos, responsabilizando as forças de segurança do país e exigindo reestruturação.
b) Um genocídio os assassinatos em massa sofridos pelo povo armênio no início do século XX pelas mãos do Império Otomano.
c) Um genocídio a posição de líderes negacionistas que, no curso da pandemia, têm colocado em risco a saúde global ao não enfrentar cientificamente o problema.
d) Um massacre em massa a perseguição e violência contra asiáticos nos últimos meses, exigindo criminalização da conduta na perspectiva penal.
e) O erro histórico dos EUA ao apoiar o governo local do Iraque, responsável pela morte de milhares de civis nos últimos anos, bem como a responsabilização pela escalada do terrorismo.

94. **(Prof. Rodolfo Gracioli)** Sobre a cerimônia do Oscar de 2021, assinale a alternativa incorreta:

a) O filme vencedor na categoria de melhor filme foi Nomadland, que narra a saga de cidadãos estadunidenses nômades que se deslocam para o interior durante período de crise econômica.
b) A cerimônia de 2021 entrou para a história ao premiar 17 mulheres (foi a edição com o maior número de mulheres premiadas). A pauta da representatividade feminina chamou a atenção nas últimas edições.

c) A cerimônia teve a pior audiência televisiva nos EUA. Foram menos de 10 milhões de espectadores. Além disso, Nomadland teve a pior bilheteria da categoria a nível global (chegando a 5,5 milhões de dólares).
d) A Netflix foi o estúdio com o maior número de indicações e o maior número de premiações (7). Destaque para o melhor documentário, Professor Polvo.
e) A participação de Chadwick Boseman em "A voz suprema do Blues", rendeu o prêmio de melhor ator como homenagem póstuma (o ator morreu em 2020 vítima de um câncer). Ele havia ganhado o Globo de Ouro.

95. **(Prof. Rodolfo Gracioli)** Recentemente, o estado do Rio de Janeiro voltou a ser notícia por conta do processo de impeachment do governador Wilson Witzel. Sobre o tema, assinale a alternativa incorreta:
a) O processo de impeachment atingiu Witzel e seu vice, Cláudio Castro. Dessa maneira, a Alerj se ocupará de indicar novo governador para "mandato tampão", já que o afastamento ocorre no 3º ano do mandato.
b) A decisão do Tribunal Especial Misto aconteceu de forma unânime, ou seja, não teve divergência sobre o afastamento definitivo.
c) Após o desfecho do processo de impeachment, Witzel ficou sem salário e ainda acabou perdendo o foro privilegiado.
d) Com o impeachment confirmado pelo Tribunal Especial Misto, Witzel fica inelegível pelo período de cinco anos.
e) Witzel foi acusado de crime de responsabilidade por um suposto esquema de corrupção em contratações da secretaria de Saúde para enfrentamento da pandemia de covid-19.

96. **(Prof. Rodolfo Gracioli)** Autoridades de Bali, na Indonésia, abriram um processo para decidir sobre a deportação de uma youtuber devido a um comportamento criticado. Seu namorado também foi processado.

A questão envolve um vídeo onde:
a) A youtuber insulta o governo presidencial pela má gestão durante a pandemia.
b) A youtuber denuncia autoridades de Bali por assédio sexual.
c) A youtuber pinta uma máscara no rosto para entrar em um supermercado.
d) A youtuber profere ofensas racistas contra minorias étnicas.
e) A youtuber dança em frente a uma catedral, símbolo sagrado da população local.

97. **(Prof. Rodolfo Gracioli)** "Pelo menos 45 pessoas morreram e mais de 100 ficaram feridas durante a peregrinação no norte do país na madrugada de hoje (horário local, noite de quinta-feira no Brasil), no maior evento de massa desde o início da pandemia da covid-19 no país. Há crianças entre as vítimas". Adaptado. (Fonte: Uol – acesso em maior de 2021).

O primeiro-ministro do país classificou o tumulto como uma das "catástrofes mais graves" da história do país. A tragédia aconteceu:
a) Turquia
b) Israel
c) Arábia Saudita
d) Egito
e) Iraque

98. **(Prof. Rodolfo Gracioli)** "O número de denúncias de violência doméstica aumentou em 255% no último ano. A violência contra a mulher puxou a alta, com um crescimento de cerca de 555%. Os cálculos foram realizados a partir de dados do Disque Denúncia (181) da Secretaria de Segurança Pública de SP". (TV Cultura - acesso em maio de 2021).

Com o objetivo de enfrentar de modo efetivo a violência contra a mulher, a Polícia Militar do estado de São Paulo criou:

a) A "Patrulha Maria da Penha", formada por dois PMs masculinos e uma feminina, que irão agendar uma visita à vítima.
b) O aplicativo "Mulher em destaque", com o objetivo de apresentar informações sobre as legislações que protegem a mulher.
c) O portal "Observatório feminino", que servirá como um canal de denúncias, além de compilar estatísticas sobre a violência contra a mulher no estado.
d) A ação social "Mulher pela mulher", com o objetivo de ampliar a participação feminina no efetivo da polícia militar, estendendo para a polícia civil.
e) A campanha publicitária "Estamos com você", utilizando influenciadoras digitais para mobilizar a população para a causa.

99. **(Prof. Rodolfo Gracioli)** No dia 1º de maio de 2021, o país aumentou o salário-mínimo em quase 300%, com o objetivo de estancar a crise vivenciada há alguns anos. Ainda assim, o valor equivalente a 2,5 dólares, é insuficiente para comprar 1 quilo de carne. O país em questão é:

a) Cuba
b) Venezuela
c) Bolívia
d) Peru
e) Paraguai

100. **(Prof. Rodolfo Gracioli)** "Um projeto do Ministério da Saúde (MS) prevê a vacinação em massa da população da cidade no interior de São Paulo, com a vacina AstraZeneca, distribuída no Brasil pela Fundação Oswaldo Cruz (Fiocruz). O objetivo é testar os efeitos da vacina quando aplicada em massa e sua eficácia contra novas cepas do coronavírus. A cidade tem 148 mil habitantes, segundo o IBGE, mas a vacinação deve atingir apenas os maiores de 18 anos, excluindo a população que já foi vacinada e os não vacináveis. O estudo foi aprovado pela Comissão Nacional de Ética em Pesquisa (Conep) e as doses da vacina serão doadas pelo Programa Nacional de Imunização (PNI) do governo federal". Adaptado (Fonte: CNN Brasil - acesso em maio de 2021).

A cidade em questão é:

a) Serrana
b) Araraquara
c) Vinhedo
d) Paulínia
e) Botucatu

101. **(Prof. Rodolfo Gracioli)** Em maio de 2021, o governo do estado confirmou o primeiro registro da cepa indiana da Covid-19. Um paciente de 54 anos vindo da Malásia chegou a ser intubado.

Na sequência, o ministro da Saúde chegou a destacar as barreiras sanitárias para impedir o agravamento da situação. O estado que reportou o primeiro caso da cepa indiana, foi:

a) Piauí
b) São Paulo
c) Maranhão
d) Bahia
e) Minas Gerais

102. (Prof. Rodolfo Gracioli) Observe os fragmentos de texto para fazer a respectiva relação.

Texto I

"O Presidente do país anunciou nesta quarta-feira (5 de maio) que serão pagos 25 euros aos cidadãos já vacinados contra a covid-19 e aos que se vão vacinar até final de maio, uma iniciativa inédita no mundo" . Adaptado (Fonte: Isto é – acesso em maio de 2021).

Texto II

"Pessoas que violarem a proibição de viajar da Índia para o país ao tomar voos de conexão em um terceiro país podem pegar penas de prisão de até cinco anos, anunciou o governo neste sábado (1º), em uma tentativa de prevenir uma nova onda de infecções de Covid. A partir de segunda-feira, qualquer viajante que chegue ao país e que tenha estado na Índia nos últimos 14 dias pode ser multado ou preso". Adaptado. (Fonte: G1 – Acesso em maio de 2021).

Os trechos dizem respeito, respectivamente:

a) Sérvia e Austrália
b) Alemanha e Nova Zelândia
c) Suíça e Itália
d) França e Reino Unido
e) Portugal e Espanha

103. (Prof. Rodolfo Gracioli) Em maio de 2021, o presidente dos EUA, Joe Biden, sancionou uma lei para enfrentar um problema que cresceu vertiginosamente desde o início da pandemia. A lei em questão busca:

a) Permitir a legalização de imigrantes mexicanos ilegais
b) Garantir renda básica para a população mais pobre
c) Proteger cidadãos asiáticos de discursos de ódio
d) Combater o compartilhamento de fake News
e) Proibir a quebra de patente de vacinas

104. (Prof. Rodolfo Gracioli) Presos do Sistema Penitenciário Federal passaram a integrar a chamada "Difusão Verde". Objetivo é difundir informações sobre lideranças criminosas que são propensas a repetir crimes em outros países. Tal ação incorpora o enfrentamento à violência e tem como responsável:

a) ONU
b) Tribunal Penal Internacional
c) Europol
d) Interpol
e) Conselho de Segurança

105. **(Prof. Rodolfo Gracioli)** Em maio de 2021, em Miami, nos EUA, aconteceu a cerimônia do Miss Universo. Em 2020, devido a pandemia, o evento não foi realizado. A brasileira Júlia Gama ficou em segundo lugar na 69ª edição do evento (o Brasil não vence o evento desde 1968). Em 2021, venceu o Miss Universo a representante da (o):

a) África do Sul
b) Chile
c) Peru
d) México
e) Alemanha

106. **(Prof. Rodolfo Gracioli)** "Ministros analisaram em plenário virtual ação de candidata que questionou realização de exames mesmo com restrições impostas por governos municipais e estaduais em razão da Covid. Por 10 votos a 1, o STF manteve a realização do certame". Adaptado. (Fonte:G1 – acesos em maio de 2021).

O concurso em questão foi:

a) Polícia Rodoviária Federal
b) Polícia Federal
c) INSS
d) Caixa Econômica Federal
e) Polícia Civil do Paraná

107. **(Prof. Rodolfo Gracioli)** "Em uma medida que tumultuou o mercado financeiro, o país proibiu que as instituições financeiras e empresas de pagamento do país forneçam serviços relacionados a transações de criptomoedas. A ação é anunciada ao mesmo tempo em que o país busca promover o uso de sua própria moeda digital". Adaptado. (Fonte: Olhar Digital – acesso em maio de 2021).

O anúncio que abalou o mercado internacional de criptomoedas foi feito por qual país?

a) Japão
b) Alemanha
c) Índia
d) China
e) Estados Unidos da América

108. **(Prof. Rodolfo Gracioli)** Em maio de 2021, o Instituto Brasileiro de Geografia e Estatística (IBGE) divulgou dados da Pesquisa Nacional de Saúde (PNS) 2019 – Acidentes, Violência, Doenças Transmissíveis, Atividade sexual, Características do trabalho e Apoio social. Sobre os dados apresentados, assinale a alternativa incorreta:

a) Um contingente de 29,1 milhões de pessoas sofreu violências física, psicológica ou sexual em 2019; a violência atingiu 19,4% das mulheres e 17,0% dos homens.
b) Companheiros, ex-companheiros ou parentes são os principais agressores das mulheres que sofreram violência física (52,4%), psicológica (32,0%) e violência sexual (53,3%).
c) O domicílio é o principal local da agressão das mulheres. A violência sexual gerou consequências psicológicas (60,2%), físicas (19,4%) e sexuais (5,0%) para as vítima.
d) A violência tirou de atividade 3,5 milhões de pessoas, mas apenas 15,6% procuraram atendimento médico, o que revela uma problemática.

e) Apesar dos números apresentarem um problema histórico, os especialistas do IBGE afirmam que a violência deixou de ser uma pauta prioritária e que o governo deve investir direcionar investimentos para outros setores.

109. (Prof. Rodolfo Gracioli) No dia 16 de maio, morreu o prefeito de São Paulo Bruno Covas. Sobre a trajetória de Bruno Covas, assinale a alternativa incorreta:

a) O prefeito de São Paulo morreu aos 41 anos vítima de coronavírus.
b) Bruno Covas era filiado ao PSDB, sendo neto de Mário Covas.
c) Nomes de parques e instituição cultural vão homenagear Bruno Covas
d) Covas graduou-se em direito pela Universidade de São Paulo (USP) e em economia pela Pontifícia Universidade Católica de São Paulo (PUC-SP)
e) Em 2018, Covas assumiu a prefeitura após a renúncia de João Doria, que se afastou para concorrer ao governo do estado de São Paulo. Em 2020, Covas foi reeleito para a comandar a maior cidade do Brasil.

110. (Prof. Rodolfo Gracioli) As Rondas Ostensivas Tobias de Aguiar (Rota), umas das tropas de elite da Polícia Militar (PM), terão um incremento anunciado em abril de 2021. O objetivo é reduzir eventuais desvios de conduta, abusos de autoridade e violência policial.

Sobre a questão, assinale a alternativa correta:

a) Os policiais deverão portar armas não letais para utilização em abordagens envolvendo mulheres.
b) Os policiais ficarão proibidos de aplicar golpes de artes marciais em protocolos de abordagem.
c) Os policiais utilizarão câmeras no uniforme com gravação ininterrupta e geolocalizador.
d) Os policiais receberão ficarão proibidos de utilizar fuzis durante abordagens diurnas.
e) Os policias deverão aplicar questionários protocolares no momento da abordagem, antes da tomada de decisão.

111. (Prof. Rodolfo Gracioli) O país em questão aprovou uma lei de proteção contra abuso sexual na infância e amplia prazo para denúncia. O prazo para denúncia começa a contar agora a partir dos 35 anos de idade, e não mais aos 18. As prescrições ocorrerão de 5 a 20 anos após esse limite, ou seja, quando a vítima estiver com 40 anos de idade ou, em casos mais graves, com 55.

O país em questão é:

a) França
b) Alemanha
c) Espanha
d) Reino Unido
e) Portugal

112. (Prof. Rodolfo Gracioli) "A empresa informou na última terça-feira (18) que o uso policial de uma tecnologia de reconhecimento facial da empresa, chamada Rekognition, continuará proibido por tempo indeterminado. Em junho de 2020, a companhia anunciou que estava aplicando uma suspensão de um ano para o uso dessas ferramentas pela polícia, alegando que a pausa poderia dar ao Congresso dos Estados Unidos tempo para decretar garantias contra o uso indevido do reconhecimento facial". Adaptado. (Fonte: G1 – acesso em maio de 2021).

A empresa que fez tal anúncio foi:

a) Microsoft
b) Apple
c) Samsung
d) Amazon
e) LG

113. **(Prof. Rodolfo Gracioli)** Em maio de 2021, o presidente Jair Messias Bolsonaro sancionou a lei 14.151/2021. A legislação gerou amplo debate pela população. No caso, a lei determina:

a) Destinação de recursos federais para a pesquisa científica da hidroxicloroquina no tratamento da covid-19.
b) Afastamento das empregadas gestantes das atividades de trabalho presenciais durante a pandemia.
c) Proibição de propaganda com conteúdo LGBTQI+ em publicidade do governo federal, retirando do ar àquelas já existentes.
d) Ampliação do número de armas registradas por cidadãos, além de aumentar ainda o número de munição permitida.
e) Reconsideração do sistema eleitoral para referendo sobre o voto impresso, a ser realizado ainda no ano de 2021.

114. **(Prof. Rodolfo Gracioli)** "Chega na tarde do dia 21 de maio, o voo fretado pelo governo dos Estados Unidos para trazer de volta ao Brasil 106 brasileiros deportados daquele país. Todos teriam sido detidos após entrarem de forma ilegal em território norte-americano. É o primeiro voo que deporta brasileiros desde que Joe Biden assumiu a presidência dos EUA". Adaptado. (Fonte: Agência Brasil – acesso em maio de 2021).

O voo chegou na cidade de:

a) São Paulo
b) Rio de Janeiro
c) Recife
d) Vitória
e) Belo Horizonte

115. **(Prof. Rodolfo Gracioli)** Em maio de 2021, a Polícia Federal desencadeou a Operação Interceptor. Sobre a operação, assinale a alternativa correta:

a) A operação teve por objetivo desarticular uma organização criminosa formada por falsos policiais conhecidos como "piratas do asfalto" devido a roubos praticados em rodovias.
b) A operação teve por objetivo prender fraudadores do auxílio emergencial que agiam utilizando dados comercializados na dark web, com ação por todo o território nacional.
c) A operação teve por objetivo interceptar uma carga de madeira ilegal que seria enviada para a Europa. Na ocasião, a PF utilizou da tecnologia de isótopos estáveis para a investigação.
d) A operação teve por objetivo interromper a ação criminosa de pedófilos que utilizam o ciberespaço para compartilhar conteúdos envolvendo crianças e adolescentes em situação de violência sexual.
e) A operação teve por objetivo desarticular uma organização criminosa que atuava no tráfico de animais. Na ocasião, foram resgatados mais de 45 pássaros que seriam enviados para os EUA.

116. (Prof. Rodolfo Gracioli) Em maio de 2021, as empresas, Ambev e o Grupo Heineken, foram autuadas por violações envolvendo:

a) Descumprimento de normas ambientais em galpões localizados em São Paulo.
b) Violação da Lei Geral de Proteção de Dados pessoais de seus funcionários.
c) Não cumprimento da Lei de Cotas para deficientes, com aplicação de medidas administrativas.
d) Trabalhadores resgatados de situação análoga à escravidão em transportadora terceirizada.
e) Descumprimento da lei que estabelece igualdade salarial entre homens em mulheres.

117. (Prof. Rodolfo Gracioli) "O veículo espacial deixou sua plataforma de pouso e dirigiu na superfície de Marte neste sábado (22), informou a mídia — tornando o país apenas o segundo depois dos EUA a pousar e operar um rover no planeta vermelho. O veículo espacial de seis rodas movido a energia solar, que pesa cerca de 240 quilogramas (529 libras), pousou em Marte em 15 de maio. Sua missão deve durar três meses, disse o governo, período durante o qual procurará por sinais ou evidências de vida antiga na superfície de Marte". Adaptado. (Fonte: G1 – acesso em maio de 2021).

O país responsável pelo feito é:

a) Rússia
b) Índia
c) Israel
d) China
e) Japão

118. (Prof. Rodolfo Gracioli) Observe os fragmentos para fazer a respectiva referência.

Texto I

"O país concluiu neste domingo (16) dois dias de uma votação histórica para eleger os 155 cidadãos que irão redigir uma nova Constituição, destinada a substituir a herdada da ditadura, com a expectativa de melhorar a equidade social". Adaptado. (Fonte: G1 – acesso em maio de 2021).

Texto II

"A Copa América de 2021 terá a Argentina como sua única sede. A competição seria realizada em dois países, a partir do próximo mês, mas a Conmebol (Confederação Sul-Americana de Futebol) chegou à conclusão de que o outro país, agitado por protestos há três semanas, não está em condições de receber as partidas". Adaptado. (Fonte: Folha de S. Paulo – acesso em maio de 2021).

Os trechos dizem respeito, respectivamente, a:

a) Uruguai e Peru
b) Bolívia e Equador
c) Argentina e Paraguai
d) Chile e Colômbia
e) Paraguai e Venezuela

119. (Prof. Rodolfo Gracioli) "Recentemente, a Colômbia esteve nos noticiários devido a uma onda de protestos violentos que tomaram conta das ruas da capital do país. O presidente Iván Duque reconheceu que houve abusos da polícia durante a repressão aos atos de rua. Em 21 dias de protestos morreram pelo menos 42 pessoas, a grande maioria civis. Também foram registrados mais de 1.700 feridos, entre manifestantes e forças policiais ou militares". Adaptado. (Fonte: G1 - acesso em maio de 2021).

Os protestos em questão se dão por conta:

a) Aprovação de projeto de lei que reduz a maioridade penal de 18 para 15 anos.
b) Escândalo de "vacinação vip" que envolve o presidente e seus familiares.
c) Revogação do acordo de paz com as Farc, atualmente um partido político.
d) Veto presidencial ao projeto que estabelecia uma renda básica para a população mais pobre.
e) Projeto de lei sobre reforma tributária que previa aumento de impostos - projeto já retirado de pauta.

120. **(Prof. Rodolfo Gracioli)** "O Conselho de Segurança das Nações Unidas pediu no sábado (22) "a adesão total" a um cessar-fogo entre Israel e militantes palestinos liderados pelo Hamas na Faixa de Gaza e enfatizou a necessidade imediata de ajuda humanitária para os civis palestinos".

Sobre a questão, assinale a alternativa incorreta:

a) Joe Biden prometeu ajudar a organizar os esforços para "reconstruir Gaza" e disse que a criação de um Estado palestino ao lado de Israel é a "única resposta" para o conflito.
b) Os ataques violentos de maio aconteceram após o despejo de palestinos que vivem em um bairro fora dos muros da Cidade Velha de Jerusalém.
c) Há décadas, israelenses ocupam áreas habitadas por palestinos por meio de assentamentos. Entretanto, essas colônias são consideradas ilegais por disposições internacionais.
d) O Hamas ordenou que Israel retirasse sua força policial da cidade palco dos conflitos, mas inicialmente Israel não acatou a ordem do grupo extremista palestino.
e) Chama a atenção da comunidade internacional o fato do conflito entre israelenses e palestinos emergir a partir de 1989, ano da desintegração da União das Repúblicas Socialistas Soviéticas.

121. **(Prof. Rodolfo Gracioli)** "O Parlamento do país aprovou nesta quinta (3) uma lei que permite retirar do país requerentes de asilo, que teriam que aguardar a análise de seus pedidos em "centros de recepção" em outras nações, provavelmente na África. A medida contraria os princípios de cooperação internacional para o asilo, segundo o Acnur (Alto Comissariado da ONU para Refugiados). A entidade não governamental Anistia Internacional disse que enviar requerentes de asilo a uma terceira nação é "ilegal e inescrupuloso"".

O país em questão é:

a) Dinamarca
b) Noruega
c) França
d) Alemanha
e) Rússia

122. **(Prof. Rodolfo Gracioli)** Visando romper com a estigmatização das variantes da covid-19 associada aos países de origem, além de facilitar a comunicação com relação ao tema, a Organização Mundial da Saúde resolveu usar o alfabeto grego para identificar as variantes em questão. Com a nova orientação, a variante brasileira passou a ser identificada por:

a) Alpha
b) Beta

c) Gamma
d) Delta
e) Zeta

123. (Prof. Rodolfo Gracioli) Em junho de 2021, o Vaticano anunciou mudanças na legislação do Código de Direito Canônico do Vaticano, o sistema jurídico interno da Igreja Católica que trata de um dos temas mais sensíveis da história da instituição. As alterações em questão se referem:

a) Proibição de homens maiores de 28 anos para o ordenamento como padre.
b) Limitação de cerimônias religiosas em países que não garantam a laicidade, a fim de impedir situações de violência religiosa.
c) Criminalização do abuso sexual de adultos (por padres) e responsabilização em casos de omissão e negligência.
d) Possibilidade de realização de casamento entre pessoas do mesmo sexo com cerimônias religiosas devidamente formalizadas no âmbito civil.
e) Possibilidade de um fiel se casar até três vezes em cerimônias religiosas após divórcio ou em casos de morte do companheiro.

124. (Prof. Rodolfo Gracioli) "As intervenções, cirúrgicas e com medicamentos, exigem internações prolongadas. As drogas usadas para combater o problema chegam a custar R$ 10 mil por dia. E precisam ser aplicadas por cerca de 45 dias. Apenas com medicamentos, sem contar cirurgia e internação, são necessários recursos de R$ 450 mil". (Folha de S. Paulo – acesso em junho de 2021).

A mucormicose, que mutila e mata, é rara no país, sendo conhecida como:

a) Bactéria extinta
b) Fungo negro
c) Virose aguda
d) Micose letal
e) Ameba cristalizada

125. (Prof. Rodolfo Gracioli) "A ministra Cármen Lúcia, do Supremo Tribunal Federal (STF), autorizou nesta quarta-feira (2) a abertura de um inquérito para investigar o ministro. Cármen Lúcia atendeu a um pedido da Procuradoria-Geral da República (PGR). O pedido da PGR foi feito no dia 31 de maio e tem como base a notícia-crime apresentada em abril contra o ministro por suposta tentativa de atrapalhar a apuração sobre a maior apreensão de madeira do Brasil, feita na Operação Handroanthus". (Fonte: G1 – junho de 2021).

O ministro em questão é:

a) Eduardo Pazuello, ministro da Saúde
b) Tarcísio de Freitas, ministro da Infraestrutura
c) Paulo Guedes, ministro da Economia
d) Damares Alves, ministra da Mulher, Família e D.H
e) Ricardo Salles, ministro do Meio Ambiente

126. (Prof. Rodolfo Gracioli) Em junho de 2021, o presidente Jair Messias Bolsonaro sancionou lei que tornou permanente o Pronampe. Sobre o programa, assinale a alternativa correta:

a) Trata-se de um programa que disponibiliza empréstimos para pequenas empresas com juros mais baixos e prazo maior para começar a pagar.
b) Trata-se de um programa que permite o parcelamento de dívidas de pessoas físicas, para o pagamento após o cenário de pandemia.
c) Trata-se de um programa que permite que empresas privadas financiem vacinas para seus funcionários, destinando a mesma quantidade para o SUS.
d) Trata-se de um programa que permite a continuidade de serviços de fornecimento de água e luz, mesmo com o atraso no pagamento.
e) Trata-se de um programa que estabelece um socorro financeiro para profissionais da área da cultura, como artistas e empresas do setor.

127. **(Prof. Rodolfo Gracioli)** "A família do médico de Porto Alegre Victor Sorrentino, detido, em 30 de maio, no país, após o vídeo em que faz perguntas com conotações sexuais a uma vendedora viralizar na internet, divulgou, na manhã desta quinta-feira (3) uma carta em inglês e árabe em que pede desculpas pelo que aconteceu". (Fonte: G1 – junho de 2021).

A situação de repercussão internacional aconteceu em qual país?

a) Arábia Saudita
b) Irã
c) Iraque
d) Dubai
e) Egito

128. **(Prof. Rodolfo Gracioli)** "O Plenário do Supremo Tribunal Federal (STF) aprovou, na sessão desta ontem (2), a composição da lista tríplice para vaga de ministro substituto do Tribunal Superior Eleitoral (TSE) na classe dos juristas". (Fonte: Agência Brasil – junho de 2021).

Na ocasião, de modo inédito, a tríplice lista:

a) Contava com três advogados negros
b) Contava com três mulheres advogadas
c) Contava com advogados com menos de 35 anos
d) Contava com um advogado indígena
e) Contava com um advogado transgênero

129. **(Prof. Rodolfo Gracioli)** Em maio de 2021, a polícia civil do Rio de Janeiro realizou a operação em questão, considerada a mais letal da história do estado (foram 28 mortos, dentre eles um policial). A operação no Jacarezinho foi:

a) Operação Enterprise
b) Operação Piratas do Asfalto
c) Operação Alcateia
d) Operação Exceptis
e) Operação Batismo de fogo

130. **(Prof. Rodolfo Gracioli)** Em maio de 2020, o presidente Bolsonaro sancionou lei ampliando penas para crimes cometidos por meio eletrônico. Sobre a questão, assinale a alternativa incorreta:

a) A lei torna mais graves os crimes de violação de dispositivo informático, furto e estelionato cometidos de forma eletrônica ou pela internet.

b) A pena de reclusão é aplicada a condenações mais severas, o regime de cumprimento pode ser fechado. Já a detenção é aplicada para condenações mais leves e não admite que o inicio do cumprimento seja no regime fechado.

c) Se a invasão do dispositivo levar ao acesso de conteúdo de comunicações eletrônicas privadas, segredos comerciais ou industriais, informações sigilosas, ou ao controle remoto não autorizado do dispositivo invadido, a pena imposta pode variar de dois a cinco anos de reclusão.

d) O texto inclui no Código Penal que a pena do estelionato será de reclusão de quatro a oito anos e multa quando a vítima for enganada e fornecer informações por meio de redes sociais.

e) Pela gravidade dos crimes virtuais no contexto de pandemia, em caráter excepcional, a lei tem caráter retroativo. Todos os crimes cometidos de março de 2020 em diante, terão a aplicação da lei.

131. (Prof. Rodolfo Gracioli) A 26ª Conferência das Nações Unidas sobre as Mudanças Climáticas (COP-26), principal cúpula da ONU para debate sobre questões climáticas, será realizada entre os dias 1 e 12 de novembro deste ano. Em qual localidade acontecerá a COP-26?

a) Madri, na Espanha

b) Tóquio, no Japão

c) Glasgow, na Escócia

d) Veneza, na Itália

e) Fortaleza, no Brasil

132. (Prof. Rodolfo Gracioli) "Em 5 de junho foi comemorado o Dia Mundial do Meio Ambiente. A data foi definida pela Assembleia Geral das Nações Unidas em 5 de junho de 1972, durante abertura da Conferência de Estocolmo, na Suécia, cujo tema foi o Ambiente Humano. Desde então, a cada ano um novo tema é escolhido para que governos, empresas e cidadãos ao redor do mundo promovam manifestos e proponham medidas de preservação do meio ambiente. Neste ano, a campanha Reimagine. Recrie. Restaure também marca o lançamento oficial da Década das Nações Unidas da:

a) Luta contra poluição plástica

b) Ação global pelos mares e oceanos

c) Força humana para proteção das florestas

d) Perspectiva internacional pela reciclagem

e) Restauração de ecossistemas

133. (Prof. Rodolfo Gracioli) Em 2021, o país sede do evento do Dia Mundial do Meio Ambiente, em 5 de junho, data comemorada desde o ano de 20172, foi:

a) Índia

b) China

c) Paquistão

d) Alemanha

e) França

134. (Prof. Rodolfo Gracioli) "O Congresso do país aprovou uma lei no último dia 21 de maio que proíbe a entrega de talheres, palitos de mistura, copos, canudos, pratos, recipientes de comida para viagem, sachês de molhos, tampas, entre outros itens descartáveis pelos restaurantes e APPs de delivery". (Fonte: Recicla Sampa - acesso em junho de 2021).

O país em questão que avançou por tal legislação é:

a) Alemanha
b) Chile
c) Uruguai
d) Espanha
e) Japão

135. **(Prof. Rodolfo Gracioli)** "Apenas 20 empresas, estão na origem de mais da metade do lixo plástico descartável produzido no mundo, afirmou nesta terça-feira (18/05) a fundação australiana Minderoo". (Fonte: DW Brasil - maio de 2021). A lista apresenta uma única empresa brasileira, na 9ª posição. Trata-se:

a) Ambev
b) Vale
c) Braskem
d) Gerdau
e) JBS

136. **(Prof. Rodolfo Gracioli)** "O ministro do Meio Ambiente, Ricardo Salles, foi um dos alvos da operação deflagrada na manhã desta quarta-feira (19), pela Polícia Federal. As investigações apuram suspeita de facilitação à exportação ilegal de madeira do Brasil para os Estados Unidos e Europa". (Fonte: G1 - maio de 2021). A operação em questão que investiga Ricardo Salles e outras 17 pessoas é:

a) Operação Camarote
b) Operação Quinta Coluna
c) Operação Deepwater
d) Operação Akuanduba
e) Operação Zelotes

137. **(Prof. Rodolfo Gracioli)** A Empresa Brasileira de Pesquisa Agropecuária (Embrapa), vinculada ao Ministério da Agricultura, divulgou uma pesquisa sobre a representatividade do setor de grãos do Brasil. Sobre a questão, assinale a alternativa incorreta:

a) O Brasil é o quarto maior produtor de grãos do mundo.
b) À frente do Brasil na produção estão: China, EUA e Índia.
c) Em 2020, o Brasil respondia por 50% do mercado de soja.
d) Em 2020, Brasil foi o maior produtor de café do mundo.
e) O Brasil perdeu o posto de maior produtor de açúcar para a Índia.

138. **(Prof. Rodolfo Gracioli)** Em fevereiro de 2021, o governo do país formalizou a retomada ao Acordo do Clima de Paris. Dentre outros aspectos, o esforço do Acordo se dá na tentativa de minimizar a emissão de gases que intensificam o efeito estufa e agravam o aquecimento global. O país em questão que formalizou a retomada ao Acordo é:

a) Brasil
b) Índia

c) China
d) EUA
e) França

139. (Prof. Rodolfo Gracioli) Sobre a representatividade da criação de rebanhos no Brasil, assinale a alternativa correta:

a) Segundo dados da Embrapa, em 2020, o Brasil alcançou o maior rebanho de galináceos do mundo.
b) Segundo dados da Embrapa, em 2020, o Brasil alcançou a maior produção de suínos do mundo.
c) A agricultura tem forte impacto no PIB, diferentemente da pecuária se considerado o montante.
d) Segundo dados da Embrapa, em 2020, o rebanho bovino brasileiro foi o maior do mundo.
e) Outras duas potências na criação de rebanhos é a Venezuela e o Paraguai.

140. (Prof. Rodolfo Gracioli) No resultado do Produto Interno Bruto do 1º trimestre de 2021 (resultado parcial), a agropecuária:

a) Acompanhou a queda dos demais setores, com pequena retração de 1,2%.
b) Seguiu estável ficando com rendimento positivo de 0,3%.
c) Apresentou forte expansão superando 11% no resultado parcial.
d) Registrou queda vertiginosa puxada pelas secas, com saldo de -7,1%.
e) Teve o melhor desempenho entre os setores, alcançando o saldo de 5,7% na parcial.

141. (Prof. Rodolfo Gracioli) No início de junho de 2021, o EllaLink tornou-se notícia. Sobre o mesmo, assinale a alternativa correta:

a) Trata-se de regulamentação da Lei Geral de Proteção de Dados pessoais que responsabiliza empresas pela segurança dos dados coletados.
b) Trata-se do novo tecnopólo da região metropolitana de Campinas, que tem o apoio do Inpe – Instituto Nacional de Pesquisas Espaciais.
c) Trata-se do primeiro satélite 100% nacional que servirá para monitoramento da região amazônica, tendo sido lançado da base de Alcântara.
d) Trata-se de um cabo de 6 mil km de comprimento que liga o Brasil à Europa e aperfeiçoará a troca de dados reduzindo o tempo de latência.
e) Trata-se do projeto do governo brasileiro para concessão da rede 5G que enfrenta obstáculos na ótica da legislação.

142. (Prof. Rodolfo Gracioli) "A lei que autoriza a eutanásia e morte assistida entrou em vigor nesta sexta-feira (25), o que permite que pacientes terminais procurem assistência médica para acabar com a própria vida. O país se tornou o 5º do mundo em regulamentar a medida, depois de Bélgica, Holanda, Luxemburgo e Canadá. A eutanásia está autorizada apenas para pacientes da nacionalidade ou residentes com doenças graves e incuráveis, que causem um "sofrimento intolerável"". (Adaptado). (G1 – acesso em junho de 2021). O país em questão é:

a) Portugal
b) Itália
c) Alemanha

d) Reino Unido
e) Espanha

143. (Prof. Rodolfo Gracioli) "O Congresso aprovou uma lei que obriga o Estado a reservar pelo menos 1% das vagas na administração pública para travestis, transexuais e transgêneros, ao mesmo tempo em que criou incentivos fiscais para empresas privadas seguirem pelo mesmo caminho. A lei de Promoção do Acesso ao Emprego Formal para Pessoas Travestis, Transexuais e Transgênero que cria um sistema de cotas obrigatórias para o coletivo Trans, depois de passar pela Câmara de Deputados, foi aprovada pelo Senado na noite desta quinta-feira (24) por 55 votos a favor, apenas um voto contra e seis abstenções". Adaptado. (Fonte: G1 – junho de 2021). O país que aprovou tal legislação é:

a) Peru
b) Bolívia
c) Argentina
d) Chile
e) Equador

144. (Prof. Rodolfo Gracioli) Recentemente, no centro dos trabalhos da CPI da covid-19 esteve o debate sobre a vacina Covaxin. A discussão levantou suspeitas de irregularidades em termos contratuais para aquisição da vacina, fato que gerou questionamentos sobre a atuação do governo federal (que apresentou as justificativas). A vacina em questão é produzida por qual país?

a) Alemanha
b) Reino Unido
c) EUA
d) China
e) Índia

145. (Prof. Rodolfo Gracioli) Em junho de 2021, o Brasil foi novamente eleito para o Conselho de Segurança da ONU. Sobre a questão, assinale a alternativa incorreta:

a) O Brasil integra a gama de países com posto permanente no Conselho, com o direito de veto.
b) Apenas os membros permanentes têm o direito a veto dentro das decisões.
c) EUA, França, Reino Unido, China e Rússia são os membros permanentes do Conselho.
d) O país recebeu o voto de 181 dos 190 países que participaram. Houve 8 abstenções e 1 voto no Peru.
e) A eleição marca a 11ª vez que o Brasil estará como membro não permanente.

146. (Prof. Rodolfo Gracioli) "Em um raro momento de unidade, republicanos e democratas aprovaram nesta quarta-feira (16) no Congresso dos Estados Unidos a criação de um novo feriado federal, em 19 de junho". Adaptado. (Fonte: G1 – junho de 2021). A decisão entra para a história por comemorar:

a) A legalização do casamento gay no país
b) O fim da escravidão no país
c) A mudança nos protocolos policiais
d) A retomada do país ao Acordo de Paris
e) A legalização da maconha para fins recreativos

147. (Prof. Rodolfo Gracioli) Em junho de 2021, foi divulgado o ranking global da Kantar BrandZ, com as empresas mais valiosas do mundo. Com valor estimado em 684 bilhões de dólares e 612 bilhões de dólares, destacaram-se no topo da lista, respectivamente:

a) Google e Microsoft
b) Mastercad e MCDonald's
c) Visa e Alibaba
d) Amazon e Apple
e) Facebook e Tencent

148. (Prof. Rodolfo Gracioli) "A halterofilista deve se tornar a primeira atleta transgênero a competir nos Jogos Olímpicos, depois de ser selecionada para a seleção nacional nesta segunda-feira (21). Ela vai competir na categoria feminina de 87 quilos, de acordo com um comunicado divulgado pelo Comitê Olímpico do país, que também anunciou os outros quatro integrantes da equipe de levantamento de peso". Adaptado. Trata-se de atleta de qual país?

a) China
b) EUA
c) Japão
d) Alemanha
e) Nova Zelândia

149. (Prof. Rodolfo Gracioli) António Guterres foi reeleito para o cargo em questão. A reeleição do português garante o mandato de cinco anos. Trata-se do posto de:

a) Primeiro-ministro de Portugal
b) Diretor geral do Alto Comissariado da ONU para Refugiados
c) Secretário-geral da ONU
d) Presidente do Fundo Monetário Internacional
e) Diretor-geral da Organização Mundial da Saúde

150. (Prof. Rodolfo Gracioli) Em junho de 2021, Alemanha e Hungria jogaram pela Eurocopa. O empate como placar final foi um mero detalhe perto da mobilização ocorrida durante a parte. Na ocasião:

a) Jogadores paralisaram a partida por 9 minutos para protestos contra o racismo
b) Atletas das duas equipes questionaram a condução de líderes políticos com relação a pandemia
c) Foi exibido no telão mensagem contra a reeleição do presidente sírio Bashar al Assad
d) Atletas entraram com camisetas com dizeres em defesa dos direitos humanos.
e) Ativista invadiu o gramado com uma bandeira com as cores do arco-íris.

151. (Prof. Rodolfo Gracioli) O jogador da equipe de futebol masculino do Corinthians, Danilo Avelar, se envolveu em uma situação de ampla repercussão durante jogo online. A equipe discute a rescisão do contrato do atleta. Na ocasião:

a) O jogador fez comentários atacando rede Globo de televisão.
b) O jogador fez comentários exaltando o governo federal na figura de Jair Bolsonaro.
c) O jogador fez comentários homofóbicos contra Pablo Vitar.

d) O jogador fez comentários racistas durante partida de Counter Strike.
e) O jogador fez comentários islamofóbicos contra árabes que participavam do jogo.

152. (Prof. Rodolfo Gracioli) "Pratos, talheres, copos, cotonetes: o país proíbe a venda de plásticos descartáveis a partir deste sábado (3), aplicando uma diretiva europeia destinada a proteger os oceanos da poluição. A nova lei, aprovada em setembro de 2020 e que entra em vigor neste sábado, proíbe notavelmente "cotonetes, talheres, pratos, canudos, colheres e copos de plástico". Certas embalagens de poliestireno, usadas como recipientes para alimentos, também são afetadas pela proibição". (Fonte: G1 - acesso em julho de 2021).

O país em questão é:

a) Itália
b) Espanha
c) Portugal
d) Suíça
e) Alemanha

153. (Prof. Rodolfo Gracioli) "Nesta semana, a Venezuela se tornou o segundo país das Américas a começar a usar uma vacina que ainda não foi aprovada por agências sanitárias. O governo de Caracas recebeu e passou a administrar em áreas da capital o primeiro carregamento da Abdala, uma vacina que ainda não possui autorização emergencial de nenhuma entidade médica reguladora". (Fonte: G1 - acesso em junho de 2021).

A vacina Abdala é fabricada em qual país?

a) Rússia
b) China
c) Cuba
d) Israel
e) Filipinas

154. (Prof. Rodolfo Gracioli) Observe os fragmentos para fazer a respectiva correspondência.

Texto I

"O Congresso do país aprovou uma lei que obriga o Estado a reservar pelo menos 1% das vagas na administração pública para travestis, transexuais e transgêneros, ao mesmo tempo em que criou incentivos fiscais para empresas privadas seguirem pelo mesmo caminho". Adaptado. (Fonte: G1 - acesso em julho de 2021).

Texto II

"A halterofilista Laurel Hubbard deve se tornar a primeira atleta transgênero a competir nos Jogos Olímpicos, depois de ser selecionada para a seleção nacional nesta segunda-feira (21). Ela vai competir na categoria feminina de 87 quilos, de acordo com um comunicado divulgado". Adaptado. (Fonte: DW Brasil - acesso em julho de 2021).

Os textos dizem respeito, respectivamente:

a) Argentina e Nova Zelândia
b) Bolívia e Canadá
c) Chile e EUA
d) Uruguai e França
e) Paraguai e México

155. (Prof. Rodolfo Gracioli) O governador do Rio Grande do Sul, Eduardo Leite (PSDB), ganhou os noticiários após entrevista em programa televisivo. Uma de suas falas foi amplamente compartilhada e chegou a ser comentada até pelo presidente da República. Na ocasião, Eduardo Leite:

a) Fez duros comentários contra o período da Ditadura Militar, narrando a história de perseguição política contra seu pai.
b) Divulgou informações sobre um suposto escândalo de corrupção envolvendo a compra de vacinas indianas, a Covaxin.
c) Criticou o envolvimento de líderes religiosos na esfera política, destacando a necessidade de garantia de laicidade do Estado.
d) Assumiu ter furado a fila da campanha de vacinação e facilitado para amigos e familiares, o que mobilizou articulação para seu impeachment.
e) Assumiu ser homossexual e fez um discurso de representatividade que causou diferentes reações pelos variados segmentos sociais.

156. (Prof. Rodolfo Gracioli) A edição da Eurocopa de 2021 chamou a atenção por vários temas políticos ganhando força. Uma partida entre Alemanha e Hungria foi destaque dos noticiários. Na ocasião, um pedido foi vetado pela organização do evento esportivo. O pedido envolvia o estádio de Munique.

Sobre o veto, assinale a alternativa correta:

a) O pedido envolvia a capacidade de 50% do estádio com torcedores obrigatoriamente vacinados com imunizantes aprovados pela agência europeia, em dose completa.
b) O pedido envolvia a proibição de torcedores de nações que apresentam média móvel acima de 1,5 mil mortes no mês de junho, inclusive aqueles que estivesse vacinados.
c) O pedido envolvia a obrigatoriedade dos atletas entrarem vestindo camisetas com mensagens contra o racismo, o que foi entendido como medida estritamente política e em desacordo com as regras.
d) O pedido envolvia a iluminação do estádio com as cores do arco-íris, em protesto lei que restringe os direitos de informação dos jovens com relação à homossexualidade e transexualidade na Hungria.
e) O pedido envolvia a liberação do estádio para pré-jogo feminino com o intuito de impulsionar o futebol feminino no continente europeu. A justificativa centrou-se nas questões sanitárias para o veto.

157. (Prof. Rodolfo Gracioli) O final de junho e início de julho de 2021 colocou as nações no centro dos noticiários por conta de uma intensa onda de calor que, segundo pesquisadores, teria deixado mais de 500 mortos. Um dos países registrou mais de 50º C, com vários focos de incêndio.

Os países que viveram o drama das temperaturas elevadas foram:

a) Brasil e Chile
b) Rússia e Vietnã
c) Austrália e Nova Zelândia
d) Alemanha e França
e) Canadá e EUA

158. (Prof. Rodolfo Gracioli) Em junho de 2021, o Conselho de Direitos Humanos da ONU apresentou um relatório que destacou uma das formas de violação de destaque. Sobre a questão, assinale a alternativa correta:

a) O relatório destacou a violação de direitos humanos da população pela carência do atendimento à saúde no momento da pandemia.
b) O relatório destacou a violação de direitos humanos da população devido a falta de saneamento básico, o que agrava as consequências pandêmicas.
c) O relatório destacou a violação dos direitos humanos de populações quilombolas pelo descaso de políticas públicas desde 2019.
d) O relatório destacou a violação de direitos humanos da população trans devido a falta de reconhecimento legal do uso do nome social.
e) O relatório destacou a violação de direitos humanos na atuação policial brasileira devido ao racismo considerado sistêmico.

159. (Prof. Rodolfo Gracioli) "O homem recebeu o título do Guinness World Record, o Livro Mundial dos Recordes, de homem mais velho do mundo. Ao mesmo tempo, uma turca que diz ter completado 119 anos no domingo (27), quer ser reconhecida como a mulher vida mais velha do planeta - que também a faria recordista como ser humano de vida mais longeva da atualidade". Adaptado. (Fonte: Uol – acesso em julho de 2021)

O homem vais velho do mundo é de qual país?

a) Japão
b) Tailândia
c) Malásia
d) Porto Rico
e) Brasil

160. (Prof. Rodolfo Gracioli) Envolvido em denúncias e investigação sobre suposto favorecimento de madeireiros, o então ministro do Meio Ambiente Ricardo Salles pediu demissão. No seu lugar, entrou:

a) André Mendonça
b) Anderson Torres
c) Joaquim Leite
d) Eduardo Leite
e) Onyx Lorenzoni

161. (Prof. Rodolfo Gracioli) "O país abriu sua primeira escola com fundos públicos para mulheres transexuais, que muitas vezes são condenadas ao esquecimento em instituições de ensino. A comunidade trans é muito ativa no país, onde uma escola religiosa islâmica exclusiva para transgêneros foi aberta no início deste ano. No entanto, elas continuam sendo estigmatizadas e atacadas. Tradicionalmente, as pessoas trans são encarregadas de alguns rituais, como abençoar recém-nascidos ou animar casamentos". Adaptado. (Fonte: G1 – acesso em julho de 2021). O país em questão é:

a) Afeganistão
b) Bangladesh
c) Índia
d) Paquistão
e) China

162. (Prof. Rodolfo Gracioli) "O governo do país pediu aos Estados Unidos e à ONU que enviem militares para reforçar a segurança da região depois do assassinato do presidente. A incerteza política aumentou ainda mais a onda de violência no país. Antes mesmo do assassinato do presidente, o país vivia a pior crise em anos: uma onda de violência armada nas ruas que deixou quase 300 mortos este ano; uma crise humanitária que se agravou com a pandemia, onde ainda nenhuma vacina foi aplicada; e uma grande turbulência política, que vinha se aprofundando há mais de um ano quando o então presidente dissolveu o Congresso e passou a governar por decreto". Adaptado. (Fonte: G1 – acesso em julho de 2021). O país em questão é:

a) República Dominicana
b) Honduras
c) Nicarágua
d) Guatemala
e) Haiti

163. (Prof. Rodolfo Gracioli) Em junho de 2021, a Organização Mundial da Saúde (OMS) fez um anúncio que gerou reações pelo mundo. O anúncio envolvia a inserção de uma "nova doença" na Classificação Internacional de Doenças (CID) que entrará em vigor em 2022. Trata-se:

a) Homossexualidade
b) Velhice
c) Transexualidade
d) Vício em games
e) Nomofobia

164. (Prof. Rodolfo Gracioli) A maior apreensão de drogas da história do país ocorreu neste fim de semana na cidade do Mato Grosso do Sul. A Polícia Militar Rodoviária do estado interceptou um caminhão com carga de soja que escondia 36,5 toneladas de maconha. O motorista foi preso e encaminhado à Polícia Civil no município. Segundo a investigação, a droga estava sendo transportada para o Porto de Santos (SP). A apreensão aconteceu em:

a) Dourados
b) Campo Grande
c) Ponta Porã
d) Corumbá
e) Deodápolis

165. (Prof. Rodolfo Gracioli) Duas das principais plataformas de streaming musical, Deezer e Spotify, resolveram retirar de suas playlists oficias — àquelas criadas pela própria empresa — todas as faixas com participação de DJ Ivis. O fato se deu depois da divulgação de vídeo em que o DJ:

a) Ofende transexuais ao fazer comentários sobre fãs que teriam o encontrado em hotel
b) Discursa contra as vacinas defendendo notícias falsas sobre o tema.
c) Realiza insultos racistas a um atendente que teria manobrado seu veículo em um restaurante.
d) Ofende policiais durante a interrupção de uma festa clandestina de luxo em bairro nobre de São Paulo.
e) Agride sua mulher várias vezes, de modo covarde e truculento.

166. **(Prof. Rodolfo Gracioli)** "Milhares de pessoas saíram às ruas do país no domingo (11) para se manifestar devido à situação econômica e à falta de liberdade, uma situação incomum para o país governado pelo Partido Comunista, o único legal, desde a Revolução de 1959 e que faz lembrar da onda de protestos no início dos anos 1990". Adaptado. (Fonte: CNN – julho de 2021).

O país em questão, que chegou a limitar o acesso da população à internet, é:

a) Rússia
b) China
c) Venezuela
d) Cuba
e) Vietnã

167. **(Prof. Rodolfo Gracioli)** Sobre as Olimpíadas/Paralimpíadas de Tóquio, assinale a alternativa incorreta:

a) Todas as medalhas foram fabricadas com metais reaproveitados do lixo eletrônico.
b) Autoridades e organizadores optaram pela realização dos jogos sem público.
c) Atletas usarão máscara e colocarão a própria medalha no pescoço durante cerimônias
d) Uma atleta da Nova Zelândia é a primeira trans a competir nas olimpíadas
e) Devido à baixa adesão da vacinação, as paralimpíadas foram remarcadas para 2022.

168. **(Prof. Rodolfo Gracioli)** "A fome extrema está causando estragos, obrigando os moradores a comer gafanhotos, folhas de cactos e até mesmo barro, advertiu um funcionário da ONU nesta sexta-feira (25), ao enfatizar que este é o primeiro país do mundo a sofrer com a fome devido à crise provocada pelo aquecimento global. A situação atual, provocada por anos de seca, levou o chefe do Programa Mundial de Alimentos (PMA), David Beasley, que visitou o país recentemente, a dizer que "é algo que se vê em um filme de terror". Adaptado. (Fonte: IstoÉ – julho de 2021)

O país em questão é:

a) Chipre
b) Etiópia
c) Madagascar
d) Sudão
e) Afeganistão

169. **(Prof. Rodolfo Gracioli)** Em junho, a Polícia Federal abriu inquérito para investigar o presidente Bolsonaro em denúncias envolvendo a vacina Covaxin. Na ocasião, a suposta violação seria:

a) Crime de responsabilidade fiscal, com o repasse indevido de verbas parlamentares fora do prazo limite.
b) Tráfico de influência, com a interferência em órgãos da administração pública direta.
c) Evasão de divisas, com envolvimento em repasses de valores para negociadores da vacina.
d) Prevaricação, por ter deixado de praticar ato de ofício, no caso, avançar com as denúncias para investigação
e) Peculato, ao subtrair valores e desviar repasses dos fundos de saúde para contas de terceiros.

170. (Prof. Rodolfo Gracioli) "Desde 6 de junho, Caboclo está afastado do cargo após uma funcionária denunciá-lo por assédio sexual e moral. Entre os fatos relatados por ela estão constrangimentos sofridos em viagens e reuniões com o presidente e na presença de diretores da entidade. A funcionária gravou um dos momentos abusivos do dirigente e adicionou em sua denúncia". Adaptado. (Fonte: TV Cultura – julho de 2021).

Rogério Caboclo era presidente:

a) Confederação Brasileira de Futebol
b) Comitê Olímpico Brasileiro
c) Confederação Brasileira de Ginástica
d) Confederação Brasileira de Natação
e) Confederação Brasileira de Vôlei

171. (Prof. Rodolfo Gracioli) "O Papa Francisco, durante a primeira celebração após a alta hospitalar, se solidarizou com as vítimas das enchentes durante discurso no Vaticano hoje. "Exprimo minha proximidade às populações atingidas pela catástrofe e pelas enchentes. O Senhor acolha os defuntos e conforte os familiares, dê a força para todos para que possam socorrer quem sofreu graves danos", afirmou". (Fonte: Uol – julho de 2021)

Dentre os países atingidos pelas enchentes na Europa, o mais afetado foi:

a) França
b) Bélgica
c) Alemanha
d) Luxemburgo
e) Espanha

172. (Prof. Rodolfo Gracioli) "Triste episódio no futebol. Na manhã deste sábado (17), a Seleção Olímpica de futebol masculino da Alemanha deixou o campo cinco minutos antes do término do amistoso contra Honduras" (Fonte: TV Cultura – julho de 2021). O fato que gerou o abandono de campo por parte da equipe da Alemanha:

a) Ataques homofóbicos a um dos jogadores
b) Invasão do gramado por ativistas pró-nazismo
c) Ataques racistas a um dos jogadores
d) Utilização da suástica por torcedores rivais
e) Faixas negacionistas contrárias à vacinação

173. (Prof. Rodolfo Gracioli) "O Comitê do Patrimônio Mundial vai atualizar a lista de locais que devem ser preservados no mundo. A lista do patrimônio mundial inclui locais naturais e culturais considerados de valor excepcional para toda a humanidade. Entre eles estão as Pirâmides de Gizé, uma das sete maravilhas do mundo antigo e um dos mais de 1.100 lugares agraciados com o título de patrimônio mundial". Adaptado. (Fonte: TV Cultura- julho de 2021).

A entidade da ONU em questão, responsável pelos patrimônios culturais é:

a) Unicef
b) Acnur
c) Unesco
d) OIT
e) FAO

174. **(Prof. Rodolfo Gracioli)** "O emoji em questão foi escolhido como o mais representativo de 2021 neste sábado (17), data em que é celebrado o Dia Mundial do Emoji, também conhecido como "World Emoji Day" (em inglês).O Emoji Awards, premiação que celebra e elege os principais símbolos utilizados na internet, realizou uma enquete no Twitter para definir o "emoji mais 2021". O emoji vencedor foi:

a) Micróbio
b) Coração partido
c) Carinha usando máscara
d) Carinha vomitando
e) Seringa

175. **(Prof. Rodolfo Gracioli)** Em julho de 2021, a promotoria da Argentina abriu um processo contra o ex-presidente do país Maurício Macri. Na ocasião, a denúncia era de:

a) Tráfico de influência na seleção dos ministros aliados e secretários das províncias.
b) Prevaricação ao não investigar denúncias de corrupção envolvendo ministros.
c) Pagamento de propina aos ministros da Suprema Corte em troca de favorecimento em julgamentos
d) Contrabando de munição / armas para a Bolívia em novembro de 2020.
e) Desvio de recursos do Fundo Monetário Internacional para contas em paraísos fiscais.

176. **(Prof. Rodolfo Gracioli)** " O poder Executivo da União Europeia abriu um procedimento de infração contra os países por causa de violações dos direitos da comunidade LGBTQIA+. A Comissão Europeia deu dois meses para os dois países se posicionarem e, caso considere as respostas insuficientes, pode denunciá-los ao Tribunal de Justiça da UE. Um dos países aprovou uma lei que proíbe a abordagem de temas relacionados a homossexualidade e identidade de gênero para menores de 18 anos e o outro é questionado pelas chamadas "zonas livres de LGBT".

Os países em questão são:

a) França e Eslovênia
b) Suíça e Noruega
c) Dinamarca e Espanha
d) Alemanha e Portugal
e) Hungria e Polônia

177. **(Prof. Rodolfo Gracioli)** "Em um ato inédito, o Vaticano desautorizou o grupo católico civil da Espanha "Verdad y Libertad", amplamente vinculado com práticas do tipo. De acordo com a revista espanhola "Vida Nueva", a Santa Sé teria orientado os bispos do país para que informassem a associação de que estes procedimentos não contam com o respaldo da Igreja Católica". Adaptado. (Fonte: TV Cultura – julho de 2021).

A questão vetada pelo Vaticano, de modo inédito, estaria relacionada a prática de:

a) Exorcismo
b) Interrupção da gravidez
c) Uso da pílula anticoncepcional
d) Terapias de conversão homossexual
e) Canonização de crianças

178. (Prof. Rodolfo Gracioli) Para conter a disseminação da covid-19 durante os Jogos Olímpicos de Tóquio, uma das ações do Comitê Olímpico Internacional foi:

a) Proibir os quartos coletivos e estabelecer dormitórios individuais com circuito de câmeras que funcionam 24 horas por dia.

b) Licenciar "agentes infiltrados" para monitoramento dos atletas durante o período em que não estiverem competindo.

c) Instalação de drones com capacidade térmica para fiscalização dos atletas alojados na vila olímpica, com relatórios diários.

d) Investir em camas de papelão para evitar relações sexuais entre os atletas, já que as camas suportam o peso de apenas uma pessoa.

e) Estabelecer o uso de robôs que realizarão todo o serviço funcional dentro da vila olímpica, evitando o contato de seres humanos com os atletas.

179. (Prof. Rodolfo Gracioli) "Oito das dez cidades com maiores taxas de mortes violentas intencionais do país ficam em regiões metropolitanas no entorno de quatro capitais do Nordeste. O dado consta no Anuário Brasileiro de Segurança Pública, divulgado em julho, pelo Fórum Brasileiro de Segurança Pública. O ranking inclui apenas os municípios brasileiros com mais de 100 mil habitantes e é referente aos registros de 2020. Dos 20 municípios com maiores taxas, 18 são da região Nordeste". Adaptado.

O município que lidera o ranking com mais mortes por 100 mil habitantes é:

a) Caucaia (CE)

b) Feira de Santana (BA)

c) Maracanaú (CE)

d) Camaçari (BA)

e) Nossa Senhora do Socorro (SE)

180. (Prof. Rodolfo Gracioli) Michaela Antonia Jaé Rodriguez, mais conhecida como Mj Rodriguez, é uma americana que entrou para a história em julho de 2021. Na ocasião, tornou-se:

a) Primeira homossexual assumida a alcançar o posto de suplente na prefeitura de Nova Iorque

b) Primeira mulher a conquistar uma vaga para a viagem espacial do bilionário Elon Musk

c) Primeira mulher a alcançar a titulação da cavalaria estadunidense, mais alta honraria.

d) Primeira mulher a dirigir a Agência Espacial dos EUA (Nasa)

e) Primeira mulher trans indicada ao Emmy na categoria principal de atuação

181. (Prof. Rodolfo Gracioli) "O Cleveland Indians, um dos times mais tradicionais da liga de beisebol dos Estados Unidos, vai mudar seu nome para Cleveland Guardians" (G1, julho de 2021).

Sobre o motivo da alteração de nome, assinale a alternativa correta:

a) Por décadas, a equipe foi criticada por indígenas americanos pelo uso de um mascote representando um indígena estereotipado.

b) A equipe tinha como membro associado do comitê gestor o ex-policial Derek Chauvin, condenado a 22 anos e meio de prisão pela morte de George Floyd.

c) A equipe foi acusada de financiar grupos supremacistas brancos o que gerou uma ampla mobilização dos torcedores pela mudança de rumos.

d) Nos últimos anos, a equipe tem sido constantemente associada a grupos extremistas que defendem o extermínio de indígenas.

e) A mudança de nome reflete a punição aplicada à equipe que teria corrompido árbitros em amplo esquema de corrupção do campeonato local.

182. (Prof. Rodolfo Gracioli) "Filha de imigrantes - sua mãe é japonesa e o pai é haitiano -, Naomi nasceu no Japão, mas migrou aos 3 anos para os Estados Unidos, onde vive até hoje. Apesar disso, ela escolheu representar seu país de origem durante os Jogos de Tóquio. Nesta sexta-feira (23), ela acendeu a pira olímpica e se tornou a primeira da modalidade a protagonizar o simbólico ato da cerimônia de abertura" (G1, julho de 2021).

Naomi Osaka pratica qual modalidade profissionalmente?

a) Basquete
b) Golf
c) Vôlei
d) Tênis
e) Ginástica artística

183. (Prof. Rodolfo Gracioli) Recentemente, o país em questão avançou em três temas amplamente polêmicos e divergentes: aprovou lei reserva 1% dos cargos públicos para travestis, transexuais e transgêneros; decidiu que cuidado com os filhos vai contar como tempo de serviço na hora em que a mulher pedir aposentadoria e anunciou que o "RG" permitirá o registro de pessoas não-binárias.

O país em questão é:

a) Canadá
b) México
c) Argentina
d) EUA
e) Alemanha

184. (Prof. Rodolfo Gracioli) "A Academia Brasileira de Letras (ABL) lançou, nesta semana, a sexta edição do Vocabulário Ortográfico da Língua Portuguesa (Volp), com mil palavras novas. O documento, que não era atualizado desde 2009, conta agora com 382 mil palavras oficialmente reconhecidas no português" (TV Cultura, julho de 2021).

Dentre as palavras inseridas na mais recente atualização, as únicas que não estão corretas são:

a) Negacionismo e pós-verdade
b) Sororidade e crossfit
c) Feminicídio e lockdown
d) Home Office e covid-19
e) Marxismo Cultural e bolsonarismo

185. (Prof. Rodolfo Gracioli) Na cerimônia de abertura das Olimpíadas de Tóquio, apenas 4 pessoas desfilaram pelo Brasil: o chefe de missão, Marco La Porta e mais um oficial administrativo acompanharam os atletas. O Comitê Olímpico Internacional exige no mínimo quatro integrantes da delegação para participar na cerimônia. Os atletas que participaram do desfile foram:

a) Marta, do futebol e Arthur Nory, da ginástica
b) Arthur Zanetti, das argolas e Rayssa Leal, do skate
c) Gabriel Medina, do Surf e Richarlison do futebol

d) Bruninho, do vôlei e Ketleyn Quadros, do judô
e) Nathalie Moellhausen, da esgrima e Ághata do vôlei de praia

186. (Prof. Rodolfo Gracioli) Com base nas diretrizes da comunidade da rede social, o Youtube tem removido alguns vídeos do presidente Jair Bolsonaro. Sobre a questão, assinale a alternativa incorreta:

a) As mídias violam as regras que proíbem a difusão de informações incorretas sobre a Covid-19, o que tem sido uma ação reiterada da plataforma.
b) Materiais retirados do ar indicavam que a cloroquina e a ivermectina são eficazes contra o novo coronavírus, o que não é confirmada nem pelos fabricantes.
c) Em alguns vídeos, o Presidente da República disse que as máscaras não são importantes no combate à pandemia.
d) Um dos vídeos removidos era uma live do dia 27 de maio, em que Bolsonaro sugeriu que se tome chás usados por indígenas para combater a Covid-19.
e)Alguns vídeos reforçam a ideia de que a vacina de origem chinesa, Coronavac, estaria associada a um plano comunista de rastrear a população e mudar o DNA.

187. (Prof. Rodolfo Gracioli) Em julho, um escândalo veio à tona na imprensa internacional e criou tensão pelo mundo. O episódio ficou conhecido como "Caso Pegasus" e envolve:

a) Invasão de smartphones de jornalistas, grupos de ativistas e políticos de oposição de 50, por um programa de espionagem israelense chamado Pegasus.
b) Um plano do governo norte coreano para realização de testes com mísseis nucleares no Oceano Atlântico, em parceria com o governo venezuelano de Nicolás Maduro.
c) Esquema de violação de dados utilizando um vírus do tipo "cavalo de troia" que teria capacidade de violar urnas eletrônicas do modelo utilizado pelo Brasil, mesmo sem acesso à internet.
d) Rede de pedofilia que oferecia assinatura para os conteúdos por meio de serviço de streaming utilizando a hospedagem na dark web, a camada mais profunda da internet e de difícil rastreamento.

188. (Prof. Rodolfo Gracioli) No dia 13 de julho, foi publicado no Diário Oficial da União o nome do indicado ao posto de Ministro do Supremo Tribunal Federal. A indicação é realizada pelo presidente da República e o mesmo precisa ser aprovado por sabatina no Senado.

Assinale a alternativa que apresenta o nome do indicado e o nome do ministro que se aposentou, respectivamente:

a) Anderson Torres; Celso de Mello
b) Augusto Aras; Luiz Fux
c) André Mendonça; Marco Aurelio Mello
d) Sergio Moro; Gilmar Mendes
e) Onyx Lorenzoni; Dias Toffoli

189. (Prof. Rodolfo Gracioli) "A Deputada Federal Bia Kicis (PSL) recebeu, na manhã desta quinta-feira (22), a deputada alemã Beatrix von Storch, vice-líder do partido "Alternative für Deutschland" (AfD)" (TV Cultura, julho de 2021).

Sobre a questão, assinale a alternativa incorreta:

a) O AfD (em português, Alternativa para Alemanha) é considerado um partido de extrema-direita, fundado em 2013.
b) Segundo o Museu do Holocausto, a iniciativa tem tendências "racistas, sexistas, islamofóbicas, antissemitas, xenófobas e forte discurso anti-imigração."
c) A ultradireitista Beatrix von Storch é neta de Lutz Graf Schwerin von Krosigk, ministro das Finanças na Alemanha Nazista.
d) O deputado federal Eduardo Bolsonaro, do PSL, mesmo partido de Bia Kicis, também se encontrou com a deputada alemã e reforço a pauta conservadora e de costumes que os unem, segundo o próprio deputado.
e) Após decisão da Justiça alemã pautada em investigações do setor de inteligência policial, o partido alemão será extinto a partir de 2022, pelo suposto envolvimento em atos extremistas.

190. (Prof. Rodolfo Gracioli) Faça a devida correspondência.

Texto I

"O parlamento de país aprovou nesta sexta-feira, 23, o fim da pena de morte no país, se tornando a 23ª nação da África a abolir a punição considerada como uma herança colonial no continente. O projeto foi aprovado por unanimidade, substituiu a pena de morte pela prisão perpétua, mas deu aos juízes critérios adicionais para considerar fatores atenuantes de penas em casos de traição ou de homicídio". Adaptado. (Jovem Pan, julho de 2021).

Texto II

"A organização do Miss Universo anunciou, nesta semana, que sua próxima edição será realizada em dezembro no país em questão. A notícia da cidade-sede pegou de surpresa os fãs do mundo miss, que apostavam em um país latino, principalmente Costa Rica, ou em Miami, nos EUA". Adaptado. (Fonte: Folha de S.Paulo, julho de 2021).

Os trechos dizem respeito, respectivamente:

a) Egito e Dubai
b) Serra Leoa e Israel
c) Tunísia e Emirados Árabes Unidos
d) África do Sul e Jordânia
e) Nigéria e Arábia Saudita

191. (Prof. Rodolfo Gracioli) Em maio de 2021, a China anunciou nova medida para tentar minimizar a queda da natalidade no país, fenômeno observado desde 2017. Sobre a medida, assinale a alternativa correta:

a) O país extinguiu a política de controle de natalidade. Com isso, os casais não terão limites de filhos pelos próximos 10 anos, até novo censo demográfico.
b) O país liberou que os casais tenham até dois filhos. A partir de 2031, será estabelecido o limite de 3 filhos por casal.
c) O país liberou que os casais tenham até três filhos. Em 2016, já havia sido autorizado que os casais tivessem dois filhos.
d) O país liberou que os casais tenham até quatro filhos, garantindo a contribuição tributária especial para casos onde o núcleo familiar exceder 6 pessoas.
e) O país retomou a limitação de um filho por casal na tentativa de homogeneizar a taxa de natalidade pelo país, marcado por ampla desigualdade demográfica.

192. (Prof. Rodolfo Gracioli)

Texto I

Em maio de 2021, o país tornou-se o 38º a ingressar na OCDE (Organização para Cooperação e Desenvolvimento Econômico), sendo o quarto país da América Latina. O processo de ingresso do país no chamado "clube dos ricos", teve início ainda em 2015.

Texto II

"Pedro Castillo assumiu a presidência nesta quarta-feira (28) sem tempo para respirar, diante do surto mais mortal de Covid-19 do mundo, tensões no seu partido socialista e um fraco apoio no Congresso em uma nação dividida. A ascensão repentina de Castillo, um ex-professor, abalou as estruturas da elite política tradicional e deixou produtores de cobre com medo de seus planos de aumentar impostos à mineração para financiar reformas de Saúde e Educação, e reformular a Constituição do país". Adaptado.

Os trechos dizem respeito, respectivamente:

a) México e Equador
b) Uruguai e Bolívia
c) Costa Rica e Peru
d) Brasil e Bolívia
e) República Dominicana e Paraguai

193. (Prof. Rodolfo Gracioli) Em junho de 2021, o Brasil foi eleito para o Conselho de Segurança da ONU. Sobre a questão, assinale a alternativa correta:

a) O Brasil se junta à China, Rússia, Estados Unidos, França e Reino Unido como membro permanente do Conselho, tendo o poder de veto.
b) A eleição inédita do país para o Conselho permitirá que o Brasil tenha direito de veto ao longo do biênio 2022-2023.
c) Na ocasião, o Brasil foi eleito de modo unânime – sem nenhuma abstenção ou voto em outras nações / votos inválidos.
d) O Brasil ocupará o assento de membro não permanente pela 11ª vez. A última vez havia sido no biênio 2010-2011.
e) O Brasil substitui a Argentina no Conselho, como membro permanente, sendo o representante de destaque da América do Sul.

194. (Prof. Rodolfo Gracioli) Em 2021, a Guerra da Síria completou 10 anos. Sobre a questão, assinale a alternativa incorreta:

a) Quase 500 mil pessoas morreram em 10 anos de guerra, segundo o Observatório Sírio para os Direitos Humanos (OSDH).
b) A intensidade dos combates caiu desde 2020, sobretudo graças a um cessar-fogo no noroeste da Síria que inclui a cidade de Idlib, o último reduto extremista e rebelde.
c) Segundo dados do Alto Comissariado da ONU para Refugiados (Acnur), são cerca de 6,7 milhões de refugiados sírios – maior contingente de refugiados no mundo (grande parte deslocado para a Turquia).
d) Em maior, o presidente Bashar Al-Assad, no poder desde 2000, perdeu a reeleição que seria para um quarto mandato. Assim, destituiu o Congresso e aplicou um golpe de Estado para se manter no poder.
e) Segundo as Nações Unidas, os ataques contra civis também foram praticados por outras intervenções no conflito, como o grupo radical Estado Islâmico, as milícias curdas, a aliança islâmica Hayat Tharir al Sham (a antiga Frente al Nusra).

195. (Prof. Rodolfo Gracioli) Duas operações policiais ganharam destaque ao longo do ano de 2021 - cada uma, dentro da sua área de atuação, mas ambas de elevada repercussão.

Texto I

"Neste domingo (06), a operação mais letal do Rio de Janeiro completa um mês. A ação planejada pela Polícia Civil para cumprir mandados de prisão contra o tráfico de drogas e suspeitos de outras práticas criminosas terminou em um confronto marcado pela violência e as mortes de 28 pessoas, entre elas, um agente da Delegacia de Combate às Drogas". (CNN, junho de 2021).

Texto II

"A Polícia Federal prendeu nesta sexta-feira (19) dois hackers suspeitos de participação no maior vazamento de dados do Brasil. Um deles foi encontrado em Uberlândia (MG), e o outro, em Petrolina (PE). De acordo com a investigação, os criminosos seriam responsáveis pelo vazamento de dados de 223 milhões de brasileiros, incluindo pessoas falecidas, além de 40 milhões de CNPJs". Adaptado. (G1, março de 2021).

Assinale a alternativa que apresenta o nome das operações em questão, respectivamente:

a) Operação Xepa e Operação Ciber
b) Operação Pulso e Operação
c) Operação Enterprise e Operação Background
d) Operação Hórus e Operação Dark Side
e) Operação Exceptis e Operação Deepwater

196. (Prof. Rodolfo Gracioli) "Lembrar os nomes científicos das variantes da Covid-19, por exemplo B.1.617, B.1.1.7 ou B.1.351, é muito difícil, mas a OMS simplificará as coisas utilizando letras gregas. A ideia é ter nomes "fáceis de pronunciar e lembrar", mas também evitar que o público em geral e a imprensa usem nomes que "estigmatizem e discriminem", afirmou a Organização Mundial da Saúde (OMS) em nota". (G1, maio de 2021).

Sobre a questão, assinale a alternativa que apresenta a correspondência incorreta:

a) Variante Alpha - Reino Unido
b) Variante Beta - África do Sul
c) Variante Kappa - Brasil
d) Variante Delta - Índia
e) Variante Epsilon -EUA

197. (Prof. Rodolfo Gracioli) Em junho de 2021, com base nos dados da Austin Rating que se utiliza do PIB nominal, o Brasil ocupava o posto de 13ª maior economia do mundo. Até a divulgação do resultado do PIB 2020 (retração de 4,1%), éramos a 9ª maior economia. Desde então, os países que ultrapassaram o Brasil foram:

a) Índia, França, Itália e Noruega
b) Canadá, Coreia do Sul, Rússia e Austrália
c) Espanha, Reino Unido, Uruguai e Costa Rica
d) México, Cingapura, Tailândia e Nigéria
e) Finlândia, Suíça, Dinamarca e França.

198. (Prof. Rodolfo Gracioli) Observe os fragmentos de texto para fazer a correspondência.

Texto I

Entre janeiro e julho de 2021, o país descriminalizou o aborto até a 14ª semana de gestação, aprovou lei reservando 1% dos cargos públicos para travestis, transexuais e transgêneros e criou documento de identidade nacional para pessoas não-binárias.

Texto II

O país, que após protestos desencadeados em 2019 formou uma Assembleia Constituinte com 155 cidadãos eleitos para redação de uma nova Constituição, em julho de 2021, viu o Senado avançar em projeto que permite o casamento entre pessoas do mesmo sexo, além da adoção e filiação.

Texto III

Desde o início de abril, o país é tomado por protestos contra uma reforma tributária apresentada pelo governo. Até julho, eram cerca de 60 pessoas mortas, além de vários cidadãos presos. A Comissão Interamericana de Direitos Humanos (CIDH), que visitou o país em meio aos protestos, denunciou a resposta das forças de segurança como "desproporcional" e "letal".

Assinale a alternativa que apresenta, respectivamente, os países em questão:

a) Argentina; Chile e Colômbia
b) Bolívia; Uruguai e Equador
c) Paraguai, Peru e Chile
d) Colômbia, Paraguai e Argentina
e) Venezuela, Guiana e Suriname

199. (Prof. Rodolfo Gracioli) Sobre a atuação da Assembleia Legislativa do Estado de São Paulo, assinale a alternativa incorreta:

a) Em junho, a Assembleia Legislativa de São Paulo aprovou um projeto de lei que suspendeu despejos, remoções e reintegrações de posse, judiciais e extrajudiciais, em todas as cidades do estado durante a pandemia.
b) Em maio, os deputados da Assembleia Legislativa de São Paulo (Alesp) aprovaram um projeto que proibiu a queima, comercialização, armazenamento e transporte de fogos de artifício e demais artefatos pirotécnicos com estampido dentro do estado.
c) A Assembleia Legislativa (Alesp) aprovou por unanimidade uma resolução que determinou a perda temporária do mandato do deputado Fernando Cury (Cidadania) por 180 dias no processo em que a deputada Isa Penna (PSOL) o acusou de importunação sexual.
d) Em junho, a Assembleia Legislativa do Estado de São Paulo decidiu que ao menos 60% dos cargos ocupados por servidores públicos estaduais nas Delegacias de Polícia de Defesa da Mulher deverão ser preenchidos por mulheres.
e) Em abril, a Assembleia Legislativa aprovou, após intensa discussão, projeto de lei que proíbe a veiculação de propagandas com a presença de LGBTs. A justificativa foi que o conteúdo causa desconforto emocional a inúmeras famílias, além de estabelecer prática não adequada a crianças".

200. (Prof. Rodolfo Gracioli) "O Sítio Burle Marx, legado do paisagista brasileiro que criou o conceito de jardim tropical moderno, se tornou Patrimônio Mundial da humanidade. O reconhecimento foi dado por um comitê da agência especializada da ONU que atua no segmento". Adaptado. (Globo, julho de 2021).

Assinale a alternativa que apresenta a localidade do Sítio Burle Marx e a agência da ONU responsável pelo reconhecimento dos patrimônios mundiais da humanidade:

a) Brasília; Acnur

b) Rio de Janeiro; Unesco
c) São Paulo; FAO
d) Pernambuco; OIT
e) Alagoas; Unicef

201. (Prof. Rodolfo Gracioli) "A maior quantidade de plantações de drogas do mundo está na região de fronteira dos países, segundo revelou a ONU no relatório de 2020, que mais uma vez classifica um deles como o primeiro produtor de cocaína, apesar de uma redução das colheitas". Adaptado. (Uol, julho de 2021).

O fronteira em questão é:

a) Bolívia e Paraguai
b) Argentina e Uruguai
c) Peru e Equador
d) Colômbia e Venezuela
e) Bolívia e Chile

202. (Prof. Rodolfo Gracioli) "A vereadora de São Paulo Luana Alves (PSOL) propôs a substituição da estátua de Borba Gato, em Santo Amaro, na Zona Sul da capital, por uma de Tereza de Benguela, líder quilombola do século 18". No dia 24 de julho, a estátua de Borba Gato foi incendiada. Um grupo desembarcou de um caminhão, espalhou pneus pela via e nos arredores do monumento e ateou fogo. Borba Gato:

a) Foi um senhor de escravos responsável pela edificação do maior mercado de escravos da América Latina, localizado onde hoje é a Avenida Paulista.
b) Foi um grande barão de café, responsável pela expansão agrícola paulista e um dos políticos influentes da política do café com leite.
c) Foi um dos mais célebres bandeirantes, participou da importante expedição chefiada por Fernão Dias, em busca das sonhadas esmeraldas.
d) Foi um soldado brasileiro que participou da 2ª Guerra Mundial e acabou investindo contra o Exército brasileiro.
e) Foi um vereador de São Paulo envolvido em um amplo esquema de pedofilia descoberto décadas após sua morte.

203. (Prof. Rodolfo Gracioli) "Duas brasileiras conseguiram feitos inéditos em Tóquio. Rebeca Andrade conquistou a primeira medalha da modalidade da história do Brasil em Jogos Olímpicos, e Mayra Aguiar se tornou a primeira brasileira a ganhar três medalhas olímpicas em um esporte individual".

As modalidades de Rebeca e Mayra são, respectivamente:

a) Natação e Skate
b) Canoagem e Tênis
c) Badminton e Surf
d) Ginástica artística e judô
e) Ciclismo e esgrima

204. (Prof. Rodolfo Gracioli) Em julho, avançando na corrida espacial, o bilionário Jeff Bezos fez sua primeira viagem. Sobre a questão, assinale a alternativa incorreta:

a) A viagem de curta duração, acompanhada por toda a comunidade internacional, foi a bordo de espaçonave de sua empresa Blue Origin.
b) Acompanhado de mais 3 tripulantes, Bezos entrou para a história por realizar a primeira viagem espacial nesse formato, já que a de Richard Bronson acabou sendo adiada por problemas técnicos.
c) A viagem aconteceu sem nenhum piloto na aeronave, que utilizou condução autônoma.
d) Wally Funk, de 82 anos, se tornou a pessoa mais velha a ir ao espaço na viagem junto com Jeff Bezos. Em 1960, ela era a participante mais jovem de um programa de treinamento de astronautas.
e) O holandês Oliver Daemen, de 18 anos, se tornou o mais jovem a ir ao espaço e a primeira pessoa que pagou por isso.

205. (Prof. Rodolfo Gracioli) "O governador do Estado de São Paulo, João Doria (PSDB), assinou nesta sexta-feira (18) um projeto de lei que cria a Região Metropolitana da cidade (RMP). Região metropolitana é um recorte político-espacial que envolve uma cidade central (metrópole) e sua oficialização permite a realização de ações conjuntas em aspectos econômico, social e político. O governador tinha se comprometido a assinar o projeto até 1º de agosto, dia do aniversário da cidade". Adaptado. (Fonte: G1, julho de 2021).

A região metropolitana em questão é:

a) Campinas
b) Ribeirão Preto
c) Piracicaba
d) Limeira
e) Bauru

206. (Prof. Rodolfo Gracioli) Um dos feitos inéditos das olimpíadas de Tóquio foi a participação da primeira transgênero. A atleta Laurel Hubbar, da Nova Zelândia, competiu como homem até os 30 anos, em 2013, realizou a transição e atualmente está com 43 anos. A modalidade da atleta é:

a) Natação
b) Atletismo
c) Levantamento de peso
d) Ciclismo
e) Tiro ao alvo

207. (Prof. Rodolfo Gracioli) "Um tribunal retirou a cidadania do país concedida ao fundador do WikiLeaks, o australiano Julian Assange, em 2017. A decisão foi tomada a pedido do próprio Ministério das Relações Exteriores do país, mas ainda cabe recurso. O motivo para a revogação é que o australiano teria passado informações falsas em seu pedido de naturalização. Assange viveu refugiado na Embaixada do país em Londres durante sete anos, mas agora está preso em uma penitenciária de segurança máxima no Reino Unido e aguarda a conclusão de um processo de extradição para os Estados Unidos". Adaptado.

O país em questão que retirou a cidadania é:

a) Chile
b) Equador
c) Bolívia

d) Uruguai
e) Argentina

208. **(Prof. Rodolfo Gracioli)** Sobre as vacinas contra a covid-19, assinale a alternativa incorreta:

a) Uma versão da vacina contra a Covid-19 que pode ser inalada, produzida pela CanSino BioLogics, desencadeou respostas imunológicas sem efeitos colaterais graves, segundo ensaio clínico em estágio inicial.
b) Cuba se tornou oficialmente o primeiro país latino-americano com vacina própria contra a covid-19. Soberana 01, Soberana 02 e Soberana Plus, Abdala e Mambisa são as vacinas experimentais.
c) Em julho, a Anvisa (Agência Nacional de Vigilância Sanitária) autorizou o Butantan a iniciar a vacinação de voluntários do estudo clínico da vacina ButanVac. O imunizante será totalmente produzido em território brasileiro.
d) Em julho, o Uruguai anunciou que os vacinados com duas doses da CoronaVac poderão receber uma terceira dose da vacina da Pfizer.
e) Após uma série de testes clínicos com a crianças e adolescentes, autoridades sanitárias de diferentes países vetaram o uso da CoronaVac para essas idades.

209. **(Prof. Rodolfo Gracioli)** "O Brasil fez história na modalidade ao ter a primeira mulher apitando uma partida entre times masculinos nas Olimpíadas. Aos 41 anos, Andreia Regina da Silva foi a primeira mulher na história das Olimpíadas a apitar um jogo da modalidade em questão. Ela comandou o apito na vitória dos Estados Unidos sobre o Irã, na segunda rodada da fase de grupos". Adaptado. (Fonte: Uol, julho de 2021).

Qual a modalidade em questão?

a) Vôlei
b) Futebol
c) Basquete
d) Handebol
e) Rugby

210. **(Prof. Rodolfo Gracioli)** O Comitê Olímpico Brasileiro (COB) anunciou premiação para os atletas brasileiros que conquistarem medalhas. No caso, em premiações individuais como o skate e surf, o valor pago para cada atleta em caso de medalha de ouro, prata e bronze, respectivamente:

a) 500 mil reais; 350 mil reais e 100 mil reais
b) 400 mil reais; 200 mil reais e 80 mil reais
c) 250 mil reais; 150 mil reais e 100 mil reais
d) 100 mil reais; 50 mil reais e 30 mil reais
e) 50 mil reais; 30 mil reais e 10 mil reais

211. **(Prof. Rodolfo Gracioli)** "A Polícia Federal determinou a abertura de inquérito para apurar o vazamento de depoimentos sigilosos enviados pela PF à CPI da Covid. Esses depoimentos faziam parte de duas investigações em andamento na Polícia Federal, uma sobre suspeita de prevaricação do presidente Jair Bolsonaro e outra sobre a compra da vacina Covaxin". (Fonte: O Globo, agosto de 2021).

Sobre a CPI da covid-19, assinale a alternativa que apresenta o presidente e o relator, respectivamente:

a) Randolfe Rodrigues (Rede/AP) e Eduardo Girão (Podemos/CE)
b) Otto Alencar (PSD/BA) e Marcos Rogério (DEM/RO)
c) Omar Aziz (PSD/AM) e Renan Calheiros (MDB/AL)
d) Humberto Costa (PT/PE) e Alessandro Vieira (Cidadania/SE)
e) Jader Barbalho (MDB/PA) e Flávio Bolsonaro (Patriota/RJ)

212. (Prof. Rodolfo Gracioli) Segundo o Anuário Brasileiro de Segurança Pública, com dados referentes ao ano de 2020 e divulgação feita pelo Fórum Brasileiro de Segurança Pública em julho de 2021, entre as cidades com mais de 100 mil habitantes, a mais violenta do Brasil (taxa de 98,6 mortes por 100 mil habitantes) foi:

a) Caucaia, Ceará
b) Cabo de Santo Agostinho, Pernambuco.
c) Feira de Santana, Bahia.
d) Simões filho, Bahia.
e) Maracanaú, Ceará.

213. (Prof. Rodolfo Gracioli) Em julho de 2021, o ministro Marco Aurélio Melo se aposentou. Dessa forma, abriu uma vaga no Supremo. Sobre a questão, assinale a alternativa incorreta:

a) O presidente da república indicou André Mendonça para a vaga.
b) Para ser indicado, dentro outros fatores, é preciso ser brasileiro nato.
c) A indicação deve respeitar a limitação de idade: entre 35 e 65 anos.
d) É preciso ser formado em direito e ter carreira na magistratura.
e) Após indicação do presidente, é preciso que o indicado seja aprovado em sabatina no Senado.

214. (Prof. Rodolfo Gracioli) Assinale a alternativa que apresente, respectivamente, a origem da vacina Covaxin e a vacina de dose única utilizada no Brasil:

a) China; Astrazeneca
b) Índia; Janssen
c) Rússia; Coronavac
d) Reino Unido; Abdala
e) EUA; Sputnik V

215. (Prof. Rodolfo Gracioli) "O governador do Estado de São Paulo, João Doria (PSDB), assinou nesta sexta-feira (18) um projeto de lei que cria a Região Metropolitana da cidade (RMP). Região metropolitana é um recorte político-espacial que envolve uma cidade central (metrópole) e sua oficialização permite a realização de ações conjuntas em aspectos econômico, social e político. O governador tinha se comprometido a assinar o projeto até 1º de agosto, dia do aniversário da cidade". Adaptado. (Fonte: G1, julho de 2021).

A região metropolitana em questão é:

a) Campinas
b) Ribeirão Preto
c) Piracicaba

d) Limeira
e) Bauru

216. (Prof. Rodolfo Gracioli) Recentemente, algumas mudanças foram realizadas nos ministérios. Sobre a questão, assinale a alternativa incorreta:

a) O Ministério do Trabalho e Previdência Social foi recriado, tendo Onyx Lorenzoni à frente da pasta.
b) Ciro Nogueira (PP/PI) assumiu a Casa Civil, no lugar de Luiz Eduardo Ramos.
c) O então ministro do Meio Ambiente, Ricardo Salles, foi exonerado. Em seu lugar assumiu Joaquim Leite.
d) O antigo ocupante da Casa Civil, Luiz Eduardo Ramos, foi deslocado para a Secretária-Geral da Presidência no lugar de Onyx Lorenzoni.
e) O Ministério do Trabalho surgiu do desmembramento do Ministério da Cidadania.

217. (Prof. Rodolfo Gracioli) Sobre as decisões do Supremo Tribunal Federal nos últimos meses, assinale a alternativa incorreta:

a) Funcionários de estatais não podem permanecer trabalhando após a aposentadoria, segundo STF.
b) De modo unânime, a realização da Copa América foi liberada a partir da decisão dos ministros.
c) O STF decidiu que o Censo Demográfico deverá ser realizado no ano de 2022.
d) Por 10 votos a 1, foi liberada a aplicação do concurso da Polícia Federal.
e) Por 6 votos a 5, o STF decidiu pela obrigatoriedade do comparecimento de governadores na CPI da covid-19.

218. (Prof. Rodolfo Gracioli) "Em agosto, o procurador-geral da República vai passar por nova sabatina na Comissão de Constituição e Justiça (CCJ). Ele foi indicado pelo presidente Jair Bolsonaro para um segundo mandato à frente do órgão. Depois da sabatina, a indicação precisará ser aprovada pelo Plenário do Senado. Como em 2019, o nome dele não está na lista tríplice da Associação Nacional dos Procuradores da República". (Fonte: Agência Senado, agosto de 2021).

Trata-se de:

a) Arthur Lira
b) Rodrigo Pacheco
c) André Mendonça
d) Augusto Aras
e) Anderson Nascimento

219. (Prof. Rodolfo Gracioli) Em agosto, o lançamento de uma nova edição da boneca Barbie chamou a atenção. Trata-se de uma homenagem a Jaqueline Góes de Jesus. Sobre a personagem, destaque a alternativa correta:

a) Ela coordenou a equipe que sequenciou o genoma do SARS-CoV-2 apenas 48 horas após a confirmação do primeiro caso de Covid-19 no Brasil.
b) Ela se tornou a primeira brasileira a ser eleita para um cargo político. Na época, em 1946, tornou-se vereadora de Natal, Rio Grande do Norte.

c) Ela foi a primeira brasileira a conseguir uma medalha na ginástica olímpica. O feito foi conquistado durante as Olimpíadas de Tóquio, no Japão.
d) Ela foi a primeira mulher da diplomacia brasileira, representando o Brasil em missões de paz da ONU no Haiti e no Congo.
e) Ela foi o símbolo da luta feminista durante o início da década de 1970, encabeçando a luta pelo direito de voto da mulher no contexto de coronelismo.

220. (Prof. Rodolfo Gracioli) "O Banco Central do país anunciou, nesta quinta-feira (5), a terceira reconversão monetária em pouco mais de uma década. A partir de 1º de outubro, seis zeros da moeda nacional serão eliminados e passará a valer a versão digital.Com a decisão, todos os valores monetários expressos em moeda nacional serão divididos por 1.000.000. Em 2020, a inflação ultrapassou 4.000% em 12 meses no país". Adaptado. (Fonte: G1, agosto de 2021).

O país em questão é:

a) Cuba
b) El Salvador
c) Venezuela
d) Bolívia
e) Paraguai

221. (Prof. Rodolfo Gracioli) "O Comitê Olímpico Internacional (COI) anunciou nesta sexta-feira (06/08) que retirou as credenciais de dois treinadores de Belarus e lhes pediu para deixarem a Vila Olímpica por terem supostamente tentado obrigar a atleta Krystsina Tsimanouskaya a voltar para seu país". (Fonte: DW Brasil, agosto de 2021). A situação de Belarus é bastante comentada nos últimos meses. Assinale a alternativa correta sobre o cenário atual do país:

a) O governo de Alexander Lukashenko tem sido acusado de perseguir homossexuais com campos de concentração e zonas livres de LBGTQIA+.
b) O país aprovou a pena de morte para relação entre pessoas do mesmo sexo. Além disso, ficou proibida a adoção de crianças por casais homossexuais.
c) Comandada por Alexander Lukashenko há cerca de 30 anos, a nação é considerada a "última ditadura da Europa".
d) O país aprovou a proibição de turistas vacinados com a Coronavac de ingressarem em seu território pelos próximos 5 anos.
e) O país lidera uma campanha comunista pela Europa tendo o apoio da China, Rússia e Cuba – uma tentativa de golpe de Estado foi descoberta em julho.

222. (Prof. Rodolfo Gracioli) A jogadora da seleção brasileira de vôlei Tandara Caixeta foi afastada das Olimpíadas e suspensa provisoriamente da seleção feminina por:

a) Ter descumprido as normas sanitárias durante as Olimpíadas e se encontrado com familiares hospedados no Japão.
b) Insultar a equipe adversária com injúrias homofóbicas após o término de partida realizada pela primeira fase da competição.
c) Desacatar publicamente o treinado José Roberto durante coletiva após partida que garantiu a vaga da seleção brasileira para a final do torneio.
d) Ter sido identificado o uso da substância ostarina em seu exame antidoping. A substância pertence a uma classe de anabolizantes.

e) Ter realizado gestos políticos criticando o governo do presidente Jair Messias Bolsonaro, após partida realizada contra o Comitê Olímpico Russo.

223. (Prof. Rodolfo Gracioli) "O presidente dos Estados Unidos, Joe Biden, afirmou nesta terça-feira que o governador de Nova York, Andrew Cuomo, deveria renunciar ao cargo devido às acusações. "Acho que ele deveria renunciar", declarou Biden, que é do Partido Democrata, o mesmo de Cuomo, durante entrevista coletiva na Casa Branca". Adaptado. (Fonte: Uol, agosto de 2021). A acusação contra o governador é de:

a) Superfaturar a compra de respiradores no contexto da pandemia.
b) Interferir na campanha de vacinação para privilegiar familiares.
c) Proferir insultos racistas contra manifestantes do Black Lives Matter.
d) Negligenciar políticas públicas para a população em situação de rua.
e) Assediar várias mulheres, sendo a maioria funcionárias e ex-funcionárias.

224. (Prof. Rodolfo Gracioli) Observe os trechos e faça a correspondência.

Texto I

"O país proibiu hoje o uso de protetores solares em seus parques nacionais marinhos, uma vez que eles contêm produtos químicos que danificam os recifes de coral. As praias são destinos populares para milhões de turistas, mas cresce uma preocupação de que as loções usadas para se protegerem do sol tropical estejam danificando os delicados corais. A multa pode chegar até R15,7 mil reais". Adaptado. (Fonte: Uol, agosto de 2021).

Texto II

"Uma medalha de ouro é a ambição, mas Quinn já fez história nas Olimpíadas de Tóquio em 2020 ao se tornar a primeira pessoa transgênero e não-binária a ganhar uma medalha. A vitória veio na modalidade do futebol". Adaptado. (Fonte: CNN Brasil, agosto de 2021).

A alternativa que apresenta a correspondência correta, respectivamente:

a) Tailândia e Canadá
b) Alemanha e EUA
c) Austrália e Suécia
d) Nova Zelândia e Suíça
c) Espanha e Holanda

225. (Prof. Rodolfo Gracioli) A questão humanitária dos refugiados é uma das grandes problemáticas da contemporaneidade. Em junho, a entidade da ONU que lida com a questão emitiu um novo relatório apontando o drama dos refugiados. Assinale a alternativa que apresente, respectivamente, o nome da entidade em questão; o país com o maior número de refugiados no mundo e o país que mais recebe refugiados atualmente:

a) OMM; Afeganistão; Bangladesh
b) OIT; Sudão; Etiópia
c) Unesco; Venezuela; Colômbia
d) Unicef; Iraque; Alemanha
e) Acnur; Síria; Turquia

226. (Prof. Rodolfo Gracioli) Sobre a operação mais letal da história do Rio de Janeiro, no Jacarezinho, assinale a alternativa incorreta:

a) Foram 28 pessoas mortas durante a operação (inclusive, um agente policial que participava da operação acabou sendo uma das vítimas).

b) O Ministério Público / RJ criou força-tarefa exclusiva para apurar mortes no Jacarezinho. A Força tarefa conta com apoio da Superintendência da Polícia Técnico-Científica de São Paulo.

c) Em resposta sobre mortes no Jacarezinho, o governo federal afirmou à ONU que promove formação policial voltada à 'cultura de paz'.

d) Na época do ocorrido, Daniela Mercury e Wagner Moura assinaram carta pedindo justiça. Na carta pediam que fosse divulgado o nome completo de todas as vítimas.

e) A operação chamada de Exceptis teve o aval do Supremo Tribunal Federal. A crítica se deu pois foi uma decisão liminar (provisória) de Gilmar Mendes, o que gerou desgaste interno.

227. (Prof. Rodolfo Gracioli) Durante as Olimpíadas de Tóquio, os atletas da Rússia não apareceram com a bandeira do país, que também não foi exibida no quadro de medalhas. O hino russo também não era tocado. Em seu lugar ouvimos o Concerto para Piano nº 1, de Tchaikovsky. Qual a justificativa?

a) O país foi banido de competições internacionais devido a um grande escândalo de doping. Em 2019, a Agência Mundial Antidoping, concluiu pela condenação da Rússia com a suspensão de competições internacionais por quatro anos (reduzido para 2 anos)

b) O país foi banido de competições internacionais após denúncias de exploração sexual de atletas de modalidades femininas e exploração do trabalho no caso de atletas masculinos. O caso foi denunciado pela oposição do regime de Vladimir Putin.

c) O país foi banido de competições internacionais devido às denúncias de violações que escandalizaram o mundo desde o ano de 2018 – ano da Copa do Mundo de Futebol. A federação internacional decidiu pela suspensão por 4 anos.

d) O país foi banido de competições internacionais devido por conta do impedimento de vacinação dos atletas com vacinas que não fossem de fabricação russa. Dessa forma, pela campanha de ataques às vacinas de outras nacionalidades, a federação aplicou o gancho no país.

e) O país foi banido de competições internacionais devido um amplo esquema de corrupção descoberto na federação russa que envolvia o pagamento de árbitros e diferentes modalidades. Além disso, o país foi acusado de financiar o esporte em países antidemocráticos.

228. (Prof. Rodolfo Gracioli) Considerando os dados da Austin Rating, com o resultado do PIB de 2020 (retração de 4,1%), o Brasil caiu de 9ª para 12ª economia global (fomos ultrapassados por Canadá, Coreia do Sul e Rússia). Com o resultado parcial de 2021, o Brasil caiu mais uma posição (para a 13ª posição), sendo ultrapassado por:

Trata-se de:

a) México

b) Cingapura

c) Tailândia

d) Nova Zelândia

e) Austrália

229. (Prof. Rodolfo Gracioli) "A Corregedoria Geral do Tribunal de Justiça de SP (TJ-SP) editou na terça-feira (27) uma resolução estabelecendo que é de competência da entidade a responsabilidade pela investigação de homicídios dolosos praticados por policiais militares contra civis no estado de São Paulo". (Fonte: G1, agosto de 2021).

a) Polícia Federal

b) Polícia Penal

c) Polícia Militar
d) Guarda municipal
e) Polícia Civil

230. (Prof. Rodolfo Gracioli) "Ao todo, 111 presos foram mortos durante invasão da PM no dia 2 de outubro de 1992 para conter rebelião na Casa de Detenção na Zona Norte da capital paulista. No tumulto, outros 34 detentos teriam sido mortos pelos próprios colegas de cela. Os PMs alegaram que atiraram nos presos para se defender e que cumpriam ordens superiores, em missão operacional". (Fonte: G1, junho de 2021).

Recentemente, um ministro do Superior Tribunal de Justiça:

a) Anulou decisão do TJ/SP e restabeleceu condenações de PMs feitas em júris.
b) Ampliou as penas que, somadas, superam a casa dos 982 anos de reclusão.
c) Substituiu as penas dos policiais envolvidos por prestação de serviço comunitário.
d) Extinguiu as penas com a alegação de falta de provas concretas do dia do fato.
e) Alterou a pena de reclusão para detenção, o que permitiu liberdade provisória para os condenados.

231. (Prof. Rodolfo Gracioli) "O uso da linguagem neutra virou uma questão judicial depois que o Partido dos Trabalhadores (PT) ajuizou uma Ação Direta de Inconstitucionalidade (ADI), no Supremo Tribunal Federal (STF), contra um decreto estadual que proíbe o uso de termos "sem gênero" em escolas e órgão públicos locais".

O estado brasileiro que aprovou a legislação em junho de 2021 foi:

a) São Paulo
b) Minas Gerais
c) Rio Grande do Sul
d) Santa Catarina
e) Bahia

232. (Prof. Rodolfo Gracioli) "O ex-deputado federal Roberto Jefferson, presidente nacional do PTB, foi levado à tarde para um presídio do Complexo de Bangu, na Zona Oeste do Rio. Jefferson ficará detido em Bangu 8, presídio para onde são levados detentos com curso superior. Sobre a motivação da prisão, assinale a alternativa correta:

a) O inquérito investiga a organização e o funcionamento de uma milícia digital voltada a ataques à democracia
b) O inquérito investiga o superfaturamento de compras de respiradores com intermédio do ex-deputado.
c) O inquérito investiga o tráfico de influências com a nomeação de parentes como assessores.
d) O inquérito investiga a simulação de compra de vacina com valor de propina.
e) O inquérito investiga o esquema de "rachadinhas" que teria sobrinhos do ex-deputado como "laranjas".

233. (Prof. Rodolfo Gracioli) "O Ministério Público propôs que a ex-mulher de Lázaro Barbosa, a mãe dela e a viúva dele paguem R$ 550 para encerrar o processo contra elas. As três foram indiciadas por ajudar o foragido a fugir da polícia". (G1, agosto de 2021).

Após 20 dias de busca, Lázaro Barbosa acabou morrendo durante confronto, na cidade de:

a) Goianésia

b) Goiânia
c) Cocalzinho
d) Águas Lindas de Goiás
e) Ceilândia

234. **(Prof. Rodolfo Gracioli)** Observe os fragmentos para fazer a devida correspondência.

Texto I

"O grupo terrorista chegou neste domingo (15) a Cabul e entrou na capital do Afeganistão após horas de cerco e a fuga do presidente, Ashraf Ghani. O grupo extremista, que defendia uma rendição pacífica do governo, afirmou ter tomado controle do palácio presidencial. Abdullah Abdullah, ex-vice-presidente e chefe do Conselho Superior para a Reconciliação Nacional, disse que Ghani "abandonou a nação". Adaptado. (G1, agosto de 2021)

Texto II

"O líder do grupo militante do Estado Islâmico da Província da África Ocidental (ISWAP) disse em gravação de áudio obtida pela Reuters que Abubakar Shekau, líder do grupo terrorista em questão, está morto. A informação foi divulgada no domingo". Adaptado. (Poder 360, junho de 2021).

Texto III

"As Forças de Defesa de Israel confirmaram nesta terça-feira (15) que iniciaram novos bombardeios na Faixa de Gaza. Segundo o exército israelense, os ataques foram feitos contra bases do grupo extremista em questão, que controla a região, em resposta aos balões incendiários lançados contra o território israelense". Adaptado. (G1, junho de 2021).

A alternativa que apresenta a respectiva correspondência é:

a) Estado Islâmico; Al Shabab e IRA
b) Talebã; ETA e Estado Islâmico
c) Al-Qaeda; Estado Islâmico e FARC
d) Hezbollah; Boko Haram e Estado Islâmico
e) Talebã; Boko Haram e Hamas

235. **(Prof. Rodolfo Gracioli)**

Texto I

"Durante um evento em Belo Horizonte, nesta quinta-feira (12), o ministro de Minas e Energia anunciou que vai lançar no dia 1º de setembro um programa de bonificação para quem reduzir o consumo de energia elétrica. Essa medida tem como objetivo evitar um apagão, tendo em vista que o Brasil passa pela maior crise hídrica os últimos 91 anos. E 68% da produção de energia do Brasil vem de hidrelétricas". Adaptado. (G1, agosto de 2021).

Texto II

"O ministro da Infraestrutura nesta 6ª feira (6.ago.2021) que a população verá o Brasil se transformando em um "canteiro de obras" entre 2024 e 2027. Ele participou de uma edição do Flow Podcast. "A infraestrutura é tema de Estado. Não dá para pensar no governo, na eleição. A gente tem que ter esse discernimento para fazer as escolhas corretas. Depois o Brasil vai colher lá na frente. É importante deixar o fruto", declarou". Adaptado. (Poder 360, agosto de 2021).

Os ministros retratados nos fragmentos, são, respectivamente:

a) Onyx Lorenzoni e Marcelo Queiroga
b) Paulo Guedes e Ciro Nogueira

c) Bento Albuquerque e Tarcísio de Freitas
d) Luiz Eduardo Ramos e Marcos Pontes
e) André Mendonça e Milton Ribeiro

236. (Prof. Rodolfo Gracioli) "A empresa fechou nesta sexta-feira, 11, um acordo em que prevê o pagamento de R$ 115 milhões no âmbito de um Termo de Ajustamento de Conduta (TAC) com autoridades do estado após o espancamento e morte de João Alberto Silveira Freitas, o Beto Freitas. O crime ocorreu em novembro de 2020 em uma unidade do supermercado na cidade. O valor vai ser aplicado ao longo de três anos em uma série de ações divulgadas pela empresa". Adaptado. (Correio Braziliense, junho de 2021).

Assinale a alternativa que apresenta a empresa em questão, assim como a cidade onde ocorreu o fato:

a) Ambev; Florianópolis
b) Unilever; Curitiba
c) Extra; Poá
d) Carrefour; Porto Alegre
e) Pão de açúcar; Balneário Camboriú

237. (Prof. Rodolfo Gracioli)

Texto I

"A poluição por carbono alcançou níveis tão extremos que uma meta fundamental na luta para deter as mudanças climáticas – limitar o aquecimento global a 1,5 °C até o final do século – será descumprida dentro dos próximos 15 anos a não ser que ações imediatas, rápidas e de grande escala sejam tomadas para reduzir emissões de efeito estufa. Essa é uma das principais conclusões de um relatório histórico aprovado por representantes de 195 países e publicado nesta segunda-feira (09/08) pela entidade". Adaptado. (DW Brasil, agosto de 2021).

Texto II

"Em dia histórico para o Brasil, o Sítio Roberto Burle Marx, na zona oeste do Rio de Janeiro, foi eleito Patrimônio Mundial nesta terça-feira, 27 de julho. Um comitê da entidade da ONU em questão, aprovou a indicação durante o encontro que acontece em Fuzhou, na China. Segundo a entidade, o sítio Burle Marx é o primeiro jardim tropical moderno a receber o status de Patrimônio Mundial. O projeto foi desenvolvido há mais de 40 anos pelo paisagista e artista plástico brasileiro, que morreu em 1994". Adaptado (Onu News, julho de 2021).

A alternativa que apresenta as entidades da ONU corretamente de modo respectivo é:

a) FAO e OIT
b) Unicef e OMM
c) OMS e OMC
d) IPCC e Unesco
e) Pnud e Pnuma

238. (Prof. Rodolfo Gracioli)

Texto I

"No fim de semana que o golpe militar no país completou seis meses, o Conselho Administrativo de Estado reconduziu o general Min Aung Hlaing como primeiro-ministro e indicou Soe Win como vice premiê. O militar havia assumido o poder no dia do golpe, em 1º de fevereiro, e loteado todos os cargos oficiais com membros das Forças Armadas. Em discurso transmitido pela televisão, na noite deste domingo (1º), Hlaing voltou a prometer que o país terá "eleições multipartidárias", mas sem indicar uma data". Adaptado. (IstoÉ, agosto de 2021).

Texto II

"O governo do país entregará ao Tribunal Penal Internacional (TPI) vários ex-dirigentes, entre eles o presidente deposto Omar al Bashir, procurado por crimes de guerra e crimes contra a humanidade cometidos no conflito na região de Darfur, informou nesta quarta-feira (11) o Ministério de Relações Exteriores do país". Adaptado. (G1, agosto de 2021).

A alternativa que apresenta a correspondência correta é:

a) Afeganistão e Iraque
b) Iêmen e Síria
c) Mianmar e Sudão
d) Irã e Kuwait
e) Serra Leoa e Egito

239. (Prof. Rodolfo Gracioli) Em agosto de 2021, o Talebã anunciou a conquista da capital Cabul, no Afeganistão. Sobre a questão, assinale a alternativa incorreta:

a) O grupo voltou à capital após ser expulso pelos EUA há 20 anos durante a política de combate ao terrorismo que ganhou força em 2001.
b) O então presidente americano, George W. Bush, foi quem ordenou a invasão do país depois que o os talibãs se recusaram a entregar Osama bin Laden.
c) O Paquistão e Arábia Saudita se tornaram aliados regionais dos EUA, e os talibãs passaram à luta armada contra os americanos e o novo governo afegão constituído.
d) Segundo a ONU, mais de 100 mil civis foram mortos ou feridos no conflito apenas na última década. Desde o início dos conflitos, os EUA gastaram mais de US$ 1 trilhão em despesas militares no Afeganistão.
e) A grande tensão da comunidade global se dá pelo fato do grupo ter avançado por quartéis estadunidenses que não resistiram e se renderam.

240. (Prof. Rodolfo Gracioli) Faça a devida correspondência.

Texto I

"O Ministério da Saúde do país confirmou neste domingo (15) o primeiro caso de Ebola no país desde 1994. O Institut Pasteur do país confirmou, por meio de exames, a Doença do Vírus Ebola em amostras coletadas de um paciente hospitalizado na capital comercial de Abidjan, depois de chegar da Guiné". Adaptado. (G1, agosto de 2021).

Texto II

"O vírus de Marburg é um primo um pouco menos mortal do Ebola, para o qual não existem vacinas nem tratamento. Em 2 de agosto, um homem morreu no país contaminado pelo vírus e agora mais de 150 pessoas são monitoradas no país. A doença causada pelo vírus se manifesta em febre alta acompanhada de hemorragia externa e interna, com mortalidade média de 50%". Adaptado. (G1, agosto de 2021).

Os trechos dizem respeito a quais países, respectivamente:

a) Serra Leoa e Moçambique
b) Nigéria e África do Sul
c) Costa do Marfim e Guiné
d) Egito e Sudão do Sul
e) Nigéria e Arábia Saudita

▶ GABARITO

01	B	31	B	61	E	91	D	121	A	151	D	181	A	211	C
02	E	32	E	62	E	92	A	122	C	152	E	182	D	212	A
03	D	33	D	63	A	93	B	123	C	153	C	183	C	213	D
04	D	34	E	64	C	94	E	124	B	154	A	184	E	214	B
05	C	35	A	65	C	95	A	125	E	155	E	185	D	215	C
06	A	36	D	66	D	96	C	126	A	156	D	186	E	216	E
07	C	37	C	67	D	97	B	127	E	157	E	187	A	217	E
08	C	38	E	68	E	98	A	128	B	158	E	188	C	218	D
09	D	39	E	69	E	99	B	129	D	159	D	189	E	219	A
10	E	40	A	70	C	100	E	130	E	160	C	190	B	220	C
11	B	41	B	71	A	101	C	131	C	161	D	191	C	221	C
12	B	42	D	72	B	102	A	132	E	162	E	192	C	222	D
13	E	43	C	73	D	103	C	133	C	163	B	193	D	223	E
14	C	44	A	74	E	104	D	134	B	164	E	194	D	224	A
15	C	45	C	75	D	105	D	135	C	165	E	195	E	225	E
16	D	46	E	76	C	106	B	136	D	166	D	196	C	226	E
17	C	47	E	77	D	107	D	137	E	167	E	197	B	227	A
18	E	48	A	78	A	108	E	138	D	168	C	198	A	228	E
19	E	49	E	79	E	109	A	139	D	169	D	199	E	229	E
20	C	50	E	80	E	110	C	140	E	170	A	200	B	230	A
21	C	51	A	81	B	111	C	141	D	171	C	201	D	231	D
22	A	52	E	82	B	112	D	142	E	172	C	202	C	232	A
23	B	53	D	83	C	113	B	143	C	173	C	203	D	233	D
24	B	54	A	84	E	114	E	144	E	174	E	204	B	234	E
25	C	55	D	85	D	115	A	145	A	175	D	205	C	235	C
26	D	56	E	86	E	116	D	146	B	176	E	206	C	236	D
27	C	57	E	87	B	117	D	147	D	177	D	207	B	237	D
28	A	58	E	88	A	118	D	148	E	178	D	208	E	238	C
29	D	59	A	89	E	119	E	149	C	179	A	209	C	239	E
30	D	60	D	90	A	120	E	150	E	180	E	210	C	240	C

CAPÍTULO XIII

REDAÇÃO E OS RECORTES DA ATUALIDADE

1. SUGESTÕES DE TEMAS PARA APLICAR OS CONHECIMENTOS ABORDADOS

Para quem se prepara para as provas de redação, grande parte dos conteúdos tratados ao longo do livro podem ser aproveitados como forma de fundamentação crítica / expositiva em diferentes temáticas de redação. Lembrando que as sugestões são válidas no caso de produção de texto dissertativo (seja ele expositivo ou argumentativo). Dessa forma, deixo algumas sugestões:

2. TEMAS POLÊMICOS

- Auxílio moradia para magistrados: entre a questão legal e a dimensão moral
- Telemedicina em pauta: eficiência ou sucateamento da saúde?
- Armar a população: saída para a violência ou agravamento de tal condição?
- Casamento civil gay e o desafio de legitimação social
- Vagões rosa: estratégia de combate da violência contra a mulher?
- Os 15 anos da Lei Maria da Penha e o papel da sociedade no combate à violência doméstica
- Exposições artísticas polêmicas e os limites da arte
- Debate sobre gênero na dimensão escolar
- Linguagem neutra em debate: ampliação da representatividade ou sucateamento da língua?
- Obrigatoriedade do voto em pauta no Brasil
- Uso do turbante e o debate sobre apropriação cultural
- Redução da maioridade penal em pauta no Brasil
- Inesgotável embate sobre as cotas raciais

- Educação domiciliar em pauta
- Educação a distância: democratização do ensino ou acirramento da desigualdade?
- Home office em discussão: a nova modalidade veio para ficar?
- Análise do fenótipo para legitimação do sistema de cotas
- Atletas trans no esporte: representatividade ou desproporcionalidade?

3. TEMAS GERAIS

- Violência urbana no contexto brasileiro
- Competições esportivas como forma de pacificação
- Crise do sistema prisional e a dificuldade de ressocialização
- Era das "Fake News": consequências da propagação de notícias falsas
- Desafios do envelhecimento da população no Brasil
- Inclusão em pauta no contexto brasileiro
- Necessidade de desburocratizar o processo de adoção no Brasil
- Corrupção do cotidiano: naturalização de ações transgressoras
- Violência cíclica com os casos de justiça com as próprias mãos
- Descrença na política brasileira e a necessidade de oxigenação democrática
- Democracia digital: internet como forma de politização
- Humor no contexto da liberdade de expressão
- Geração smartphone: impactos da intoxicação digital
- Desafios da mulher no século XXI
- Padrões de beleza da sociedade contemporânea
- Gordofobia em pauta na sociedade dos estereótipos
- Viver em rede no século XXI
- Problemática do bullying na sociedade contemporânea
- Desafios ambientais na era do esgotamento dos recursos naturais
- Xenofobia em pauta no contexto do extremismo em alta
- Problemática do lixo eletrônico
- Ataque às esculturas e monumentos: reparação histórica e redefinição da memória ou vandalismo?

4. TEMAS SUBJETIVOS / ABSTRATOS / FILOSÓFICOS

- Escassez do diálogo no âmbito da Modernidade Líquida
- Espetacularização da sociedade com a dimensão midiática
- Fragilização emocional da sociedade contemporânea
- Vício tecnológico e nomofobia: patologias do século XXI
- Paradoxos do mundo do trabalho
- Robotização das relações sociais
- Limites da liberdade de expressão no contexto democrático
- Midiatização das tragédias e a indignação seletiva
- Desafio da preservação dos patrimônios culturais imateriais
- Solidariedade em pauta no século XXI
- Ódio disseminado pelas redes sociais
- Superexposição da privacidade no contexto do narcisismo exacerbado
- A construção da felicidade na sociedade do consumo
- Mercantilização do humor no contexto contemporâneo
- Sociedade do medo: medo como forma de controle social
- Ditadura da beleza e assimilação dos estereótipos
- Banalização da expressão artística na lógica mercadológica
- Mosaico da brasilidade: diversidade cultural em pauta
- Hipervalorização da honestidade no contexto da inversão de valores
- Ineditismo e empreendedorismo: a busca pela criatividade
- Desafios de preservar o patrimônio cultural imaterial
- Invisibilidade social no contexto da exclusão e da marginalização
- Alteridade e empatia no contexto contemporâneo
- Gordofobia em pauta na sociedade dos estereótipos
- Intolerância em alta na era da diversidade

5. TEMAS RELACIONADOS AO MUNDO DO TRABALHO

- Ócio criativo: utopia ou possibilidade?
- Síndrome do esgotamento profissional e os desafios laborais

- Trabalho na dimensão tecnológica: revolução pela Inteligência Artificial
- Problemática do trabalho análogo à escravidão
- Desemprego como marca da sociedade moderna
- Busca pelo ineditismo e empreendedorismo na sociedade contemporânea
- Robotização e automação do trabalho

Outro ponto importante que tende a auxiliar a preparação diz respeito aos conceitos, expressões e terminologias específicas (de diferentes áreas do conhecimento) que, quando encadeados com os fatos da atualidade, geram uma produção de destaque. Abaixo, alguns desses conceitos:

- Espetacularização
- Homogeneização
- Estereótipos
- Gentrificação
- Gourmetização
- Condominização
- Segregação
- Hierarquização
- Alteridade
- Etnocentrismo
- Relativismo
- Midiatização
- Camarotização
- Elitização
- Estratificação
- Banalização
- Massificação
- Intolerância
- Aculturação
- Apropriação
- Status
- Axiomas

- Dialética
- Dialogicidade
- Empoderamento
- Youthquake
- Pós-verdade
- Mercantilização
- Retórica
- Demagogia
- Alienação
- Pasteurização
- Estetização
- Utopia
- Retrotopia
- Distopia
- Efemeridade
- Narcisismo
- Socialização
- Dogmático
- Medicalização
- Obsolescência
- Medicalização
- Minimalista
- Superexposição
- Empatia
- Indústria Cultural
- Internalização
- Interiorização
- Democracia Digital
- Cyberdemocracia
- Cidadania Digital

- Pseudoativismo
- Pluralidade
- Multiculturalismo
- Identidade
- Irracionalidade
- Demonização
- Polarização
- Dicotomização
- Inteligência artificial
- Inclusão
- Humanização
- Manipulação
- Vacuidade
- Perpetuação
- Liberdade
- Teatralização

6. CONSIDERAÇÕES FINAIS

Ao longo de todo o material é nítida a percepção sobre a **interação entre as diferentes formas de conhecimento.** A preparação para qualquer prova, independentemente do nível de dificuldade, passa pela utilização de exemplos próximos aos indivíduos, situações cotidianas que muitas vezes tornam-se "obscuras" pela não possibilidade de um olhar mais apurado. A **compreensão dos fatos, a partir de um olhar neutro e racional**, conduz o indivíduo a sua formulação crítica, **sem um viés previamente definido ou uma notória distorção das simbologias representadas.**

No contexto de trânsito constante das informações, **saber filtrar o aparato informacional coerente e fidedigno é uma dificuldade ampla.** Os discursos sem propriedade e a elucubração de "achismos", tornam-se elementos difundidos nos espaços coletivos que confrontam ideias. As constantes polarizações se voltam para a persuasão sem fundamentação. A efemeridade dos acontecimentos pode ser amenizada se for criado um **gancho de dialogicidade entre os fatos.** Política, economia, sociedade, cultura, meio ambiente, ciência, e todas as outras áreas, de certa forma, se constroem a partir de contextos interacionistas, que explicam de maneira nítida essas formas de relacionamento entre as partes.

Tudo isso não quer dizer que o conhecimento deva ser reduzido a dados coletados e complicados. Ou então, que as visões de mundo são, única e exclusivamente, polarizadas e verticalizadas. O estudo da disciplina de "atualidades" demanda um **debruçar desafiador sobre assuntos** que, muitas vezes, **coloca o indivíduo no patamar do questionamento pessoal**. Valores e princípios morais e éticos são carros chefe do entendimento. O que não se pode negar é a crescente utilização de situações atuais para diferentes provas - desde uma proposta de redação, até uma questão interpretativa de língua portuguesa, ou uma reflexão sobre um procedimento jurídico.

Estar atualizado já não é mais o suficiente. Querer a informação por querer, não se faz prático. A responsabilidade com o que se diz, nasce no **trajeto dos conteúdos**. Fez-se necessário dominar o assunto, conhecer as causas, efeitos e consequências, formular um posicionamento crítico e operacionalizar toda essa gama de possibilidades com alicerce coeso. Por isso, aquela visão restritiva e limitada de que assistir um jornal televisivo, ler uma fonte escrita ou consultar um portal de notícias diariamente era o suficiente, se perdeu nessa nova configuração altamente exigente da informação.

Continua sendo importante variar as fontes de informação e recorrer a diferentes veículos. Entretanto, o caminho para a obtenção de conhecimentos práticos está no **grau de amadurecimento do indivíduo frente aos mecanismos de estudo**. Por isso, estudar uma área do conhecimento que envolve tantos aspectos, proposições, dogmas, conceitos, teorias, opiniões e dados é, acima de tudo, um desafio pessoal.

Quando menos perceber, você estará regrado(a) na lógica de compreender fatos realmente relevantes para sua formação e, automaticamente, para uma prova, assim como terá condições de excluir tipificações informacionais sem sentido. O esforço diário coloca o ser humano em constante movimento. Pontos **estáticos, axiomáticos e simplórios, geram a frustração.** A ideia de movimento é, portanto, uma das melhores metáforas para que você compreenda a dimensão dos acontecimentos recentes na vida de cada ser humano.

É normal que surjam dúvidas e/ou a necessidade de aprofundamento sobre algumas das temáticas abordadas. Para isso, convido a conhecerem meus projetos voltados para a área de atualidades e temas de redação, acessando meu site: *www.rodolfogracioli.com.br*. Lá é possível conhecer um pouco mais dessa ampla área de atuação, bastante desafiadora, diga-se de passagem.

Que a força e o movimento nunca faltem na sua caminhada. Planejamento é um dos ingredientes de uma receita de sucesso. Doses de paciência devem ser incrementadas, assim como dedicação, perseverança e resiliência. Mas, acima de tudo, alimente-se de pensamento positivo e conviva com aqueles que acreditam no seu potencial. Toda possibilidade de sucção de energia tende a criar a desmotivação, frustração, sensação de derrota e o cansaço emocional. Seja maior do que tudo isso e continue remando. Estou aqui para o que precisar! Conte comigo, sempre e nunca deixe de acreditar em seus sonhos!

Bons estudos!

Prof. Rodolfo Gracioli

REFERÊNCIAS BIBLIOGRÁFICAS

O material produzido faz referência a reunião de temas comentados pelos principais noticiários, informativos e portais do país e do mundo. Alguns trechos recortam o fato em si, outros acompanham aprofundamento teórico e conceitual.

- ‹www.uol.com.br› Acesso em: agosto de 2021
- ‹www.g1.globo.com› Acesso em: agosto de 2021
- ‹www.nexojornal.com.br› Acesso em: agosto de 2021
- ‹www.nacoesunidas.org/› Acesso em: agosto de 2021
- ‹www.ebc.com.br› Acesso em: agosto de 2021
- ‹www.globo.com› Acesso em: agosto de 2021
- ‹www.folha.com.br› Acesso em: agosto de 2021

  ‹www.terra.com.br› Acesso em: agosto de 2021
- ‹www.adorocinema.com› Acesso em: agosto de 2021
- ‹www.estadao.com.br› Acesso em: agosto de 2021
- ‹www.r7.com› Acesso em: agosto de 2021
- ‹www.brasil.elpais.com› Acesso em: agosto de 2021
- ‹www.unodc.org/› Acesso em: agosto de 2021.
- ‹www.onu.org.br/› Acesso em: agosto de 2021
- ‹www.epoca.globo.com/› Acesso em: agosto de 2021
- ‹www.veja.abril.com.br/› Acesso em: agosto de 2021
- ‹www.extra.globo.com/› Acesso em: agosto de 2021
- ‹www.bol.uol.com.br/› Acesso em: agosto de 2021
- ‹www.stf.gov.br/› Acesso em: agosto de 2021
- ‹www.tse.jus.br/› Acesso em: agosto de 2021

- ‹www.forbes.com.br/› Acesso em: agosto de 2021
- ‹www.bbc.com/portuguese/› Acesso em: agosto de 2021
- ‹www.migalhas.com.br/› Acesso em: agosto de 2021
- ‹www.cnnbrasil.com.br/› Acesso em: agosto de 2021

ANOTAÇÕES

ANOTAÇÕES

ANOTAÇÕES

ANOTAÇÕES

ANOTAÇÕES

ANOTAÇÕES

ANOTAÇÕES

EDITORA *Jus*PODIVM
www.editorajuspodivm.com.br